로봇 공화국에서 살아남는 법
로봇 공화국에서 살아남는 법
로봇 공화국에서 살아남는 법
로봇 공화국에서 살아남는 법
로봇 공화국에서 살아남는 법

로봇 공화국에서 살아남는 법

인공지능에 관한
오해와 진실 파헤치기

곽재식

구픽

머리말

도대체 왜 지금 이렇게 로봇과 인공지능이 관심을 받나? 그래서 앞으로는 어떻게 된다는 건가? 이 책을 쓰면서 나는 이 두 가지 물음에 대답해 보려고 했다. 다만 내용을 엮어 나가는 방법은 심도 있는 지식이나 대단한 깨달음을 주는 것보다는, 수필처럼 또는 이야기책처럼 여러 가지 이야깃거리를 모으고 꿰어 보는 쪽을 택했다. 그게 내가 할 줄 알고 잘 할 수 있는 일이었다. 그러면서 SF 작가이자, 산업 현장에서 인공지능의 역할이 점점 더 커지는 것을 지켜보고 있는 보통 직장인 입장에서 그동안 느낀 점, 생각한 것, 그리고 보고 들은 내용들을 읽기 좋게 꾸려 보았다.

인공지능이나 로봇에 대한 소식은 오늘도 쏟아지고 있다. 어떤 글에는 인공지능이 곧 세상을 뒤집을 것이므로 우물쭈물하다가는 끝장난다는 위협이 가득하기도 하고, 어떤 글에는 인공지능이 곧 뭐든 다 할 수 있을 것처럼 붕붕 띄우는 꿈을 노래하기도 한다. 이 책이, 그런 바쁘고 급박한 이야기에서 손을 털고 나와서, 좀 편한 자리에서 느긋하게 다시 세월을 돌아보게 해 주는 역할을 하면 좋겠다.

원고 작업을 하면서, 새삼 재미 있는 주제들을 연구할 기회를 주셨던 이윤섭 교수님, 노경태 교수님, 성시열 박사님께 감사하다는 생각이 들었다. 또한 그 시절, 기계 학습에 대해 많은 것을 가르쳐 주셨던 김한조 박사님과 이성광 교수님께도 같이 감사 인사를 드리고자 한다. 새로운 배움의 기회를 주신 박준홍 교수님, 한상국 교수님, 그리고 오늘도 함께 애쓰며 로봇에 밀려나지 않기 위해 같이 땀 흘리고 있는 직장 동료들께도 감사의 말씀을 드린다.

2016년, 테헤란로에서

1 엘리자

로봇은 인간의 감성을
넘어설 수 있는가?

CONTINUE ▾

컴퓨터

내가 처음 컴퓨터를 갖게 된 것은 1980년대 후반이었다. 어린이였던 내가 그때 갖고 싶었던 것은 사실은 컴퓨터가 아니라 비디오 게임 콘솔이었다. 1985년 닌텐도가 패미콤을 엔터테인먼트 시스템 (Nintendo Entertainmemt System)이라는 이름으로 미국에서 팔기 시작하면서 전 세계적으로 다시 비디오 게임 열기가 불타오르기 시작했고, 같은 해에 ‹슈퍼 마리오 브라더스› 게임이 나오자, 어린이들은 닌텐도의 비디오 게임 세상으로 빠져들었다. 그 무렵 비디오 게임 콘솔을 갖고 있는 친구 집에 놀러 가서 "나도 한 판만 해 보자"며 옆에 앉아 조르는 아이가 있는 광경을 떠올려 보자. 당시 세상의 아이들은 그 광경에서 콘솔 주인과 조르는 아이 둘 중 하나로 분류

할 수 있었다.

나 역시 닌텐도의 패미콤을 갖고 싶었다. 그렇지만 패미콤이 아니라 다른 기계가 있어도 어지간한 대안으로 괜찮을 것이라고 생각했다. 1985년 무렵 한국의 대우전자에서는 '재믹스'라는 기계를 개발해 팔고 있었는데, 당시 구형이 되어 가고 있던 MSX 방식의 컴퓨터를 게임하기 좋게 개조한 다음 게임 콘솔 모양으로 꾸민 것이었다. 재믹스는 게임을 하기에는 패미콤보다 성능이 떨어졌지만, 일본의 MSX 방식 컴퓨터용으로 개발된 게임들을 실행시킬 수 있었기 때문에 해 볼 수 있는 게임들은 꽤 다양했다. 어마어마하게 높은 나무를 끝없이 타고 올라가는 내용의 ‹요술나무マジカルツリー› 같은 게임을 보고 있으면 정말 환상 속 세계를 탐험하는 기분이었던 것이 기억 난다. 나는 '재믹스'만 있어도 좋을 거라고 생각했다.

그렇지만 아버지는 비디오 게임을 위한 기계를 사 준다는 발상을 탐탁지 않아 하셨다. 아버지는 고민 끝에 게임도 할 수 있는 기계라고 컴퓨터를 사 오셨다.

지금도 아버지께서 컴퓨터를 사 오신 첫날이 기억 난다. 컴퓨터가 책상 위에 설치되자 나는 동생과 나란히 서서 그것을 구경했다. 뭐든 새로운 전자제품이 집에 생기면 한동안 호기심을 갖던 나이였지만, 컴퓨터는 단순히 새로운 전자제품 이상이었다. 텔레비전이나 영화에서 본 적이 있었고, 가끔 상점에 전시된 것을 본 적이 있었지만, 그 외에는 한 번도 가까이서 본 적 없는 기계였다. 미래에서 온 첨단 장비가 드디어 내 눈앞에 나타나 있는 것 같다는 흥분감이 감돌았다.

아버지께서는 매뉴얼을 읽어 보시고, 컴퓨터의 부분 부분을 가리키며, "이것은 키보드", "이것은 모니터", "이것은 시스템유닛"
이라고 우리에게 알려주셨다. 아직 '본체'라는 한국어가 널리 알
려지고 쓰이지 않은 시절이라, 그 매뉴얼에는 본체가 '시스템유닛'
이라고 표기되어 있었다. 아버지가 말씀하실 때마다, 나와 동생은
"키보드!", "모니터!", "시스템유닛!" 하고 따라 복창했다. 그리고
아버지는 플로피 디스크에 담긴 MS-DOS로 컴퓨터를 부팅시키시
면서, "이것이 바로 컴퓨터에 '시동'을 거는 것"이라고 설명하셨다.

그 컴퓨터는 삼성전자에서 만든 SPC-3000S 라는 기종이었
는데, IBM XT와 호환이 되는 기계였다. 지금 돌아보면 당시 저가
형으로 출시한 기종을 더 헐값에 아버지가 다니던 회사에 대량으
로 팔아 넘겼고, 그 기회에 아버지가 컴퓨터를 한 대 장만하신 것 같
다. 그런데 당시에도 SPC-3000S 기계는 꽤 보기 힘들었고, 지금
도 관련된 자료가 드물다. 그보다 조금 뒤에 나온 신제품인 SPC-
3100S나 SPC-3000S와 비슷한 점이 많은 SPC-3000C는 상당히
널리 퍼진 편인데, SPC-3000S는 당시에도 좀 괴상한 컴퓨터였다.

어떤 점이 괴상했냐면, 일단 실제 눈으로 보기에는 흑백 그래
픽밖에 안 나오는 컴퓨터였는데도 이상하게도 4색 컬러를 지원하
는 것처럼 동작했다. 당시 IBM PC 호환 기종에는 네 개의 색깔을
표시할 수 있는 CGA라는 그래픽 카드를 갖추고 있는 것이 있었는
데, 그것이 한국에서는 잘 사용되는 편은 아니었다. 한국에서 많이
사용되었던 것은 허큘리스라는 흑백 그래픽 카드였다. 그런데 그때
내 컴퓨터는 흑백이면서도 어쩐지 CGA용 그러니까 4색 컬러용으
로 나온 프로그램을 그냥 그대로 돌릴 수 있었다.

모니터도 특이했다. 당시 한국에서 쓰이던 IBM PC 호환 기

IBM XT는 내장 하드 드라이브가 표준으로 도입된 최초의 IBM PC였다.

종 컴퓨터의 모니터들은 흑백 화면답게 바탕이 검은색에 글자가 흰색으로 나오는 것들이 주로 쓰이고 있었다. 그런데 내 컴퓨터는 흑백 컴퓨터인데 무슨 이유인지 그 색깔이 초록빛으로 나왔다. 〈아웃런〉 같은 자동차 경주 게임을 실행시키면 도로가 자연스럽게 보이지 않고 초록색이 번쩍거려서 알아보기가 훨씬 어려웠다.

그렇지만 나는 내 컴퓨터를 좋아했다. 초록빛 모니터조차 좋아 보였다. 1970, 80년대 SF 영화에 나오는 컴퓨터들은 바로 이렇게 초록색 글씨가 나오는 것들이 많았다. 영화 속에서 별별 정보를 시키는 대로 다 표시해 주고, 사람이 도저히 풀 수 없는 문제에 대한 해답도 단숨에 보여 주던 그 컴퓨터와 내 컴퓨터가 비슷해 보였다. 별로 평이 좋지 않은 편이었던 영화, 〈슈퍼맨 3〉를 나는 꽤 좋아하는 편인데, 아마 그때 내 컴퓨터에 나오는 글자들을 본 순간 〈슈퍼맨 3〉에 나오는 컴퓨터 화면 모습이 떠올랐기 때문인 것 같다는 생각이 든다.

아버지는 당시 회사에서 사용하고 있던 스프레드시트 프로그램과 워드프로세서 프로그램을 집에서도 돌려 보려고 컴퓨터를 사신 것이었다. 그 컴퓨터는 삼성에서 만든 'My 글벗'이라는 워드프로세서와 'My 셈벗'이라는 스프레드시트 프로그램을 돌릴 수 있었다. 'My 셈벗'은 지금의 MS 엑셀 위치를 차지하고 있던 당시의 '로터스 1-2-3'과 호환이 되는 프로그램이었다. 가끔씩 아버지는 이 컴퓨터에서 'My 셈벗'을 실행시켜 밤새 회사 일을 하시곤 했다.

그러면 나는 이 컴퓨터로 무엇을 했던가. 당연히 처음 한 것은 컴퓨터 게임이었다. 처음에는 〈디거Digger〉나 〈패러트루퍼Paratrooper〉와 같은 게임을 자주했다. 〈디거〉는 〈딕덕〉과 비슷한 게임인데 땅을 파고 다니면서 보석을 챙기는 것이 주된 내용이었고, ‹패러트루퍼›는 Apple Ⅱ 컴퓨터 용으로 나왔던 ‹사보타주Sabotage› 게임과 똑같이 낙하산으로 침투하는 공수부대를 방어하는 게임이었다. 그때 당시 나는 알파벳은 간신히 알았지만 영어 단어는 전혀 몰랐기 때문에 그 게임을 ‹디거›라고 부를 줄도 몰라서, 그냥 알파벳으로 "디-아이-지-지-이-알"이라고 불렀다. ‹패러트루퍼›는 실행 파일명이 para.com이었기 때문에 나는 동생에게 같이 ‹패러트루퍼› 게임 점수를 겨루자고 제안하면서 "우리 '피-에이-알-에이' 할래?"라고 물어보곤 했다.

그러나 컴퓨터 게임에는 얼마 지나지 않아 흥미를 잃었다. 그 게임들은 처음 컴퓨터를 사기 전에 꿈꾸었던 패밀리나 재믹스 게임보다 훨씬 단순하고 초라해 보였다. IBM PC 자체가 비디오 게임에 적합한 기계가 아니었던 데다가, 흑백 화면에 음악 기능도 별 볼 일 없던 내 컴퓨터로 하는 게임은 패미콤이나 재믹스용 게임보다 훨씬 더 밋밋해 보였다. IBM PC 용으로 ‹F-19 스텔스 파이터› 같은 게임이 나왔을 때는 첨단 전투기를 진짜처럼 조종할 수 있다고 해서 괜히 동경하는 마음에 열심히 이것저것 건드려 보기도 했지만, 그런 게임은 또 어린이가 이해하기에는 너무 어려웠고, 그 많은 영어 메시지들을 알아 먹을 수도 없었다.

그러다 보니, 컴퓨터로 뭔가 다른 일을 하고 싶어졌다. 가장 먼저 시도해 본 것은 계산이었다. 나는 컴퓨터가 원래 계산을 위한 기계라는 사실을 알고 있었다. 그때만 해도 휴대용 전자계산기가 지금처럼 아주 헐값인 때는 아니어서, '내 것'인 전자계산기도 없었거니와, 가끔 전자계산기로 이것저것 계산되는 것을 보고 신기하고 재밌어하기도 하던 나이였다. 컴퓨터라면 훨씬 더 복잡한 계산도 어쩐지 더 멋있게 잘 해 줄 수 있을 거라고 생각했다.

나는 컴퓨터를 켜고 부팅을 하면 나오는 MS-DOS 화면에 키보드로 1+1이라고 입력하고 엔터키를 눌렀다. 그렇지만 화면에는 "명령이 틀렸거나 파일 이름을 찾을 수 없습니다."라는 메시지만 뜰 뿐이었다. 1+1의 해답으로 내가 생각하고 있던 것은 아니었다. 나는 1+1= 이라고 입력해 보기도 했고, 1+1=? 이라고 입력해 보기도 했지만, 결과는 같았다.

나는 실망했다. 아마 컴퓨터라는 기계에 대해 환상을 품고 있다가 비슷한 실망을 한 사람들이 그 시절에는 적지 않았을 거라고 생각한다. 나는 컴퓨터는 매우 똑똑한 기계이기 때문에 컴퓨터에 "배가 아프다. 어쩌면 좋나?"라고 입력하면 나름대로 의견을 줄 거라는 식으로까지 상상하고 있었다. 그런데, 1+1도 계산할 수가 없었다. "너의 주인이 누구냐?", "계산을 할 수 있느냐?" 따위의 말들을 MS-DOS에서 계속 타이핑해 봤지만, 결과는 오직 한 가지였다. "명령이 틀렸거나 파일 이름을 찾을 수 없습니다."

1980년대, 텔레비전에서는 〈전격 Z작전Knight Rider〉이라는 미국 TV 드라마가 방영되고 있었다. 데이빗 핫셀호프가 환상적인 성능의 자동차를 타고 도시를 누비면서 범죄자들과 싸우는 내용이었는데, 이 자동차에는 키트KITT라는 이름의 컴퓨터가 장착되어 있었다. 자동차를 타고 다니면서, 데이빗 핫셀호프가 말을 걸면 키트는 대답을 해 주었다. 가장 좋은 길을 안내해 주기도 하고, 자동차를 대신 운전해 주기도 했다. 위험한 상황에서 어떻게 빠져나가면 좋을지 알려주기도 하고, 발견한 범죄자의 신상을 조회해 주기도 했다. 심지어 데이빗 핫셀호프가 무전기 기능이 있는 시계에 대고 이 키트라는 컴퓨터에 말을 걸면 적당히 농담 따먹기도 해 주었다.

원래 내 상상 속에서 컴퓨터라는 것은 그런 기계였다. 그때는 손목시계를 차고 있는 아이들이라면 누구나 한 번씩은 시계에다 대고 "가자, 키트."라고 말을 걸며 그런 멋진 친구 역할을 하는 컴퓨터를 상상했다.

나는 컴퓨터에서 1+1이나 그보다 좀 더 복잡한 계산을 할 수 있는 방법이 있는지 찾기 시작했다. 지금이야 어지간한 OS에는 기본 계산기 프로그램이 들어 있고, 그런 것이 없더라도 웹브라우저에서 적당한 웹사이트만 찾아가도 간단한 계산은 할 수 있다. 그렇지만 MS-DOS 시절에는 멋지게 생긴 컴퓨터가 있어도 간단한 계산조차 당장 쉽게 할 수가 없었다. 이것이 컴퓨터가 어렵게 다가오고 좌절감을 주는 첫 번째 경험이 아니었을까 싶다. 쓸데없는 이야기이지만, 내가 IBM PC 초기 시절의 OS를 만드는 사람이었다면 컴퓨터를 켜면 일단 간단한 계산 정도는 별다른 프로그램이 없어도 바로 쉽게 할 수 있는 기능을 넣어 두었을 것이다. 그러면 처음부터 컴퓨터를 멀리하는 사람이 조금은 줄었을 거라고 생각한다.

나는 컴퓨터로 계산을 할 수 있는 방법을 찾아보았다. 감정적이었던 것 같기도 하다. 나는 이미 내 컴퓨터를 좋아하고 있었다. 그런데, 더 멋있고 더 큰 내 컴퓨터가 패미콤이나 재믹스보다 못하다는 것은 울적한 일이었다. 그런 게임용 콘솔은 할 수 없는 멋있는 일을 내 컴퓨터가 할 수 있기를 간절히 바라고 있었다. 하다 못해 컴퓨터의 본령이라고 할 수 있는 전자계산기 역할이라도 잘 했으면 좋겠는데, 그것도 안 된다는 것은 너무 안타까웠다.

그때는 아버지가 쓰시던 'My 셈벗'이 갖가지 복잡한 계산을 해 주는 프로그램이라는 것을 몰랐다. 그저 아버지가 회사일을 하는 데 쓰는 이상한 프로그램일 뿐이었다. 그런 괴상한 프로그램은 실행해 보고 싶지도 않았다. 나는 컴퓨터에 딸려 온 매뉴얼을 이리저리 뒤적거리며 혹시 컴퓨터로 할 수 있는 뭔가 멋있는 일이 있지 않을까 찾아보았다.

나는 매뉴얼을 뒤지던 끝에 'BASIC'이라는 것이 있다는 사실을 알게 되었다. 그것은 다름 아닌 BASIC 언어였다. 그것을 이용하면 간단한 프로그램을 스스로 만들어 볼 수 있다고 했다. 내 컴퓨터에는 '한글 GW-BASIC'이라는 이름의 프로그램이 딸려 있었다. 실행하기 위해서는 그 프로그램이 담긴 플로피 디스크를 드라이브에 집어넣고 "hgwbasic"라고 입력하면 되었다. 요즘 한국 정부에서 주도하는 일에 심심하면 'K-'로 시작하는 제목을 붙이듯이, 그때는 왜인지 한글판 프로그램에는 h를 앞에 붙이곤 했다.

나는 별도의 책자로 되어 있던 '한글 GW-BASIC' 매뉴얼을 보면서 이렇게 실행시키고 나서 뭘 어떻게 해서 프로그램을 만든다는 것인지 알아내려고 했다. 그러나 매뉴얼을 이리저리 살펴 봐도 당시 내가 이해할 수 있는 내용은 거의 없었다.

마침내 찾은 처음으로 내가 이해할 수 있는 부분은 매뉴얼 도중에 있는 엉뚱한 대목이었다. 매뉴얼에 적혀 있는대로 석 줄을 그대로 입력하고 F2 키를 누르면, 화면에 1, 2, 3이라는 숫자가 나오게 된다는 것이다.

아무짝에도 쓸모 없는 너무나도 간단한 테스트였다. 그렇지만 그렇게 된다는 것은 이해할 수 있었다. 나는 그대로 해 보았다. 당연하게도 화면에는 1, 2, 3이라는 숫자가 나왔다. 흔히 프로그래밍을 배우면서 처음 만들어 보는 프로그램은 화면에 "Hello, World"라는 말을 표시하는 프로그램인 경우가 많다. 나 역시도 C 언어를 처음 익힐 때나, 얼마 전 파이썬을 익힐 때 "Hello, World" 표시 프로그램을 처음 만들어 봤다. 그러나, 내가 난생처음 만들어 본 컴퓨터 프로그램은 화면에 1, 2, 3을 표시해 주는 것이었다.

그리고 매뉴얼을 계속 열심히 읽어 보면서 이러저러한 시도를 해 본 결과, 화면에 1, 2, 3이 아니라 4, 5, 6 또는 아무 숫자 혹은 아무 글자를 표시하는 프로그램을 만들 수 있다는 것을 알게 되었다. 곧 BASIC을 이용하면 사칙연산을 한 결과도 표시할 수 있다는 것도 알게 되었다. 찾아 헤매던 것을 드디어 찾아낸 것이었다. 게다가, 기대했던 것만큼 기능도 풍부했다. 전자계산기처럼 간단한 계산만 할 수 있는 것이 아니라, 길게 식이 늘어져 있고 괄호가 여럿 섞여 있어도 계산 결과를 보여 줄 수 있었다. 아직 공학용 계산기라는 것이 세상에 있다는 것도 모르던 시절이었기 때문에, 그 정도만 해도 조금은 '상상 속의 컴퓨터'처럼 느껴졌다.

나는 내가 이런 프로그램을 직접 만들었다면서, 어머니나 아버지에게 자랑을 했다.

재미있었다. 어마어마하게 단순한 프로그램일 뿐이었지만, 자꾸 더 만들어 보고 싶었다. 그런 게 왜 재밌었는지는 지금도 이유를 잘 모르겠다. 그냥 뭔가 만들고 저장해 두고 더 발전시키고 결과가 보인다는 것만으로도 그렇게 신기하고 재밌었던 것 같기도 하다.

열심히 매뉴얼을 읽어 보면서 많은 시도를 한 끝에 나는 똑같은 말을 화면에 한가득 출력시킨다거나, 간단한 멜로디를 컴퓨터

스피커로 나오게 하는 것도 만들어 볼 수 있었다. 해 볼 수록 신기했다. 심지어 화면에 사각형이나 원을 그리고, 그것을 오른쪽이나 아래로 움직이는 모습을 보여 주는 프로그램도 만들어 보았다. 전자제품의 화면에 내 뜻대로 움직이는 그림이 나오게 했다는 것은 짜릿할 정도로 기분 좋은 일이었다. 뭔가 진짜 이 기계의 전문가가 되어 멋있게 조작하고 있는 듯한 느낌까지 들었다.

마침내 나는 드디어 내가 스스로 간단한 컴퓨터 게임을 만들어 보겠다는 생각을 했다. 화면에 그림을 그리고 움직이는 프로그램을 만들 수 있었고, 키보드를 누르면 어떤 키를 눌렀느냐에 따라 서로 다른 역할을 하는 프로그램도 만들 수 있었다. 이제 나는 남이 프로그램을 어떻게 만들었는지 입력한 것을 보면, 그러니까 프로그램의 소스 코드를 읽어 보면, 간단한 것은 대충 어떤 식으로 움직이는 프로그램인지 알아볼 수도 있게 되었다. 퀴즈 게임 같은 것은 BASIC으로 만들어 놓은 예제가 여기저기 있었는데, 그런 것을 보면 어떤 식으로 게임이 구성되어야 하는지도 대강은 짐작할 수 있었다.

나는 첫 번째 목표로 〈갤러가〉나 〈갤럭시안〉과 비슷한 단순한 비행기 게임을 만들겠다는 계획을 세웠다. 우주선이나 비행기가 주인공으로 나오고 적이 나오면 총알을 쏘면서 맞히고 적의 총알을 피하면서 진행하는 게임 말이다.

나는 굉장히 긴 시간 정성을 들여서 당시 내가 BASIC 프로그램으로 그릴 수 있는 최대한의 실력으로 그럴듯한 주인공 전투기의 그림을 만들었다. 그러다 보니 진이 빠져서, 적의 모양은 그냥 단순히 원 두 개가 겹쳐 있는 모양이나 사각형과 마름모가 겹쳐 있는 모양 정도로 하고 그게 그냥 괴상한 외계인 우주선의 모양이라고 치기로 했다.

그렇게 해서 나는 아주 오랜 시간이 걸린 끝에 내 손으로 첫 게임을 만들어 냈다. 나는 그 게임의 이름을 ‹STGP›라고 붙였다. 그것은 당시 생각해 낼 수 있는 멋있는 영어 단어를 다 뽑아 내서 그 약자를 딴 것이었다. Super, Tiger, Great, Project 뭐 그런 단어들이었던 것 같은데 정확하게 기억도 나지 않는다. ‹STGP›를 조금 더 개량해서 나는 ‹STGP 2›를 만들었고, 그것을 다시 조금 더 개량해서 ‹STGP 3›를 만들었다. 그런 식으로 나는 일곱 번째 버전인 ‹STGP 7›을 만들고 나서, 이 정도면 꽤 안정적인 게임 프로그램이 되었다고 생각했다.

‹STGP 7›은 원래의 목표였던 ‹갤러가›나 ‹갤럭시안›보다는 훨씬 더 단순해서 ‹스페이스 인베이더›에 더 가까운 게임이었다. 화면에 두 개에서 열 개 정도의 외계인 우주선이 나오면, 주인공 전투기를 상하좌우로 움직이면서 공격을 피해 가며 외계인 우주선을 격추시키는 내용이었다. 화면에 나와 있는 외계인 우주선을 모두 파괴하면 다음 판으로 넘어가고, 다음 판에서는 더 많은 외계인 우주선, 또는 새로운 외계인 우주선이 나왔다.

대략의 게임 구색을 갖추고 있었기에 나는 이 게임을 몹시 자랑스러워했다. 나는 이 게임을 아주 여러 번, 아주 오랫동안 갖고 놀았다. 이 게임은 당시 내 BASIC 프로그램 실력의 결정체였다. “LIST” 명령을 내려서 이 게임을 만들기 위해 내가 입력한 내용을 주욱 나오게 한 후, 나 스스로도 놀랄 만큼 길고 긴 많은 명령어를 타이핑해서 만들어 놓은 것을 보고 스스로 감동할 정도였다.

그렇지만 치명적인 문제가 있었다. 해 보면 해 볼수록 이 게임은 재미가 없었다.

문제는 적의 인공지능이었다. 나는 화면에 나오는 적 우주선을 무작위로 왼쪽이나 오른쪽으로 움직이게 만들었고, 가끔 한 번씩 아래 방향으로 공격을 하게 해 두었다. 그러니 화면에 나오는 적은 술 취한 사람이 비틀거리는 것이나 몸이 어디 안 좋아 경련을 일으키는 것처럼 좌우로 흔들거렸다. 흔들거린다기보다는 떨리는 것처럼 보일 때가 더 많았다. 공격도 그냥 아래 방향으로 레이저 무기를 쏘는 것뿐이어서, 아무것도 없는 허공에 그냥 레이저포를 날리기만 했다.

이러니 게임이 너무 쉬웠다. 멍청하게 허공에 계속 레이저포를 쏘는 적들 사이를 그냥 움직여서 아무 규칙도 없이 좌우로 흔들대고만 있는 적에게 탄환을 쏘면 바로 맞힐 수 있었다. 이런 적의 움직임은 외계인이 되었건 누가 되었건 '적'이라고 부를 만한 누군가가 우주선을 조종하는 것 같지가 않았다. 하다 못해 ‹갤러가›처럼 외계 곤충이 자연스럽게 움직이는 느낌 정도에도 이르지 못하고 있었다.

그렇다고 게임을 어렵게 하기 위해 적의 속도를 어마어마하게 빠르게 하거나 적의 숫자를 늘리면, 또 게임은 너무 어려워졌다. 그냥 운에 의해 게임이 결정되는 것처럼 되어 버렸다. 적과 내가 기술을 겨루고 있다는 느낌은 전혀 들지 않았다.

이런 문제는 요즘 컴퓨터 게임에도 여전히 가끔 일어난다. 적당히 어려운 게임을 만들어야 하는데, 적의 움직임을 영리하게 만들기가 쉽지 않으니 그냥 적이 쓰는 무기의 강도만 강하게 만든다든가, 적의 체력만 강하게 만들어 놓고 난이도를 높였다고 하는 경우는 그중에서도 자주 일어난다. 적당한 수준이면 그래도 할 만하지만, 너무 여기에만 매달리면 게임은 반칙같이 느껴진다.

서로 총을 쏘고 다니며 겨루는 게임에서는 사람 대신 컴퓨터가 조종하는 적과 겨루어야 할 때가 있는데, 사람이 하는 것처럼 교묘히 숨어서 접근하거나 영리한 속임수로 적을 제압하는 식의 움직임을 컴퓨터가 흉내내지 못하면 게임이 너무 쉬워질 것이다. 그러니 해결책이랍시고 컴퓨터가 조종할 때는 왜인지 명중률이 인간이 할 수 있는 것보다 훨씬 더 높다는 식으로 게임을 억지로 어렵게 만들어 버리기도 한다. 그러나 이렇게 하면, 그냥 사기 같아서 배신감이 느껴질 뿐일 것이다. 사람과 같은 규칙으로 겨룰 때의 재미를 결코 느낄 수 없게 된다.

이렇게 게임 분야에서는 '인공지능'이라는 말이 최근 인공지능이 화제가 되기 훨씬 전부터 아주 일상적으로 쓰였다. 초기의 비디오 게임은 사람 둘이서 할 수 있는 게임에서 한 사람 역할을 컴퓨터가 대신 해 주어 혼자 할 수 있는 놀이로 꾸민 것들이 많아서 더욱 그러했다. 최초로 상업적으로 널리 퍼진 게임인 1970년대의 ‹퐁Pong›은 탁구와 비슷한 공 튀기는 놀이를 화면상에서 하는 것이었는데, 1인용으로 하면 상대방 라켓을 컴퓨터가 대신 움직여 준다. 공의 움직임을 보고 적당한 위치로 라켓을 가져가 공을 되튀기는 인간의 판단을 컴퓨터가 대신해 주는 것이다.

좀 더 본격적인 '인공지능'다운 역할이 들어 있는 게임도 있었다. 컴퓨터용 오목이나 체스 게임은, 사람이 생각해서 오목이나 체스를 두는 것처럼 컴퓨터가 판단을 내려 주었다. ‹삼국지› 시리즈 같은 컴퓨터 게임을 하면 세금을 걷고, 외교 정책을 펼치고, 군사를 모으고, 군대를 배치하고 부대의 이동을 지시해서 전쟁을 해야 했는데, 컴퓨터도 그런 식으로 나라를 운영하는 일을 자기 나름의 판단으로 해내면서 게임하는 어린이와 경쟁했다. 1980년대에 나온 MSX 컴퓨터용 게임인 〈자낙〉 같은 경우에는 아예 "재미난 인공지능 기능이 탑재되어 있다!"고 대대적으로 광고를 하기도 했다. 이후 1990년대나 2000년대 게임에서도 "이 게임은 인공지능이 너무 좋지 않아서 재미가 없다."는 식의 평은 보통 사용자들 사이에서도 흔히 쓰는 말이었다. 정말로 진지한 인공지능 분야의 기술이 게임에 직접 활용되는 경우도 아주 흔하다.

　적당히 움직이는 외계인 우주선을 쏘아 맞히는 나의 STGP 게임은 사실 별 인공지능이라고 할 만한 것이 필요하지도 않은 게임이었다. 그냥 조금만 더 자연스럽게, 조금만 더 재미있도록 다채롭게 외계인 우주선이 움직일 수 있는 간단한 규칙을 몇 개 추가하기만 하면 되었을 것이다. 그런데도 불구하고 당시의 나는 그런 방법을 떠올릴 수 없었다. 〈스페이스 인베이더〉와 똑같이 왼쪽 끝에서 오른쪽 끝으로 반복해서 왕복하게 만들어 보기도 했지만, 이렇게 하니 너무 〈스페이스 인베이더〉 같아 보였다. 뭔가 조금 다르게 만들고 싶었다.

　묘책을 찾아 고민하던 중, 나는 당시 나오던 〈학생과학〉이라는 잡지에 별책부록으로 나온 〈컴퓨터랜드〉를 보게 되었다. 〈컴퓨터랜드〉 말미에는 당시 많은 다른 컴퓨터 잡지들처럼 독자들이 자기가 직접 만든 프로그램의 소스 코드를 보내면 그것을 실어 주는 란이 있었다.

　그런 소스 코드란에는 가끔 '가계부' 프로그램이나 '2차 방정식 풀이 연습' 등의 프로그램이 있기도 했지만, 그런 것은 전혀 내 관심사가 아니었다. 그때 나는 '가계부'라는 것이 무엇인지도 잘 몰랐다. 내 눈길을 끈 것은 ‹도망자›라는 제목의 게임이었다.

전에도 한 번 본 적이 있었던 게임이었다. 미로가 나오고, 미로에 갇힌 주인공을 움직여 도망치려고 하면, 주인공을 쫓아서 두 명의 적이 따라오는 게임이었다. 이 게임은 그래픽이 없이 글자로만 되어 있었다. 화면에 찍힌 "A"라는 글자가 주인공 모양, 게임의 벽은 "!"라는 기호로 표현되었다.

나도 STGP를 만들기 전에는 그런 식으로 글자를 대충 그림이라고 치고 표시하는 게임을 만들어 보려고 한 적이 있었다. 그래도 나는 조금이라도 그림 같아 보이는 기호를 쓰려고 했다. 컴퓨터가 표시할 수 있는 글자 중에 IBM CP437 아스키 코드 1번에 해당하는 글자는 웃는 얼굴 모양인데, 나는 이걸 주로 주인공 모습으로 썼다. 주인공이 쏘는 화살은 코드 26번에 해당하는 화살표 모양을 쓰곤 했다. 지금은 STGP에서 그래픽을 익힌 상태였기 때문에 이런 식의 글자로만 되어 있는 게임은 재미 없다고 생각했다.

그런데 다시 이 ‹도망자› 게임을 보자, 이 게임은 적들이 실제로 주인공을 따라다닌다는 사실이 눈에 들어왔다. 그냥 아무 규칙 없이 좌우로 왔다 갔다 움직이는 것이 아니라, 정말 주인공을 보고 따라오는 사람이나 동물처럼 게임 속 적이 움직이고 있었다. 그 덕분에 이 게임은 적을 피하는 데 재주가 필요했다. 미로의 모양을 보고 적이 따라오기 어렵게 만드는 길을 찾아내어 그쪽으로 도망가는 방법을 알아내야 했다. 그러니 그런대로 할 만한 게임이었다.

나는 어떤 원리로 이 게임의 적들이 내가 만든 STGP처럼 무

작정 좌우로 움직이는 것이 아니라, 주인공을 따라다니는지 알고
싶었다. 나는 찬찬히 잡지에 실린 소스 코드를 읽어 보았다. 익숙했
던 BASIC이라서 내용을 이해할 수 있었다.

소스 코드에서 핵심이 되는 두 줄이 눈에 들어왔다. 다름 아닌
적의 움직임을 판단하는 대목이었다. 작게 인쇄된 영단어와 수식
몇 개였는데, 그게 마음속에서 종이 한 장을 가득 채우는 것처럼 크
게 보였다. 그 내용은 터무니없이 단순했다. 상대방의 좌표와 나의
좌표를 비교해서, 내가 상대방보다 왼쪽에 있으면 나의 위치를 오
른쪽으로 움직이고 그렇지 않으면 왼쪽으로 움직인다는 것이 전부
였다. 좌우가 아니라 상하에 대해서도 마찬가지였다. 단 두 줄의 조
건 판단 명령이었다.

간단하고 단순했기에 바로 내용을 이해할 수도 있었다. 보니
까 바로 알 수 있었다. 그런 식으로 내 위치와 상대 위치를 비교해
서, 상대와 조금이라도 가까워지는 방향이 어디인지 알아내고, 그
방향으로 한 발짝 움직이게 하면 상대방에게 가까워지게 된다는 것
이었다. 지금 생각하면 아무것도 아닌 너무나 단순하고 간단한 내
용이었지만, 그때 나는 그런 식의 내용을 집어넣는다는 것을 생각
하지 못하고 있었다.

그러니까 이 단순한 두 줄의 조건은, 사람이 할 법한 판단의 가
장 핵심 내용을 뽑아 낸 뒤에 그것을 논리적인 규칙으로 만들어 컴
퓨터 명령으로 표현하는 방식을 보여 주는 것이었다. 나는 이런 식
의 조건을 잘 잡아 내고 복잡하게 많이 집어넣는다면, 그것으로 정
말 사람이 움직이는 것과 비슷하게 재미있게 움직이는 적을 표현할
수 있을 거라고 생각했다.

나는 ‹도망자› 게임에 나왔던 방식을 흉내내서 STGP에 적용해 보았다. 적이 나를 계속 따라다니게 만들 수 있었다. 모든 적이 나를 따라오게 하면 꼴사납게 한 명에게 여럿이 우글우글 몰리는 모양이 되므로, 조금 수정할 필요가 있었다. 나는 몇 가지 새로운 규칙을 더 고안해 냈고, 다른 비슷한 규칙을 집어넣어서 적의 움직임을 좀 더 재미나게 꾸며 나갔다.

그러자, 조금씩 더 게임다운 재미가 있는 게임이 되어 가는 것 같았다. 나는 다음 버전인 ‹STGP 8›은 진짜 ‹갤럭시안› 정도와 비교할 만한 수준으로 만들겠다고 결심했다. 소리도 그럴듯하게 나오게 만들고, 배경 그림도 넣기로 계획을 세웠다. 주인공 전투기의 모양도 조금 더 낫게 만들고, 외계인 우주선도 이상한 도형에서 발전시켜 더 멋있게 그려 넣으려고 했다.

그렇지만 ‹STGP 8›은 결코 완성되지 못했다. 기대한 수준이 너무 높고 시간이 오래 걸리다 보니 점차 지치게 되었다. 그러니 흥미도 점점 사라졌다. ‹갤럭시안› 수준의 간단한 게임을 만드는 것이 무슨 소용인가 싶었다. ‹갤럭시안›은 남코에서 1970년대 말에 나온 게임이었다. 당시에는 이미 캡콤에서 ‹스트리트 파이터› 시리즈를 만들어 장풍을 쏘는 무술인들이 격투를 하는 모습을 게임에서 보여 주며 사람들을 현혹시키고 있었다. 애초에 ‹STGP 8›을 만드는 것은 돈을 버는 일도 아니었고, 학교 공부도 아니었고, 누가 칭찬을 해 주는 일도 아니었다. 어디 출품하거나 하다 못해 ‹컴퓨터랜드›에 몇 월 며칠까지 보낸다는 식의 목표도 없었다. 그러니 점차 재미가 없어져 가고 있는 이 일을 계속할 이유도 없어졌다.

그렇게 해서 ‹STGP 8› 제작 계획은 흐지부지되었다. 대신 나

는 좀 더 멋있고 더 재미나 보이는 다른 무엇을 만들어야겠다고 생
각하기 시작했다.

그 무렵 나는 다른 사람이 만든 것을 구경하거나, 프로그램을
짜는 재주를 엿보고 배우기 위해, 주말이면 도서관에 가서 BASIC
프로그램을 만드는 책을 찾아보았다. 프로그램 명령어를 해설해 주
거나, 프로그램을 짜는 원칙, 알고리즘을 소개해 주는 교재 같은 책
들을 보았다.

하지만 그런 책보다 훨씬 더 자주 보았던 것은 남이 만든 프로
그램의 소스 코드를 실어 놓은 책이었다. 간단한 프로그램이지만
재미난 것이 있으면 나도 비슷한 것을 만들어 보겠다고 상상하기도
했고, 어떻게 저런 프로그램을 만들어 냈을까 놀라운 것이 있으면
무슨 수법을 썼는지 찬찬히 읽어 보면서 깨우치는 것도 재미였다.
굉장히 재미난 프로그램을 발견했는데 그 프로그램의 소스 코드가
너무 길면, "이런 프로그램 만드는 것은 시간이 오래 걸리고 힘들구
나."라고 짐작하고 포기하기도 했는데, 그 포기하는 과정조차도 재
미났다.

그중에서 나는 《베이식 컴퓨터 게임》이라는 책을 발견했다.
제목에서부터 모든 것을 휘어잡는 책이었다. 1편과 2편으로 나누어
져 있는 책이었는데, 데이비드 H. 알이라는 사람이 펴낸 것으로, 원
래 1편은 1973년, 2편은 1979년에 나온 책이었다. 거기에는 ‹슈퍼
스타 트렉›이나 ‹대해전› 같은 제목만 들어도 멋있어 보이는 게임들
이 있었다. 그리고 SF 분위기가 흠뻑 풍기는 로봇과 기계 동물 같
은 것들이 삽화로 그려져 있었는데, 그 모습은 우습고 재밌는 것들
이 무척 많았다. 한국어 번역판에도 그 삽화는 그대로 남아 있었다.

나중에 안 일이지만, 이 책은 이미 1970년대 미국에서 어마어마하게 팔린 유명한 책이었다.

그 책에는 수십 개의 크고 작은 게임들의 소스 코드가 실려 있었다. 그 소스 코드를 그대로 내 컴퓨터에 타이핑해 넣으면, 나도 그 게임을 해 볼 수 있는 것이었다. 소스 코드 중에 이해가 가는 부분을 적당히 개조하면 내 생각대로 게임을 개조할 수도 있을 터였다. 흥분한 나는 아예 서점으로 가서 당장 그 책을 샀다. 1편에 실린 게임들 보다는 2편에 실린 게임들이 더 눈에 뜨이는 것이 많았기 때문에 나는 2편을 일단 먼저 샀다.

들뜬 마음에 집에 들어와 책을 찬찬히 읽어 보면서 적당한 게임을 내 컴퓨터에 입력해 보려고 하는데, 그제서야 나는 내가 단단히 뭔가 착각하고 있었다는 걸 깨달았다. 이 책에 실린 게임은 모조리 다 글자로만 되어 있는 게임이었다. 그래픽이 나오는 게임은 하나도 없었던 것이다.

아주 크게 실망했다. 나는 막연히 삽화만 보고, 그 삽화와 비슷한 그래픽이 나오는 게임이 될 거라고 지레 짐작했던 것이다. ‹미노타우로스› 게임에는 바퀴가 둘 달린 컴퓨터 모양의 기계가 한 손에는 철퇴를 들고 미로 속으로 들어가는 멋진 삽화가 그려져 있었고, 나는 그 게임을 실행시키면 비슷한 그림이 화면에 나올 거라고 생각했다. 그런데 아니었다. ‹미노타우로스› 게임은 화면에 “당신은 미로에 와 있습니다. 어디로 이동하시겠습니까? 동쪽? 서쪽? 북쪽? 남쪽?”이라는 글자가 나오고 그중에 하나를 택하면, 그다음 상황을 설명하는 글자가 나오면서 진행하는 방식의 글자로 되어 있는 게임일 뿐이었다. 나는 돈을 날렸다고 생각하고, 늦기 전에 환불 받아야

겠다는 생각까지 했다.

그렇지만 기왕에 책이 손에 들어온 마당에 일단 그 책을 조금만 더 보기로 했다.

그런데 막상 보다 보니 그런 중에도 재미있는 대목이 있었다. 일단 내용과 관계 없이 삽화만으로도 우습고, 재밌고, 아름다워서 무척 보기 좋았다. 게다가 몇몇 게임들은 애초에 그래픽과 별 상관 없는 것들이 있었다. <틱택토>나 <L> 게임 같은 것은 원래 말판 놀이로 하는 것을 컴퓨터 게임으로 옮겨 온 것이라 그래픽이 별 중요한 것은 아니었다. 그런 것들도 그런대로 할 만해 보였다.

어떤 게임들은 글자만 나오는 게임이라는 한계를 넘어서서 재밌어 보였다. 예를 들어 책에 실려 있던 <웜퍼스>라는 게임은 동굴을 돌아다니며 '웜퍼스'라는 이름의 괴물과 여러 가지 무기로 싸우는 내용이었는데, 글자로만 설명이 나오는데도 그 내용을 보자니 재미있어 보였다. 나중에 PC 통신 시절에 유행하는 MUD류 게임처럼, 비록 상황 묘사가 그래픽 없이 문장으로만 되어 있기는 해도 롤플레잉 게임 같은 재미를 느낄 만했다.

결국 나는 그 책을 교환하거나 환불하지 않고 그대로 갖고 있기로 했다. 나는 마음을 잡고 1페이지부터 차근차근 책에 소개되어 있는 모든 게임들을 보기 시작했다.

그런데 그 책 56페이지를 보는 순간 거기에 소개된 게임은 전혀 다른 수준의 세계를 보여 주는 것 같은 생각이 들었다. 물론 그래픽이 화려해서 그랬던 것은 전혀 아니었다. 거기에 나와 있는 것도 역시 그래픽 없이 글자로만 되어 있는 것이었다. 심지어 그것은 게임이라고 할 수도 없는 것이었다. 그것은 그냥 게임이 아닌 프로그램이었다.

그 프로그램의 기능은 내가 하고 싶은 말을 타이핑해서 입력하면, 컴퓨터가 그 말을 알아듣고 나에게 대답을 하는 것이었다. 그것은 컴퓨터와 자연스럽게 대화를 할 수 있는 프로그램이었다. 과연 글자만 나오는 기능이면 충분한 프로그램이었지만, 나에게는 그때까지 본 어떤 게임보다도 충격적이었다. ‹전격 Z작전›의 주인공 마이클이 키트와 대화를 하듯이 나도 내 컴퓨터와 대화를 할 수 있을 것 같았다.

그 프로그램은 요제프 바이첸바움Joseph Weizenbaum이 1960년대에 만든 작품이었고, 실제로 인공지능의 역사에서도 무척 중요한 것이었다.

1936년

가장 먼저 사람처럼 감성을 갖고 있는 프로그램이라는 느낌을 주었던 프로그램을 만든 사람으로는 흔히 요제프 바이첸바움이 손꼽힌다. 구글도 인터넷도 없었던 수십 년 전의 옛날 프로그램이지만, 그의 프로그램을 보고 많은 사람들은 정말 컴퓨터가 사람처럼 마음을 갖고 있는 것 같은 느낌을 받았다.

요제프 바이첸바움은 독일 베를린 태생으로, 1936년 독일에서 미국으로 이주했다. 내 생각에는 아마 이 사람이 이해 독일에서 미국으로 이주하지 않았다면, 사람처럼 느껴진 최초의 프로그램도 탄생하지 못했을 것이다.

1936년 당시, 베를린은 지금까지도 가장 환상적인 올림픽으로 회자되고 있는 베를린 올림픽으로 떠들썩했다. 베를린 올림픽이 그러한 올림픽이 된 이유는 당시 독일을 지배하고 있던 나치 정권이 올림픽을 나치 홍보와 선전의 행사로 만들기 위해 막대한 노력을 기울였기 때문이었다. 1936년 전까지만 해도 그저 좀 큰 규모의 종합 스포츠 선수권 대회 정도의 느낌이었던 올림픽을, 나치 정권은 세계 최고의 축제이자 그 나라의 실력과 수준을 과시할 수 있는 가장 성대한 기회로 꾸미려고 했다.

그해 올림픽 경기는 역사상 최초로 텔레비전으로 중계되었고, 천재 영화감독 레니 리펜슈탈이 역사상 가장 유명한 올림픽 기록 영화인 〈올림피아〉를 촬영했다. 올림픽 열기는 세계적이었고, 당시 식민지 조선에서 손기정 선수가 마라톤 금메달을 땄다는 소식도 이 베를린 올림픽에서 전해졌다.

그러나 그런 만큼 정치적으로는 위험한 한 해였다. 올림픽의 열기만큼, 정치적인 갈등이나 위험한 사상의 인기는 달아오르고 있었다. 독일은 올림픽 때 다른 깃발 대신 나치 깃발을 사용했으며, 열광적인 분위기에 취해 한 팔을 올려 드는 나치식 경례를 하는 다른 나라 선수들도 흔히 볼 수 있었다. 식민지 조선에서는 손기정 선수 유니폼의 일장기가 삭제되었다는 이유로 기자들과 사진 담당자가 당국에 붙잡혀 수감되는 일이 벌어지기도 했다. 다들 점점 더 흥분하며 제정신을 잃어 가는 분위기였다. 곧 세상을 날려 버릴 커다란 폭발이 일어날 것 같은데, 거기다가 조금씩 조금씩 더 불을 지펴 나가는 듯했다.

아마 요제프 바이첸바움의 가족들도 그런 분위기를 어렴풋이 느꼈을 것이다. 바이첸바움의 가족은 유대인이었고, 점점 더 독일

1936년 베를린 올림픽 수영 종목 시상식 광경

에서 유대인들은 살기 어려워지고 있었다. 독일의 가장 큰 문제는 유대인의 사악한 행동들 때문이고, 세상을 뒤집어 유대인들을 싹 몰아내는 것이 사회의 모든 문제를 해결하는 방법이라고 믿는 사람들이 점점 더 쉽게 눈에 띄었다. 올림픽을 준비하고 치르던 그해, 베를린 시내의 열광을 보면서 바이첸바움의 가족은 이곳에서 빠져 나가는 것이 옳은 일이라는 생각을 했을 것이다. 그리고 바이첸바움은 정말로 1936년 독일을 떠났다.

바로 그 1936년으로부터 3년 후, 제2차 세계대전이 터지고 5천만 명 이상의 사람들이 전 세계에서 죽게 되었다. 바이첸바움의 고향 베를린은 나치 독일이 패망하던 마지막 무덤이 되어 헤아릴 수 없이 많은 포탄을 맞고 도시 전체가 거대한 파편 더미가 되어 버렸다. 유럽에서는 수백만에 달하는 유대인들이 나치 독일의 정책으로 사망했다. 아마 바이첸바움이 1936년 독일을 떠나 미국으로 가지 않았다면, 그때 살아남기는 힘들었을 것이다.

한편 공교롭게도 같은 해에, 바다 건너 영국의 한 대학원생은 〈계산 가능한 수와 그 결정 문제의 적용에 대하여On Computable Numbers, with an Application to the Entscheidungsproblem〉라는 논문을 발표했다. 이 논문은 가상의 'a-기계'라는 개념을 소개했다. 그리고 아주 단순한 계산과 동작만 수행하는 이 'a-기계'라는 것을 응용해서 세상의 온갖 문제를 어디까지 풀이해 볼 수 있을까에 대한 문제를 탐구하고 있었다.

이 논문을 발표한 대학원생은 앨런 튜링이었고, 이 'a-기계'는 흔히 튜링 머신이라고 불리고 있다. 이후, 튜링 머신에 대한 생각은 아주 간단한 계산을 할 수 있는 기계를 활용할 수 있는 범위와 한계를 연구하는 학문으로 발전했다. 그러는 동안, 사람들은 몇 가지 간단한 계산만 할 수 있는 기계라고 하더라도 그것을 아주 정교하게 활용하기만 하면 세상의 수많은 문제들을 사람 대신 풀 수 있고, 나아가 사람처럼 생각하는 모습도 보여 줄 수 있을 것이라는 꿈을 꾸게 되었다.

1936년 튜링 머신을 소개한 앨런 튜링과, 1936년 독일에서 미국으로 이주한 요제프 바이첸바움은 1936년 자신의 인생에 큰 변화가 일어났다는 공통점을 빼면 별로 큰 상관은 없을 사람들로 보일 것이다. 그런데 만약 인공지능에 대해서 이야기를 한다면, 두 사람의 이야기는 이후에 다시 한 번 엮일 때가 나온다.

그것은 튜링이 세상을 떠난 지 12년 후인 1966년이고, 이때 엮일 이야기는 인공지능 이야기에서 빠지지 않는 소재인 튜링 테스트이다.

ERMA

미국으로 건너온 13세의 요제프 바이첸바움은 대학에 진학할 때가 되자 디트로이트에 있는 웨인 대학에서 수학을 전공했다. 대학에 다니던 중인 1941년 바이첸바움은 공군에 입대하게 되었다. 당시는 제2차 세계대전 중이었다. 많은 나라의 수학 전공자들처럼 바이첸바움에 대해서도 아마 첫 번째 보직으로 고려되었던 것은 암호 해독과 관련된 일이었을 것이다. 그러나 바이첸바움은 전쟁에서 미국의 적인 독일 출신이었고, 이 때문에 암호 해독 일을 맡기는 것은 위험하다는 판단이 있었던 것 같다. 바이첸바움은 기상관측과 일기예보에 대한 보직을 맡아 군 생활을 했다. 1946년 전쟁이 끝나고 제대한 바이첸바움은 1948년 대학을 졸업했고, 1950년 28세의 나이로 석사 학위를 땄다.

나는 어렸을 때부터 당연히 바이첸바움을 '천재적인 박사님'으로 상상하고 있었다. 하지만 막상 조사를 해 보니, 컴퓨터 분야의 다른 많은 전형적인 '천재' 이야기와 요제프 바이첸바움은 조금 달라 보인다.

어떤 기록에는 바이첸바움이 웨인 대학에서 박사 학위까지 취득했다는 이야기가 있기도 하지만, IEEE 컴퓨터 학회의 자료를 비롯하여 많은 자료에서는 바이첸바움이 28세에 석사 학위를 딴 것이 마지막 학력으로 나온다.

역사상 손에 꼽히는 천재로 취급되는 앨런 튜링과 같은 사람들에 비하면 별로 빠른 성장은 아니다. 그런 천재들은 흔히 대학원 생활 도중에 이미 튜링 머신을 소개하는 것 같은 수준의 위대한 업적을 세우기도 한다. 바이첸바움의 학창 시절에 대해서는 그런 멋진 기록은 잘 눈에 띄지 않는다. 그보다는 오히려 군 입대 시점이 이상하게 꼬여서 약간씩 인생이 어긋나는 것 같아 골치 아프고, 군대를 제대하고 학교에 와 보니 세상이 벌써 한참 바뀌어 있는 것 같은데, 취직을 할까 어쩔까 망설이는 사이에 일단 석사 학위를 따면서 시간을 벌어 보자는 요즘 보통 학생들에 조금 더 가까운 느낌이다.

이후, 바이첸바움은 대학의 연구 조교 등으로 일했다. 그는 주로 초창기의 원시적인 컴퓨터 개발에 관한 일을 했는데, 현재의 디지털 컴퓨터와는 전혀 다른 아날로그 컴퓨터 개발 작업에 참여했다는 기록이 보인다. 전기 신호를 더하거나 빼는 장치 등을 만드는 아날로그 컴퓨터 기술은 당시 여러 가지로 응용 분야를 넓히고 있었다. 물론 디지털 컴퓨터가 퍼진 뒤로 아날로그 컴퓨터 기술은 우리가 요즘 흔히 '컴퓨터'라고 부르는 분야에서는 거의 자취를 감추게 되었지만, 아직까지도 여러 자동 제어 장치나 신호 처리 장치에는 아날로그 컴퓨터라고 볼 수 있는 기술이 이용되기도 한다.

바이첸바움이 당시 작업했던 여러 가지 일 중에는 ERMA 생산에 참여했던 것이 특히 눈에 뜨인다. ERMA는 1950년대 초에 미국의 은행인 뱅크오브아메리카의 업무를 지원하기 위해 개발된 전자 장치였다. ERMA의 목적은 은행의 복잡하고 방대한 돈 계산과 회계 업무를 지원하는 자동 장치 역할을 하는 것이었다. 그러므로 ERMA를 만들어서 설치할 때에는 자연히 정보를 입력받는 장치, 출력해 주는 장치, 기억하고 저장하는 장치도 같이 고안되었다.

한동안 최초의 컴퓨터 취급을 받았던 ENIAC이라는 컴퓨터가 개발된 것이 불과 몇 년 전인 1947년이었다. 그런데 ERMA는 이 ENIAC과도 성격이 꽤 달라 보인다.

ENIAC은 그저 들어온 숫자를 계산하는 능력에 초점을 맞추어 개발되고 활용되었다. 그에 비해, ERMA는 신용카드 거래와 계좌를 처리하는 다양한 방식의 정보 처리를 돕기 위해 장치를 활용하는 것이 목적이었다. ERMA에서는 단순히 숫자의 덧셈, 뺄셈을 빨리하는 것만 중요한 것이 아니었다. 계정 사이의 관계라든가 돈 거래가 이루어지는 조건을 처리하는 것을 도울 수 있는 능력이 있어야 했다. 그러니 ERMA는 계산과 처리 자체만큼, 어떻게 사람이 은행 거래에 사용하는 정보를 입력하고, 그 결과가 어떻게 사람이 활용하기 좋게 출력되는지도 중요했다.

ENIAC이 복잡한 계산을 할 수 있는 화려한 계산 능력을 가진 도구라는 느낌이었다면, ERMA는 좀 더 이전 시대의 은행원들이

했던 업무를 대체해 주는 느낌이었다.

ERMA의 테스트판은 25톤 정도 되는 거대한 기계 덩어리로 이루어져 있었다. 커다란 방 전체를 차지하는 어마어마한 덩치였고, 발열 문제를 해결하기 위해서 아예 에어컨으로 냉방을 해 주어야 하는 기계였다. 이렇게 어마어마한 장치였지만, 지금 기준에서 보면 그 성능은 매우 보잘것없었다. 8천 개의 진공관과 3만4천 개의 다이오드를 어지럽게 연결한 것이 핵심 회로였으니, 비록 일대일로 비교하는 것이 정확하지는 않겠지만 넉넉히 봐주어도 그 성능은 요즘의 가장 부실한 스마트폰의 성능에도 비할 바 없이 초라한 정도에 불과했다.

그렇지만 그것만으로도 ERMA는 당시 톡톡히 제 몫을 해냈다. 뱅크오브아메리카 직원들은 ERMA가 빠르고 정확하게 자료를 처리해서 은행 운영의 효율을 크게 끌어 올리는 것을 목격했다. ERMA을 여러 대 더 만들어서 설치하겠다는 수요가 생겼고, 대표적인 미국의 전기전자제품 업체였던 GE가 ERMA를 생산했다. GE는 그 과정에서 진공관을 주요 부품으로 사용하던 원래의 설계를 트랜지스터를 이용하는 설계로 개량하기도 했다.

바이첸바움이 ERMA와 관련된 업무를 한 것도 바로 이 GE가 ERMA의 생산과 개량을 하던 과정에서였다. 바이첸바움이 컴퓨터가 가진 놀랍고 멋진 기술에 대해 감동을 받은 기회가 있었다면, 혹은 굉장한 가능성이 있을 것 같다는 큰 호기심을 느꼈다면 아마 이 무렵이었을 것이다.

물론 당시에도 컴퓨터는 사람의 두뇌와 비슷한 것이고, 언젠가는 컴퓨터가 사람과 비슷한 지능을 갖는 것처럼 보일 것이라는 상

최초의 컴퓨터 에니악의 프로그래밍
광경. 에니악의 소프트웨어
프로그래머는 보통 여섯 명이 꼽히는데
모두 여성이었다. 사진의 인물들은
그중 두 명으로 왼쪽이 루스
타이텔바움Ruth Teitelbaum, 오른쪽이
마를린 멜처Marlyn Meltzer이다.

상은 이미 꽤 퍼져 있었다. 당시는 SF의 황금시대에 가까웠고, 전설적인 SF 작가들이 거의 예언력에 가까운 탁월한 발상을 소설로 소개하던 시대였다.

아이작 아시모프는 1956년 〈최후의 질문〉이라는 기념비적인 단편소설에서 인간의 지능을 아득히 초월하는 컴퓨터에 대한 이야기를 아주 극적인 방식으로 보여 주었고, 프레드릭 브라운은 1954년 〈해답〉에서 인간을 완전히 지배할 수 있을 정도로 성능이 뛰어난 컴퓨터에 대한 이야기를 들려주었다. 뿐만 아니라 인간보다 똑똑해진 컴퓨터가 인간에게 반란을 일으켜 전쟁을 일으키는 이야기나, 어려운 질문에 대한 해답을 컴퓨터에게 물어보는 장면은 아주 흔하게 대중소설에 등장하고 있었다.

그렇지만 상상 속의 이야기를 읽는 것과 실제로 그 상상에 가까운 기계를 현실로 보는 것은 또 다른 기분일 것이다. 더군다나 그런 기계를 스스로 다루고 개량하고 만드는 체험은 훨씬 더 강렬한 감흥을 남기기 마련이다. 이러한 상상이 신선하게 쏟아지며 퍼져나가는 시기였기 때문에 그 상황에서 이런 엄청난 가능성을 가진 기계를 실제로 접하는 것이 더 강한 충격을 주었을 수도 있을 것이다.

은행에서 ERMA을 써 보면, 그것은 단순히 굉장히 계산을 빨리하는 도구가 아니었다. ERMA는 실제로 은행원의 일을 일부나마 대신해 주는 느낌을 주고 있었다. 사람이 두뇌를 써서 해야 하는 일을 사람 대신 해 주는 '생각하는 기계'라는 인상을 주기에 충분했을 것이다. 단순히 사람의 일을 하는 것에 그치는 것이 아니라, 사람의 일을 더 빠르고, 더 정확하게, 더 잘하고 있기도 했다. 이것은 사람이 두뇌를 써서 만든 기계가 오히려 사람의 그것보다 더 똑똑해 보이는 듯한 감상을 불러일으키기에도 좋았다.

ERMA가 실무에 사용되면서 사람이 ERMA에 정보를 입력해 주고 그 결과의 출력을 보는 방식이 관심을 얻었다는 점은 바이첸바움의 연구에 영향을 끼쳤던 것 같다. 바이첸바움은 컴퓨터가 사람의 자리를 대체하기 위해서는 컴퓨터와 사람의 상호작용이 핵심이라는 사실을 적어도 어렴풋하게는 인식했을 것이다. 기계가 사람의 말과 행동을 어떻게 인식하고, 또 인식한 결과를 어떻게 활용하기 좋게 사람에게 전달할 수 있는지는 ERMA 시절에도 중요한 과제였다.

ERMA의 시기에는 사람이 컴퓨터에 입력하기 위해 지금처럼 간단히 키보드의 키를 누르는 방식을 쓰지는 못했다. 당시 키보드는 값비싸고 쓰기 힘든 너무 고급 기술이었다. 당시에 쓰였던 방식은 자성물질을 여러 가지 모양으로 바른 종이에 컴퓨터가 인식할 수 있는 복잡한 기호를 배치하여 컴퓨터에 넣어 주는 것이었다. 이 방식을 이용하기 위해서는 컴퓨터에 입력하는 사람이 이 특수한 종이를 사용하는 방법과 복잡한 기호의 사용법을 익혀서 알고 있어야 했다. 이 방식은 이해하기도 어렵고, 가르치기도 어렵고, 속도도 떨어졌다.

때문에 ERMA의 개발과 활용에서 상당히 많은 영역을 차지했던 것은 어떻게 하면 그나마 이런 방식을 조금이라도 더 개량하느냐 하는 것이었다. 바이첸바움 역시 이런 문제를 알았을 것이고, 이에 대해 고민해 본 일도 있었을 것이다.

그리고 보면, 컴퓨터의 계산 속도와 기억 장치 용량이 불어나는 것과 더불어 입력 방식의 발전 또한 컴퓨터의 수준을 가늠할 수

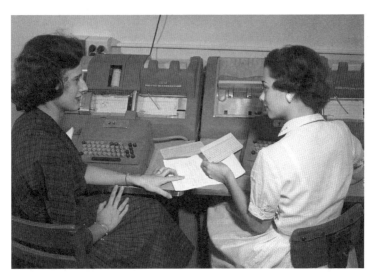

천공카드에 구멍 뚫기 작업 광경

있는 좋은 척도로 보인다. 컴퓨터를 다루는 입력 방식이 어떻게 변해 가느냐 하는 것은 컴퓨터 기술이 얼마나 더 편리해졌고, 그에 따라 얼마나 더 널리 쓰일 수 있고 더 정교한 기술을 갖고 있는지 상징하는 것이기도 하다.

ERMA와 가까운 시대에, 컴퓨터에 사용되었던 가장 널리 퍼진 입력 장치는 단연 천공카드였다. 천공카드는 일정한 규격의 카드에 표현하고자 하는 내용에 따라 정해진 규칙대로 구멍을 뚫어 놓은 것이다. 그러면 컴퓨터는 그 구멍이 뚫린 위치를 인식하여 사람이 어떤 내용을 입력하려고 했는지 받아들일 수 있는 것이다.

천공카드 시대에는 학자, 연구원들이 손으로 입력할 내용을 써 놓으면, 그 내용대로 천공카드에 구멍을 뚫어 주는 직업을 가진 사람들이 있었다. 컴퓨터가 있는 대형 연구기관에서는 흔히 여자 직원들을 뽑아서 천공카드에 구멍 뚫는 훈련을 시킨 후 이 업무를 맡기기도 했다. 성평등 의식이 지금보다 한참 뒤처진 1970년 전후에는 컴퓨터 연구소의 연구원들은 모두 남자들이고, 천공카드 담당자들은 모두 여자들로 이루어진 것이 전형적이었다. 누구누구 연구원은 잘생겼기 때문에 천공카드 담당 여직원이 먼저 카드에 구멍을 잘 뚫어 줘서 연구도 빨리 잘 마친다더라 따위의 소문은 세계 각지의 컴퓨터 시설에서 공통적으로 한 가지씩은 있는 이야기였다.

1970년대가 지나가면서 컴퓨터 입력 방식은 키보드가 거의 표준으로 자리 잡게 된다. 1980년대가 되어 키보드가 딸린 개인용 컴퓨터, 가정용 컴퓨터가 널리 보급되면서, 컴퓨터를 다루는 것은 곧 키보드의 키를 누르는 것이라는 관념이 자리 잡게 된 것 같다. 영화에서 컴퓨터에 능숙한 학자는 흔히 아주 빠른 속도로 키보드를 누르는 것으로 묘사되곤 했고, 한국어 표현에서도 컴퓨터를 잘 다루는 사람은 컴퓨터를 잘 "친다"라고 흔히 말하곤 했다.

1980년대 초반 매킨토시가 마우스를 소개하면서부터는 키보드에 더해 마우스를 조작하여 화면에 보이는 그림이나 글자를 선택하는 방식이 점점 퍼져 나갔고, 1990년대에는 이 역시 컴퓨터를 쓰는 전형적인 방식으로 자리 잡았다. 2010년대부터는 화면을 손으로 눌러서 입력하는 터치스크린 방식도 충분히 정착되었다고 볼 수 있을 것이다.

미래에는 더 편리하고 더 효율적인 입력 방식이 점점 더 퍼져 나갈 것이다. 대표적인 SF 시리즈인 〈스타 트렉〉의 이야기들 중, 극장판 4편에서는 미래의 발전된 컴퓨터를 사용하는 사람과 현대의 컴퓨터를 사용하는 사람과의 세대 차이를 묘사하는 장면이 나오기

도 한다. 이 영화에서 미래의 기술자인 스콧은 시간 여행으로 현대
에 왔을 때 컴퓨터를 사용하기 위해 컴퓨터 가게에 가서는 컴퓨터
앞에서 자기 목소리로 말을 하며 컴퓨터에게 알아들으라고 명령한
다. 컴퓨터 가게 직원은 스콧이 왜 컴퓨터 앞에서 중얼중얼거리는
지 의아해하며 컴퓨터를 쓰려면 키보드와 마우스를 써야 한다는 눈
치를 주는데, 그러자 스콧은 참으로 원시적인 컴퓨터 사용 방식이
라며 투덜거린다.

　마치 23세기에서 20세기로 시간 여행을 온 영화 속 스콧처럼,
1950년대의 바이첸바움은 그냥 사람에게 말하듯이 컴퓨터에게 설
명하는 것만으로 사람의 의사를 전달할 수 있다면 어떨까 하는 상
상을 했던 것 같다. 나아가 컴퓨터가 그 결과를 보여 줄 때에도 특
수한 기호를 종이에 인쇄하거나 신호 램프를 반짝이는 것이 아니
라, 마치 사람이 다른 사람에게 자연스럽게 말을 해 주듯이 설명해
주면 어떨까 하는 상상을 했을 거라고 나는 추측한다.

　내가 그렇게 추측하는 이유는 1960년대가 되자 바이첸바움이
실제로 그런 기계를 만들려고 했기 때문이다.

4 이원론

마치 사람처럼 대화하는 기계가 얼마나 의미 있는 것인지 지적하여 처음 화제를 모은 사람이라면 역시 앨런 튜링을 꼽아야 할 것이다. 앨런 튜링은 처음 ERMA의 개발이 진행될 무렵이던 1950년, 훗날 '튜링 테스트'라고 불리는 한 가지 시험 방식을 제안했다. 이것은 바로 기계가 하는 말이 얼마나 사람과 비슷한지 평가해 보자는 생각과 연결되어 있었다.

　튜링은 '튜링 테스트'라는 아이디어를 1950년 철학 학술지 〈마인드Mind〉에 발표한 〈계산용 기계 장치와 지능Computing Machinery and Intelligence〉에서 처음 소개했다. 이 논문에서 튜링은 기계가 사람처럼 지능을 가질 수 있을지에 대해서 상상했다.

영국의 수학자 앨런 튜링(1912-1954)

당시 시점으로 거슬러 올라가 봐도 이미 기계가 아주 정교하게 발전하면 사람과 비슷하게 될지 모른다는 발상 자체는 꽤 널리 퍼져 있었다.

위대한 장르소설 작가였던 체코의 카렐 차페크는 한 세대를 앞서서 1920년 희곡 ‹R.U.R›에서 ‘로봇’이라는 말을 이미 만들어 썼다. 그리고 이 ‘로봇’이라는 단어는 1950년에는 이미 충분히 알려져 있었다. 1927년 프리츠 랑이 감독한 독일 영화 ‹메트로폴리스›에서는 사람처럼 행동하고 움직이는 로봇이 활동하는 미래 도시의 풍경을 당시로서는 극히 화려한 특수 촬영으로 보여 준 적도 있었다. 이 영화의 화려한 특수 효과는 당시 식민지 조선에서도 주목을 받아서 심훈 같은 작가가 열정적인 영화 평론을 써서 조선일보에 싣기도 했다.

따라서, 기계나 로봇이 지능을 가질지도 모른다는 발상은 튜링의 시대에도 아주 희귀한 것은 아니었다. 더군다나 그보다 앞서서 튜링은 튜링 머신을 상상할 때에 무슨 문제건 간단한 기계의 작동으로 표현해 내는 방식에 대해 깊은 연구를 하고 있었다. 그렇다면 온갖 문제를 해결하는 기계가 있고, 여러 가지 문제를 해결하는 능력을 하나둘 갖추어 나가면서, 그 기계가 인간의 뇌가 날마다 접하는 크고 작은 문제들의 풀이를 대부분 할 수 있는 날이 온다면, 마치 인간의 뇌와 비슷한 역할을 할지도 모른다고 당연히 떠올렸을 것이다. 그래서인지 튜링 역시 언젠가 지능을 가지는 기계가 나타난다 내지는 기계도 지능을 가질 수 있다는 예상에 찬성하는 편이었다고 한다.

그렇다면 어떤 수준을 갖춘 기계가 있을 때 그 기계가 지능을 가지고 있다고 판단해야 할지 생각해보아야 한다.

　텔레비전 쇼에서는 지금까지도 똑똑한 사람이나 천재를 표현할 때 산술계산을 아주 빨리 해내는 솜씨를 자랑하는 장면이 흔히 나온다. 여러 자릿수의 곱셈이나 나눗셈을 암산으로 빨리 해내는 사람이 있다면, 흔히 머리가 좋고 '지능'지수가 높은 사람일 것이라고 짐작하며 신기해한다. 한편으로는 아주 똑똑한 동물이 있다고 할 때, 그 동물이 계산을 할 줄 안다는 것을 놀라운 경지라고 소개하는 일도 있다.

　예를 들어 1900년 전후 독일에서 가장 유명한 말이었던 '영리한 한스'는 계산 결과를 질문하면 그 답을 발굽으로 바닥을 두드리는 횟수로 알려준다고 하여 사람들의 관심을 끌었다. 그 때문에 이 말은 영리한 말이라는 명성을 얻은 것이다. 1907년 영리한 한스가 실제로 계산을 할 줄 아는 것은 아니라는 사실이 밝혀졌는데, 비밀은 발굽을 두드리다가 주변 사람들의 눈치를 보면서 사람들이 답이라고 기대하는 순간인 것 같으면 발굽 두드리기를 멈추는 방식으로 답을 맞혔다는 것이다. 이렇게 영리한 한스의 수법이 진짜 계산을 할 수 있는 것은 아니라는 것이 밝혀지자, 계산과 같은 활동을 할 수 있는 지능을 가진 것은 역시 만물의 영장 인간뿐이라는 믿음도 더 강해졌을 것이다.

　그러나 설령 계산을 잘하는 것이 지능의 증표같이 느껴지고 컴퓨터가 계산을 빠른 속도로 잘해낸다고 해서 컴퓨터가 '지능'을 갖고 있다고 말하지는 않는다. 숫자의 덧셈 뺄셈을 하는 컴퓨터의 계산 능력은 사람을 아득히 능가한다. 최초로 개발된 가장 원시적인 전자식 컴퓨터조차 계산 능력이 뛰어나다고 할 만한 대부분의 사람들보다 훨씬 더 빨리 계산을 해낼 수 있었다.

요즘 오래 묵은 자동판매기 따위에 장치되어 있는 케케묵은 자일로그 Z80 같은 반도체 칩조차도 1초에 수백만 번의 덧셈 뺄셈을 해낼 수 있다. 계산에 재능이 있는 사람이라면 1초에 덧셈을 다섯 번, 열 번을 하는 도전을 서커스처럼 해 볼 수 있겠지만, 아무리 위대한 계산 능력을 가진 사람이라도 1초에 덧셈 천 번을 해낼 수는 없을 것이다. 그런데, 동전 몇 개가 들어오는지를 헤아려 어떤 음료수를 떨구어 줘야 되는지 판단하는 정도의 일이 일생에 해야 할 판단 작업의 전부인 자동판매기 반도체칩이 1초에 백만 번의 덧셈을 연속해서 몇 시간이고 해낼 수 있는 것이다.

그렇다면 계산을 잘 하는 능력이 지능의 기준은 아닐 것이다. 물론 계산 능력은 여전히 지능의 중요한 특징 중에 하나라는 인상은 사라지지 않고 남아 있다. 어린아이가 셈을 잘 할 줄 모르고 숫자를 헤아릴 줄 모르면 부모는 아이의 지능 발달을 걱정한다. 계산을 잘 할 수 있는 컴퓨터라는 기계가 등장하게 되었을 때, 많은 SF 작가들이 미래에는 컴퓨터가 인간처럼, 혹은 인간 이상의 지능을 갖게 된다는 소설을 상상했던 것도 아마 그런 인상 때문 아니었나 싶다. 하지만 어린아이의 지능 발달 수준을 따질 때 아이가 1에서 10까지 헤아릴 수 있는지 없는지 살펴보는 것과 달리, 기계가 지능을 갖고 있는지 판별하고자 할 때 쓰는 감별 기준이 계산 속도나 계산량은 아닌 것 같아 보인다.

계산을 빨리하니 천재라는 TV 쇼에서 자주 보이는 발상과는 전혀 다른 방식으로 지능이 있는지 없는지를 따지는 다른 관점도 있다. 그중에 전통적으로 널리 퍼져 있는 것을 꼽아 보자면 소위 말하는 '이원론' 발상이 있다.

이원론 발상은 고대와 중세시대에 세계적으로 널리 퍼져 있던 사고 방식이었다. 주로 유럽권에서 종교와 결합하여 문화에 널리 스며들기도 했다. 그중 인공지능에 대해서 이야기할 때, '이원론'은 철학자 데카르트의 생각에서부터 출발하는 경우가 많다.

이원론 발상이란 세상을 두 가지로 나누어 보는 것이다. 어떻게 두 가지인지 간단히 이야기해 보자면, 세상에는 물질이 있고, 물질적인 작용만으로는 설명할 수 없는 물질 이외의 어떤 것, 이렇게 총 두 가지가 있다는 이야기다. 그리고 바로 이 물질 이외의 것이야말로 사람이 하는 정신 활동의 정수이며 나아가 지능의 핵심이라는 것이 이원론이다. 옛 사람들의 말 그대로 설명하자면, 사람에게는 기계에는 없는 '혼백', '영'이라는 것이 있고, 이 혼백이야말로 정신 활동의 핵심이라는 것이다.

그러므로 이원론 발상을 따른다면, 사람이 생각을 하고 고민을 하고 감정을 갖는 것은 다름 아닌 혼백이 있기 때문이다. 어느 문화권을 막론하고 세계 어디서나 이 비슷한 발상은 드물지 않다. 예를 들어 흙으로 육체를 만들었는데, 거기에 혼백을 불어넣었기 때문에 사람은 지적인 활동을 할 수 있게 되었다는 식의 신화는 세계 각지에서 찾아볼 수 있다. 이런 혼백 내지는 혼령이란 것은 보통 사람의 몸이나 물질과는 분리되어 있는 것으로 본다. 사람의 몸이 죽어서 정지한 후에도 혼령은 그대로 남아 있을 수 있다. 심지어 사람의 몸이 완전히 썩어서 없어진 후에도 혼령은 그와는 관계 없이 남아 있어서 생각을 하거나 고민을 하고 걱정을 할 수 있다.

뒤집어서 생각해 보면, 이원론에서는 무엇이든 혼백만 붙어 있다면 바로 사람과 같은 지능적인 활동을 할 수 있게 된다. 이런 생각은 심지어 지금까지도 꽤 이곳저곳에 퍼져 있다.

1977년 목포의 하당 마을에서 어떤 소나무를 함부로 자르려고 했더니 나무를 자르려고 한 인부가 저주를 받아 사고를 당하거나 나쁜 일이 생겼다는 이야기가 돌았다. 이것은 나무에 혼백이 깃들면 나무줄기와 뿌리, 잎밖에 없는 나무도 어떤 판단을 할 수 있고 예측을 할 수 있으며 나무가 감정을 갖고 미워하는 사람과 좋아하는 사람을 구분한다는 이원론 발상이다.

나무가 자신의 안전과 위험을 판단하고 자신을 위험하게 만든 원인이 누구인지 파악하고 그 사람을 증오하는 감정을 품는다는 것은 꽤 복잡한 정신 활동이다. 그런 판단을 간단하게라도 흉내내는 컴퓨터 프로그램을 만드는 것도 쉬운 일은 아니다. 좋은 프로그램 기술이 필요할 것이고 분명히 큰 기억장치와 성능이 좋은 CPU도 필요할 것이다. 그러나 나무 속에는 그런 생각을 처리할 만한 컴퓨터나 뇌에 해당하는 것이 없다. 그런데도 이 이야기 속에서는 왜인지 막연하게 나무가 그런 생각이나 감정을 가질 수 있다고 사람들이 믿고 있다. 물질적인 어떤 장치가 전혀 없더라도 혼백이라는 어떤 신비한 것이 붙어 있기만 하다면 그런 능력을 갖출 수 있다고 보는 것이다.

비슷한 발상은 훨씬 더 최근의 이야기에서도 쉽게 찾을 수 있다. 귀신 붙은 자동차, 저주 받은 자동차가 있어서 사람을 죽이려고 이상하게 움직인다거나 갑자기 스스로 고장이 난다는 이야기는 어떠한가?

자동차를 스스로 움직이게 만드는 것은 세계적인 인공지능 업체들이 최근 막대한 노력을 기울여 연구하는 분야이다. 자동차가 사람을 알아보고, 특정한 위치로 스스로 운전해 움직여서 그 사람을 죽이려고 든다고 가정하자. 이를 위해선 사람을 인식할 수 있는 센서와 그 신호를 처리할 수 있는 컴퓨터가 필요하다. 센서에 포착된 모습이 정말 죽여야 하는 사람인지, 아니면 그저 서 있는 사람과 닮아 보이는 설현의 입간판인지 판단하는 것에도 상당히 복잡한 소프트웨어가 필요하다. 이 소프트웨어가 저장되고 실행될 수 있는 장치도 있어야 한다.

그런데, 그런 것이 아무것도 없더라도, 그냥 아무런 특별한 장치가 없는 낡은 차라 하더라도, '귀신'이라는 것, '혼령'이라는 어떤 신비한 것만 붙어 있다면, 이야기 속에서는 이 모든 것이 저절로 이루어질 수 있다. 이런 이야기 속에서는 특히 낡고 볼품 없는 오래된 차가 더 그런 기능을 갖게 될 확률이 높은 것 같다.

귀신이 붙은 인형 이야기는 특히 극적이다. 인형은 일부러 사람처럼 꾸며 놓은 물체이고 사람과 닮게 하고 또 사람과 비슷하게 만들기 위해 노력하는 물건이다. 그러나 그렇게 만드는 것은 쉽지 않다. 그런데도 인형에 귀신이라는 것이 붙기만 하면 이 인형은 사람이 하는 온갖 판단과 행동을 할 수 있다.

귀신 붙은 인형이 "또 너와 나 둘뿐이네." 하면서 사람을 죽이려고 위협한다는 이야기는 어떤가? 이 인형은 오직 귀신이 붙어 있다는 이유 하나만으로 사람을 알아보고 사람이 몇 명 있는지 헤아리며 정확한 한국어로 말을 한다. 이런 정도의 기능을 가진 기계를 만들기 위해, 전자 업체들은 온갖 노력을 기울여야 한다.

사람과 비슷한 인형 속에 사람과 비슷한 행동과 움직임을 하는 장치를 부착한 첨단 장비를 우리는 휴머노이드 로봇이라고 부른다. 하지만 KAIST에서 개발한 '휴보' 정도의 휴머노이드 로봇도 겨우 걸어다니면서 간단한 안내와 자기소개를 하는 정도이고, 일본 소프트뱅크에서 막대한 자금을 퍼부어 야심차게 개발한 '페퍼'조차도 배터리와 기계 장치의 크기 때문에 그 모양은 좀 엉성해질 수밖에 없었다.

그런데, 아무런 장치도 없는 헝겊과 솜으로 된 인형일지라도 어떻게든 거기에 혼백이 붙어 있기만 하면, 최고 성능의 휴머노이드 로봇을 능가할 정도로 자연스럽게 사람을 따라한다. 이야기 속의 귀신 붙은 인형은 사람과 거의 동일한 지능을 가진 동작을 한다.

육체와는 완전히 분리될 수 있는 혼백, 귀신이라는 것이 정신 활동의 핵심이라는 이원론은 세월이 흐르면서 점차 인기를 잃어 갔다. 여러 가지 다양한 이유를 생각해 볼 수 있겠지만, 우선은 사람의 인체에 대한 과학이 발달하면서 뇌가 인간의 정신 활동을 담당하고 있다는 사실이 밝혀졌기 때문일 것이다.

뇌 속에 있는 신경세포들이 서로 신호를 복잡하게 주고받고, 서로 화학 물질을 교환하는 복잡한 과정이야말로 바로 사람이 하는 여러 판단과 감정, 그 자체라는 주장이 점차 사람들을 설득하게 되었다. 그러니 뇌라는 실제 물체와 별개로 어떤 신비로운 정신의 실체가 있을 수 있다는 생각을 예전처럼 내세우기란 힘들어졌을 것이다. 예를 들어, 어떤 충동과 감정을 느끼는 것은 사람의 성격과 감정 활동의 매우 중요한 작용이다. 그런데 뇌의 이마 쪽 부분, 그러니까 전두엽을 일부 잘라내면 사람이 이런 느낌을 가질 수 없게 된다. 뇌라는 물질과 분리되어 있는 혼령, 귀신이라는 신비로운 것이 있다는 생각보다는, 뇌라는 물질 덩어리가 어떻게 되느냐가 곧 사람의 정신 활동에 미치는 영향이 크다는 생각이 더 인기를 얻을 만하다.

그런 점에서 인공지능 분야에서 대체로 이원론은 특히 인기가 없는 생각이기도 하다. 나는 이원론이 인공지능에서 인기를 잃은 결정적인 이유는, 혹시라도 이원론이 어쩔 수 없는 사실로 밝혀진다면 완전한 인공지능에 도전하는 연구 자체가 불가능해지기 때문이 아닐까 하고 생각한다.

만약 이원론이 사실이라면, 혼백을 불어넣지 않는 한은 아무리 용을 써도 진짜 인간과 같은 지능을 가진 기계를 만들어 낼 수는 없을 것이다. 인간 같은 지적 활동은 혼백이 있어서 가능한 것이라면, 혼백이 없이는 완전한 진짜 인간의 수준에 도달하는 것은 불가능하지 않을까? 그런데 혼백을 만들어 불어넣는 기술은 없지 않은가? 디즈니 영화에서는 '마법'을 이용해서 빗자루가 스스로 일을 하게 하고, 침대가 하늘을 날아 다니며 스스로 길을 찾고 자동으로 운전하며 움직이게 만들기도 하지만, 그것은 그래서 마법인 것이다.

그러다 보니, 어떤 인공지능 연구자들은 '이원론'이라는 말을 거의 멸시에 찬 단어라는 식으로까지 생각하기도 한다. 인공지능에 대해서 이야기할 때 '이원론'이라는 말을 꺼내는 것을 거의 욕처럼 생각하는 경우도 적지 않다. 예를 들면, "그것은 이원론적인 발상이다."라는 말을 마치 "진지하게 인공지능에 대해 이해할 능력은 없고 막연히 옛날 미신만 믿는 얼간이 같다."라는 조롱처럼 쓰는 것이다.

물론 이원론적인 발상은 세상에 여전히 상당히 널리 퍼져 있다. 아직까지 컴퓨터가 흉내내는 데 많은 어려움을 겪는 인간의 감성과 예술적 능력에 관해서, 바로 "컴퓨터에는 인간다운 '기'가 없기 때문에 그런 것을 하지 못한다."는 식의 이야기는 영화나 TV 드라마에 자주 나왔다. 아이작 아시모프는 농담에 대해 연구하기 위해 큰 고통을 겪는 컴퓨터를 소재로 SF 단편을 쓰기도 했고, 한동안 영화에서는 악당 역할을 하는 로봇에게 "이 혼 없는 기계 덩어리야!"라고 욕을 하는 주인공의 모습도 자주 나왔다.

그래서인지 로봇이나 인공지능과 상관 없는 이야기에서는 물론 이원론 발상의 인기가 사그라들지 않고 있다. 귀신을 다룬 영화나 텔레비전에서는 이미 시체가 완전히 썩어 없어져서 물질의 실체가 남지 않았는데도, 그 신비로운 혼백이라는 것만은 남아서 걸어다니고 말을 하고 고민을 할 뿐만 아니라 심지어 사랑을 하고 음모를 꾸미기도 한다.

현실 세계에서는 알츠하이머 병에 걸려 뇌가 일부만 파괴되어도, 환자는 기억을 잃거나 어린애처럼 변하기도 하고, 대화를 하거나 판단을 할 수 없게 되기도 한다. 그런데 소설이나 TV 드라마에서는 죽은 지 한참 시간이 지나 화장터에서 뇌를 완전히 없애 버렸는데도, 어쩐지 혼령이라는 것이 남아 있고 그냥 살아 있는 사람과 똑같이 생각을 하는 것들이 나온다. 심지어 그런 죽은 혼령들끼리 무슨 규칙을 만들어서, 몇 년 동안 뭘 어떻게 하면 저승의 어디로 갈 수 있게 된다거나, 무슨 능력을 얻게 된다거나 하는 행정 활동을 하기까지 한다.

튜링은 지능과 인간 정신의 판단에 대해서 진지하게 자신이 쓰는 논리적인 방식으로 탐구를 하려면, 이원론 발상을 받아들일 수는 없다고 본 것 같다. 튜링은 그와는 오히려 정반대로 생각했다. 말하자면 일원론 발상인 셈이다.

그중에서도 튜링은 좀 더 과감하게 생각했다. 튜링은 내부 구조가 어떻든, 그 처리 방식이 어떻든 간에 만약 겉으로 보기에 지능이 있어 보인다면 그것은 지능이 있는 것으로 간주해야 한다는 생각을 따랐던 것이다.

⑤ 튜링 테스트

구체적으로 튜링이 제안한 튜링 테스트란 이런 것이다. 사람과 기계를 서로 섞어 놓는다. 그리고 테스트를 수행할 검사자를 데려 와서 누가 사람이고 누가 기계인지 알려주지 않은 채로, 각각의 대상과 대화를 해 본다. 그리고 대화 내용을 바탕으로 누가 사람이고, 누가 기계인지 추측해 보는 것이다. 만약 검사자가 누가 사람인지 기계인지 구분할 수 없을 정도라면, 거기에 있는 기계는 사람 정도의 지능을 갖고 있을 거라는 생각이었다.

실제로 얼굴을 보면서 목소리로 대화를 한다면, 대화 내용뿐만 아니라 말투나 얼굴 피부의 상태를 보고 사람과 기계를 구분할 수 있을 것이기 때문에 보통 튜링 테스트는 서로 얼굴을 보지 않은 채로 글자를 써서 대화를 주고받게 된다. 문자 메시지로만 대화를 하면서 대화 상대가 기계인지 사람인지 추측해 보는 것이 전형적인 튜링 테스트 방식이라고 볼 수 있을 것이다.

예를 들어 보자. 메시지를 주고받으며 다음과 같이 대화를 했다고 치자.

"안녕하세요?"

"안녕하세요."

"오늘 날씨 참 좋네요."

"오늘의 날씨는 맑음입니다. 최고 기온은 34도입니다."

"34도면 심히 더워서 좋다고 할 수는 없겠네요."

"'심히'(이)라는 말을 이해할 수 없습니다."

"심하다라는 것은 너무 정도가 강하다는 뜻인데요."

"명령이 틀렸거나 파일 이름을 찾을 수 없습니다."

이런 식으로 대화가 진행된다면, 이것을 '대화'라고 할 수 있는 수준이야 되겠지만, 상대방이 인간이 아니라 컴퓨터라는 것을 쉽게 알아볼 수 있을 것이다.

그래도 이 정도만 되어도 꽤 괜찮은 대화 프로그램처럼 느껴질지도 모른다. 만약 더 좋은 프로그램과 방대한 데이터를 사용한다면 조금 더 사람에 가깝게 대화를 하는 프로그램을 만들 수 있을 것이다. 그런 식으로 점점 더 좋은 프로그램을 만들다 보면, 언젠가는 사람과 구분할 수 없을 정도로 자연스럽게 대화를 할 수 있는 프로그램도 만들 수 있지 않을까? 그렇다면 그 프로그램은 튜링 테스트를 통과한 것이고, 지능을 갖고 있는 것으로 보자는 것이 튜링의 제안이었다.

철학자 데카르트는 인간의 실체를 정신과 육체로 나누어 보는 이원론을 주장했다.

튜링 테스트에서 제안한 방식, 즉 기계가 사람이 하는 말을 이해하는 것처럼 보이고 사람이 하는 말에 대해 지능을 갖고 생각한 후 대답을 하는 것처럼 보이는 것이 사람 정도의 지능이 있다고 보는 방식은, 그 기계가 무엇으로 구성되어 있고 어떤 원리로 반응하는지에 대해서는 제약을 두지 않는다. 기계가 어떤 모양인지, 어떤 방식의 프로그램으로 되어 있어야 하는지 따지지 않고, 물어본 말에 대해서 대답하는 결과만 사람같이 잘 보여 준다면 그것은 사람처럼 지능이 있다고 보는 방식이다. 당연히 이 기계에 '혼백'이라는 그 신비로운 것이 있으면 진정한 지능이 있는 것이고 없으면 아니라는 식으로 따질 이유도 전혀 없다.

이런 방식은 소위 말하는 '오리 테스트' 방식과 비슷한 것이라고 생각한다.

오리 테스트란 "만약 어떤 것이 있는데 오리처럼 걷고, 오리처럼 수영하고, 오리처럼 꽥꽥거린다면, 그것은 '오리'라는 것이다." 라는 논리다. 19세기 미국의 시인 제임스 위트컴 라일리의 말에도 나오는 것인데, 이것은 어떤 본질적인 무엇인가가 원천에 깊은 핵심으로 있어서 그것을 포착해서 뭔가를 판별하자는 것이 아니라, 그것이 우리에게 보여주는 반응이 같다면 같은 것으로 판정하자는 방식이다.

'오리 테스트' 방식은 아주 혼랍스럽고 복잡한 판정 문제를 해결하려고 할 때에 꽤 유용한 것 같다. 잘못해서 마구잡이로 사용한다면야 몇몇 근거만으로 함부로 결론으로 몰고 가는 위험한 방식이 되겠지만, 잘만 사용한다면 효율적인 발상이라고 생각한다. 현실과 점점 동떨어지면서 지나치게 정체를 알 수 없어지는 '본질'에만 집착하는 경우를 막는 도구가 될 수 있을 것이다.

예를 들어 어떤 정치인이 입으로는 자기가 열렬한 반공주의자이고 공산당을 이 땅에서 몰아내는 것이 자기 인생의 목표라고 주장하고 있지만, 이 사람이 국가와 사회의 발전을 위해 개인의 자유를 억압하는 데 찬성하고, 효율적인 정치를 위해 독재를 지지하고, 대의를 위해 사상과 표현을 통제해야 한다고 믿으며, 정부가 경제를 조종해야 하고 기업을 정부 뜻대로 다스리는 것이 어쩔 수 없다고 생각한다면, 이 정치인이야말로 공산주의자 같은 사람이라고 볼 수밖에 없다. 아무리 자기 입으로 자기가 반공주의자라고 소리 높여 외친다고 한들, 공산주의자처럼 걷고, 공산주의자처럼 수영하고, 공산주의자처럼 꽥꽥거린다면 공산주의자인 것이다.

오리 테스트 방식은 인간의 정신과 의식에 대한 문제에 대해서도 일견 괜찮은 방식으로 보일 것이다.

'유아론' 문제를 떠올려 보자. 유아론은 세상에서 실제로 있는 것은 나 자신밖에 없다고 믿는 발상이다. 나는 내가 의식을 갖고 있고, 감정과 생각을 갖고 있다는 사실을 잘 알고 있다. 그렇지만, 내가 아닌 다른 사람도 그럴 것이라는 것을 어떻게 아는가? 필립 K. 딕의 SF 단편에는 주인공이 당연히 자기와 같은 사람이라고 믿고 있던 주변 사람들이 알고 보니 모두 로봇이었고 기계 장치에 의해 조종되어 사람 흉내를 내고 있는 것일 뿐이라는 사실을 알고 놀라는 내용이 있다. 우리의 현실이 그렇지 않다는 것을 우리는 어떻게 확신할 수 있는가?

엑스레이 장치나 시체를 해부해서 그 사람의 머릿속에 들어 있는 물질이 내 뇌와 비슷하다는 것을 확인해 볼 수는 있을 것이다.

그렇지만 그것을 확인한다고 해서, 정말 그 물질의 동작도 나와 똑같다고 믿을 수 있을까? 그것은 그냥 물질의 모양이 그렇게 꾸며져 있는 것일 뿐이고, 실제로 그 사람은 나와 같은 정신활동을 하고 의식을 갖고 있는 것은 아닐 수도 있지 않을까? 누가 멀리서 조종하고 있거나, 수천 년 전에 외계인이 꼭 정신이 있는 사람처럼 움직이도록 인공 단백질 덩어리를 배치해 둔 것은 아닐까? 극단적으로 설령 세상의 다른 사람들이 모두 사람으로서 사람처럼 움직이는 것까지는 모두 사실이라고 해도, 그 정신 속에 나와 같은 정도의 의식과 자각은 없을 수도 있지 않을까? 그냥 겉보기에만 비슷한 행동을 하는 것으로 보이는 것은 아닐까?

이런 생각은 사실 증명할 수가 없는 내용이다. 사람이 한 사람의 몸 속에 갇혀서 판단하고 생각할 수밖에 없는 이상, 세상에는 나만 진짜고 나머지 모두는 환상이라는 식의 생각은 터무니없게 들리기는 하지만 그렇다고 또 논리로 완전히 무너뜨리기도 어렵다.

이런 상황에서 오리 테스트는 유용하다. 만약 어떤 사람이 나와 비슷한 의식과 자각을 갖고 있는 것처럼 말하고, 또한 나와 비슷한 의식과 자각을 갖고 있는 것처럼 행동한다면, 그 사람은 나와 비슷한 의식과 자각을 갖고 있는 것으로 봐야 한다. 이것이 오리 테스트의 단순하고도 명쾌한 결론이다. 튜링 테스트 역시, 지능의 본질이 무엇인지 복잡하게 따지지 않고 단순하게 결론을 낸다. 과연 혼백이라는 것이 실제로 있어서 그것이 붙어 있어야 진정한 정신이 있는 것인지 복잡하게 따질 필요 없이, 그냥 말해 보고 사람처럼 느껴지면 사람 정도의 지능이 있다고 치는 것이다.

튜링 테스트는 내용이 간단하고 이해하기 쉬우면서도 어느 정도 그럴듯하게 들리는 이론이었다. 컴퓨터가 어느 수준이 되면 지능이 있다고 보아야 하는가에 대한 단순한 기준이 될 만했다. 현실적으로 유용한 쓸모도 있었다. 사람과 자연스럽게 대화할 수 있는 기능을 발전시킨다면, 컴퓨터에게 업무를 지시하거나 상황을 보고받을 때에 컴퓨터에 대해서 잘 모르는 사람도 쉽게 컴퓨터를 조작할 수 있을 것이다.

한편으로 컴퓨터와 대화를 사람처럼 자연스럽게 주고받는다는 것은, 사람이 언어를 사용하는 원리와 이론에 대한 연구와 연결되기도 했다. 게다가 사람이 만들어낸 기계와 대화를 해 본다는 것에는, 어떤 낭만적인 측면도 있었다.

그런 이유로 튜링 테스트는 널리 퍼졌다. 인공지능 분야에서 일반인들에게까지 널리 퍼진 이야깃거리가 되어 SF 영화의 소재가 되기도 했고, 요즘에는 인터넷 사이트의 자동 가입을 막기 위해 이상하게 구부러진 글자를 입력하는 것을 설명하면서 튜링 테스트를 들먹이기도 한다.

인터넷 사이트 운영자는 사람이 사이트에 가입하거나 사람이 덧글을 다는 것은 괜찮게 받아들이지만, 사람을 흉내낸 자동 컴퓨터 프로그램이 자동 가입하거나 자동으로 스팸 광고 덧글을 다는 것은 막고 싶을 것이다. 그러면 덧글을 다는 것이 지능을 가진 사람인지 단순한 자동 입력 프로그램인지 구별해 줄 수 있는 장치가 필요하다. 이것이 사람과 컴퓨터를 구분하는 테스트인 튜링 테스트와 비슷한 점이 있다고 해서, 튜링 테스트를 걸고 넘어지는 것이다.

요즘 흔히 쓰이는 것은 사람이 눈으로 보고 무슨 글자인지 알아보는 것은 가능하지만, 컴퓨터 프로그램으로 글자를 인식시키기는 어려울 것처럼 생긴, 요상하게 구부러진 글자를 보여 주고 그 것을 그대로 타이핑해 보라는 테스트를 시키는 방법이다. 많은 인 터넷 사이트에서 자주 볼 수 있어서, 네이버와 같은 큰 사이트에 서 웹진 거울 같은 작은 사이트에까지 쓰이고 있다. 이 방식을 종 종 CAPTCHA라고 부르는데, 이 CAPTCHA라는 말은 'Completely Automated Public Turing test to tell Computers and Humans Apart'의 머릿글자를 따온 약자이고, 풀어 말하자면 '사 람과 컴퓨터 판별을 위한 완전 자동화된 튜링 테스트'인 것이다.

튜링 테스트는 널리 퍼졌지만, 그런 만큼 문제점도 지적되어 왔다. 과연 튜링 테스트가 기계가 지능이 있는지 확인하는 좋은 방 법인가, 혹은 효율적인 방법인가, 그 한계를 찾아낸 사람들은 계속 해서 나타났다.

가장 쉽게 생각해 볼 수 있는 것은, 사람과 닮았다는 것이 꼭 지능은 아니라는 문제이다. 튜링 테스트는 사람과 기계를 구분하는 테스트 방식이므로 기계가 얼마나 사람 같은지 보는 방식이다. 그 렇기 때문에 사람 같지 않은 반응을 보이면 그게 무엇이건 테스트 에 실패할 가능성이 높아지고 지능이 없는 것으로 판명된다. 사람 을 지능이 있는 것의 대표로 본다면 이런 방식은 괜찮아 보이지만, 문제는 사람의 모든 반응이 꼭 지능적인 것은 아니라는 점이다.

단순한 예로, 사람과 채팅으로 대화를 한다면 그 사람은 분명 히 언젠가는 오타를 낼 것이다. 어떤 사람은 오타를 많이 낼 것이 고, 어떤 사람은 오타를 적게 낼 것이다. 어떤 사람은 맞춤법이나 띄어쓰기 규칙을 잘못 알고 있어서 똑같은 오자를 여러 번 내기도 할 것이다. 그런데 컴퓨터 프로그램으로 대화를 하게 꾸민다면 오타를 내지 않고 항상 정확하게 결과를 출력할 것이다. 그러므로 만약 컴퓨터와 사람을 구분하는 것만이 목표라면 대화를 유심히 지켜보고 오타를 내는지 내지 않는지 지켜보기만 하면 된다. 비정상적으로 오타를 내지 않고 정확한 철자를 지키고 있다면 그것은 상대방이 컴퓨터라는 증거일 것이다.

그렇다면, 튜링 테스트를 통과할 확률을 높이기 위해서는 일부러 오타를 어느 정도 내는 기능을 추가해야 한다. 그런데 일부러 오타를 내는 기능이 과연 지능의 일부라고 할 수 있을까? 정말 이런 기능까지 갖추도록 해야만 지능을 갖고 있다고 평가할 수 있는 것일까? 그것이 아니라면 튜링 테스트는 지능이 있는지를 평가하는 것이 아니라 쓸데없는 것을 평가하고 있는 것 아닌가? 몇 가지 복합적인 설명을 덧붙일 수는 있겠지만, 적어도 간단하게 컴퓨터가 지능이 있는지 평가할 수 있다는 것이 튜링 테스트의 큰 장점이었다는 것을 고려한다면, 이런 것은 튜링 테스트의 허점으로 보는 것이 옳다고 생각한다.

비슷하게, 컴퓨터가 훨씬 더 뛰어난 기능을 보이는 분야가 있어도 사람과 비슷해 보이려면 일부러 평범한 사람과 비슷한 수준으로 기능이 없는 듯 보여야 한다는 점도 문제다.

예를 들어서, 튜링 테스트 도중에 긴 숫자를 곱셈하는 문제의 답을 알려달라고 질문한다고 해 보자.

"426,426 곱하기 426은 얼마인가요?"

"181,657,476 입니다."

컴퓨터라면 이렇게 답을 해 주는 데 특별히 시간이 더 걸릴 것도 없다. 컴퓨터는 이 정도 숫자의 곱셈 정도는 부담 없이 간단히 처리해서 바로 답을 알려 줄 수 있다. 그런데 만약 이렇게 단숨에 답을 알려 주면, 컴퓨터라는 티를 내는 것이 된다. 사람이라면 대화는 이것과 비슷하게 진행될 것이다.

"426,426 곱하기 426은 얼마인가요?"

"왜요? 제가 그걸 왜 계산해야 되는데요?"

"그냥 좀 해 주시면 안되나요?"

"꼭 필요해요?"

"테스트의 일부니까요."

"잠깐만요. 계산기 좀 두들겨 보고요."

만약 튜링 테스트를 통과하는 컴퓨터 프로그램을 만드는 목적이라면, 일부러 계산을 쉽게 못 하는 척해야 한다. 그렇다면 일부러 계산을 잘할 수 없는 척하는 기능, 또는 계산하는 능력을 제한하는 기능이 있는가 없는가 보는 것이, 지능이 있는지 없는지 알아보는 핵심이란 말인가?

이런 면에서 살펴 보면, 튜링 테스트는 지능이 있는지 없는지 보기보다는 평균적인 인간의 지적 능력에 얼마나 근접해 있는지를 보는 테스트일 뿐이라는 문제가 드러난다. 계산 이외의 모든 분야에서도 프로그램이 평균적인 보통 사람이 갖고 있는 지적 능력을 상회하지 않아야만 튜링 테스트를 통과할 수 있다. 인간의 평균 이상으로 뛰어난 기능은 억지로 제한시켜야만 튜링 테스트를 통과할 수 있는 것이다.

컴퓨터에 온갖 위인들의 생년월일 정보나 전국 각 도시의 인구, 면적 같은 정보들을 저장해 두는 것은 간단한 일이다. 백과사전이나 외국어 사전을 통째로 집어넣는 것도 매우 쉽다. 그런데 만약 튜링 테스트 중이라면 그런 정보에 대해서 물어보았을 때 컴퓨터 프로그램은 모르는 척을 해야 한다. 보통 사람이라면 그런 지식을 갖고 있지 않을 것이기 때문에, 컴퓨터인지 티를 내지 않으려면 일부러 모르는 척해야 하는 것이다. 이렇게 일부러 모르는 척하는 것이 과연 컴퓨터가 지능을 갖고 있는지 알아보려는 목적에 맞는 것인가? 오히려 우리에게 필요한 것은 그 반대가 아니었나?

튜링 테스트를 통과하기 위해서는 일부러 사람의 부족한 점을 흉내내야 한다는 문제를 두고 어떤 사람들은 이것은 인공지능이 아니라 '인공저능'이라고 비아냥거리기도 했다. 한편으로 듀나의 SF 단편 ‹첼로› 같은 소설에서는 어떤 가난하고 배경 없는 공장 노동자가 괴상하게도 매우 뛰어난 첼로 연주 실력을 갖고 있는 것을 보고, 그 사람이 사실은 로봇일 것이라고 의심하는 장면이 나오기도 한다. 튜링 테스트의 한계 때문에 오히려 지적인 능력이 지나치게 뛰어나면 인간일 리가 없다고 판정되어 버리는 문제를 지적하는 대목이다.

이보다 한 단계 더 치졸하게 튜링 테스트의 한계를 악용하는 방법도 있다. 이것은 대화 상대방의 사생활을 물어보는 것이다. 사람이라면 대체로 고향, 부모, 친척, 사는 곳, 친구에 대한 여러 가지 정보가 있을 것이다. 컴퓨터 프로그램에는 이런 것이 없다. 그러므로 고향이 누구인지, 부모가 누구인지, 지금까지 무슨 일을 하고 살았는지 과거 행적을 캐다 보면 컴퓨터 프로그램은 답을 할 수 없는 문제가 나타날 것이라는 점이다.

극단적으로 치사한 방법으로는 컴퓨터라면 갖고 있지 못한 신체 특성에 대해서 묻는 방법도 있다.

"지금 손을 한번 보세요."

"보고 있습니다."

"손톱이 제일 긴 손가락은 어느 손가락인가요?"

"가운뎃손가락입니다."

"손톱을 언제 잘랐는데요?"

"일주일쯤 됐나?"

"보통 일주일마다 한 번씩 손톱을 자르십니까?"

이런 식의 질문으로 상대방을 캐다 보면, 손가락이나 손톱을 자르는 행동을 하지 않는 컴퓨터 프로그램으로서는 언젠가는 어색한 답변을 할 수밖에 없을 것이다.

이런 부류의 질문들에도 사람처럼 대답을 하기 위해서는, 컴퓨터에게 그 자신의 과거 행적이나 경험, 고향이나 부모에 대해 그럴듯하게 거짓말을 할 수 있도록 방대한 정보를 갖고 있어야 한다. 그런데 과연 이런 복잡한 사생활 정보를 갖추고 있는 것이 지능의 핵심이라고 할 수 있을까? 이런 가짜 기억을 갖고 있는 것은 그냥 튜링 테스트를 통과하기 위해 사기를 잘 치려는 자료를 갖추고 있는 것이지, 지능의 특징과는 거리가 멀어 보인다는 느낌이 들기 쉽다.

어떤 SF에서는 이렇게 과거에 대해 사람과 같은 수준의 정보를 갖고 있는 것이 실제 인간 수준의 지능에서 중요하다고 주장하는 경우도 있기는 하다. 이런 SF에서는 이렇게 과거에 대한 여러 경험과 기억이 있어야만, 인간과 비슷한 감정과 신념이 생길 수 있다고 본다. 그러므로 복잡한 상황에서 어떤 판단을 내릴 때 인간과 비슷한 결정을 흉내내기 위해서는 인간과 같은 가짜 기억을 갖고 있는 것이 꼭 필요하다고 이야기한다.

그런 아이디어를 바탕으로 한 옛 SF 영화나 소설에서는 성능이 좋은 로봇이 인간과 꼭 같은 추억과 기억을 갖고 있고 그 기억이 너무 강하기 때문에 심지어 스스로가 철석같이 자신이 로봇이 아닌 인간이라고 믿고 있는 이야기도 있다. 필립 K. 딕 같은 작가는 자기 자신이 당연히 사람이라고 생각하고 있던 주인공이 나중에 자기의 정체가 인간의 추억과 기억을 인공적으로 주입받은 것일 뿐인 로봇임을 깨닫고 혼란에 휩싸이는 반전을 주특기처럼 멋지게 그려내곤 했다.

반대로 그런 복잡한 추억과 기억 없이도 매우 사람 같은 느낌을 갖는 기계를 만들기 위해서 기계가 "기억 상실증에 걸려 있는 사람이다."고 가정하고 출발하는 앙큼한 아이디어를 사용한 SF물도 있었다. 예를 들어 1964월 10월 17일 첫 방영된 TV 시리즈 〈제3의 눈The Outer Limits〉의 에피소드 '유리 손을 가진 마귀Demon with a Glass Hand'에서는 자기가 어디에서 온 누구인지 모르는 사람이 주인공으로 나오는데, 마지막에 자신이 로봇임을 깨닫고 놀라게 된다.

"알고 보니 나 자신이 로봇이었다."라는 반전과 비슷하게 단편 소설에서 흔히 나오는 반전으로는 "알고 보니 나 자신이 유령이었다."라는 것이 있다. 둘다 주로 섬뜩한 느낌을 주려는 목적으로 주로 쓰이는 수법이다. 로봇의 지능에 대한 일원론적인 아이디어에서 출발하는 "내가 로봇이라니."식의 반전과, 이원론적인 아이디어인 유령을 이용하는 반전이 이렇게 형식이 닮았다는 것은 재미있다. 생각하기에 따라서는 "나 자신이 로봇이었다."라는 반전에서 오는 섬뜩한 느낌의 일부는 '로봇은 어쨌거나 사람과 같지는 않은 것', '로봇은 혼이 없는 것'이라는 이원론적인 생각이 마음속에 조금은 깔려 있기 때문인지도 모르겠다는 생각도 든다.

아닌게 아니라, 튜링 테스트의 근본 바탕에 있는 그 일원론적인 한계를 의심하는 의견도 있다. 그것은 과연 말로 하는 반응이 진짜 사람과 같다고 해서, 그 안에 있는 것이 사람과 같은 지능을 가졌다는 결론을 내려도 되느냐는 기본 전제를 문제로 삼는다.

이런 이야기 중에서 가장 잘 알려진 것은 1980년 논문을 통해 제기된 '중국어 방' 문제이다. 이 문제에서 제시된 '중국어 방'이란 이런 것이다. 내부가 보이지 않는 어떤 방이 있는데, 중국 사람들이 질문을 중국어로 종이에 적어서 그 방에 집어넣으면 얼마 후 그 종이에 중국어로 된 답변이 적혀 나온다. 그 답은 상당히 훌륭한 것이기 때문에, 중국 사람들은 그 방 안에 매우 많은 문제에 대해 도통한 아주 현명한 중국 사람이 있을 거라고 생각하고 있다.

그런데 문제는 이 방 안에 있는 사람은 사실 전혀 현명한 사람도 아니고, 심지어 중국어를 한 마디도 알지 못하는 사람이라는 것이다. 대신에 이 사람에게는 굉장히 두꺼운 사전 같은 책이 있다. 이 어마어마하게 두꺼운 책에는 사람들이 물어볼 법한 온갖 질문과 그에 대한 대답들이 모조리 적혀 있다. 이 사람은 중국어를 모르지만, 글자 모양을 보고 똑같은 것을 찾아내서 책에서 질문을 찾아내고, 책의 답변란에 나와 있는 글씨를 그대로 따라 그려내서 답변 종이를 만드는 것이다.

이런 '중국어 방'은 밖에서만 보면 많은 중국 사람들의 질문을 알아듣고 잘 대답해 주는 지능을 갖고 있는 것처럼 보인다. 그렇지만, 이 중국어 방에 있는 사람이 중국어를 이해하지 못하고 현명하지도 않다는 것은 명백하다. 그렇다면 도대체 이 지능을 갖고 있는 것 같은 느낌은 어디에서 왔는가? 어마어마하게 많은 책에 지능이 들어 있는 것이라고 봐야 하는가? 책의 내용이 아주 풍부하고 훌륭하다고 해서 종이 뭉치인 책에 지능이 있는 것이란 말인가? 질문에 대해 답변 종이에 적혀 있는 글자의 내용이 그럴듯하다고 해서, 지능이 있다고 볼 수는 없는 것 아니겠는가?

어떤 사람들은 과감하게 이 '중국어 방'을 통째로 놓고 보면 지능을 갖고 있는 것이라고 보아야 한다고 주장하기도 한다. 즉 책에 있는 풍부한 자료에다가, 비록 현명하지 못한 사람의 능력이지만, 그 자료를 찾고 결과를 표현할 수 있는 능력을 결합해 놓은 덩어리는, 현명하고 중국어를 아는 사람의 지능과 다를 바 없는 기능을 한다는 것이다. 그렇다면 그 덩어리는 그런 지능을 갖고 있다고 봐야 한다고 주장한다.

이런 주장은 보통 철학의 심신문제Mind-Body Problem에서 '기능주의Functionalism'라는 생각과 통하는 것으로 본다. 그러므로, 이 기능주의라는 관점을 비판하는 사람은 튜링 테스트도 좋은 방법이 아니라고 본다.

그러나 인공지능 분야, 적어도 인공지능을 다루는 SF에서는 '중국어 방'이 그 통째로 어떤 다른 사람의 두뇌와 같은 것이라는 생각은 인기가 있다. 아주 많은 질문에 대해 좋은 답을 많이 적어 놓은 책이 있다면 분명히 그런 책은 유용할 것이고, 그 질문과 답을 효율적으로 잘 찾을 수 있는 프로그램이 있다면 그 프로그램은 분명히 어지간한 사람 한 명의 역할을 할 것이다. 바로 이런 발상은 인공지능의 한 분야인 '전문가 시스템expert system'과 통한다고 생각한다. 전문가 시스템은 1980년대 초까지 인공지능 활용으로 각광받는 분야였다.

한편으로 사람의 생각을 충분히 많은 질문과 답, 조건과 자료로 변환해 담아 놓은 책이 지능의 중요한 분야라는 발상에서는, 만약 이 책을 누군가 찢거나 불태운다면 그것은 한 사람의 뇌를 부수는 것만큼 중대한 범죄가 될 거라는 문제가 발생한다. 앞서 언급한 '유리 손을 가진 마귀' 에피소드에서는 이런 발상을 극한으로 밀어붙인 이야기가 나오기도 한다. 여기에서는 인류 전체가 사라진 상황에서 인류 전체의 정신을 모두 자료로 만들어 저장해 놓은 저장 장치가 나온다. 주인공은 이 저장 장치를 보호하려고 하고, 인류의 적인 외계인들은 극중에서 이 저장 장치를 부수는 것이야말로 '인류 전체를 학살하는 것'이라고 여기고 있었다.

텔레비전을 통해 이 이야기가 방영될 무렵, 요제프 바이첸바움은 MIT로 직장을 옮겼다. 그리고 얼마 후, 바이첸바움은 많은 사람들이 최초로 사람처럼 대화할 수 있는 컴퓨터 프로그램이라고 인정한 소프트웨어를 개발해 냈다.

마이 페어
레이디

자기 자신이 사람인 줄 알다가 뒤늦게 정체를 깨닫는 로봇 이야기
가 텔레비전을 통해 방송되었던 1964년, 할리우드에서 요란한 이
야기를 끌고 다닌 영화로는 ‹마이 페어 레이디›가 있었다. 오드리
헵번이 주인공을 맡았던 이 뮤지컬 영화에 관해서는 오드리 헵번이
적역이 아니었다고 하거나, 오드리 헵번이 직접 노래를 부르지 않
고 다른 사람이 더빙을 했다는 등의 이야깃거리 때문에 소란스러운
말들이 많았다.

이 영화는 로봇이나 인공지능과는 거리가 먼 영화다. 그렇지
만, 튜링 테스트에 관해서는 한 가지 연결되는 특징이 있었다. 이
영화는 한 언어학자가 상스러운 말투를 쓰는 사람이라도 우아한 말

‹마이 페어 레이디› 영화 촬영장의
오드리 헵번

투를 자신이 가르치기만 하면 완벽하게 상류사회의 일원인 다른 사
람으로 거듭나게 할 수 있다는 내기를 하는 내용으로 시작한다. 이
것은 사람과 같이 대화하는 모습을 보여 준다면, 그 기계는 사람과
같은 지능을 갖고 있는 것으로 인정한다는 튜링 테스트의 생각과
무척 닮아 보인다.

　이 영화는 조지 버나드 쇼의 희곡 ‹피그말리온›의 영화판이었
다. 정확히 말하자면, ‹피그말리온›의 영화판을 무대 뮤지컬로 만든
버전을 다시 뮤지컬 영화로 만든 것이었다. 여기서 오드리 헵번이
맡은 주인공의 이름이 일라이저 둘리틀Eliza Doolittle이었다. 영화 속
일라이저 둘리틀은 오만해 빠진 남자 언어학자에게 걸려서, 상스러
운 말투를 쓰는 시장통 가난뱅이에서 우아한 말을 쓰는 상류사회
사람으로 '거듭나는 훈련'을 받게 된다.

　이 영화가 나온 지 2년 후인 1966년, 바이첸바움은 바로 이 조
지 버나드 쇼의 이야기에서 따와서 사람과 대화할 수 있는 자신의

컴퓨터 프로그램 이름을 엘리자ELIZA라고 붙였다. 한글로 표기할 때에는 일라이저 둘리틀이라고 썼던 것과 같이 '일라이저'라고 부르는 것이 더 맞겠지만, 내가 처음 《베이식 컴퓨터 게임》에서 이 프로그램에 대해서 보았던 표기도 '엘리자'였고 그 후에도 이 프로그램은 흔히 이 이름으로 국내에서 자주 언급되었기에 이후에서도 그냥 '엘리자'라고 부르기로 하겠다.

바이첸바움의 생각은 과감했다. 사람이 입력하는 말을 일정한 규칙대로 분해해서 포착하고, 몇 가지 조건에 따라 핵심적인 단어들을 파악하면, 사람이 입력한 말의 의도에 맞는 응답을 찾아낼 수 있다는 것이었다.

보기에 따라서 이것은 '중국어 방'을 컴퓨터로 표현한 것과 비슷하다. 사람이 입력하는 내용은 중국어 방으로 들어오는 질문을 적은 쪽지이고, 책에 해당하는 자료가 컴퓨터에 저장되어 있으며, 엘리자 프로그램은 자료와 질문을 잘 만들어 놓은 규칙대로 해석하여 가장 적합하게 내보낼 답을 찾아낸다. 물론 질문과 답을 한 번만 하는 것이 아니라 대화를 계속 주고받으며 말이 진행되어야 하기 때문에 단순히 책에서 질문을 찾고 답을 내보내는 것보다는 좀 더 복잡한 처리가 이루어져야 한다.

그러나 만약 이런 아이디어뿐이었다면 사람과 대화하는 듯한 프로그램을 만들어 내는 것은 사실상 불가능했다. 가장 큰 문제는 당시의 컴퓨터는 용량과 속도가 아주아주 미약했다는 점이다. 사람과 자연스러운 대화에 필요할 만한 온갖 경우의 수에 대해 답변을 저장해 둘 만한 저장 장치를 구하는 것이 불가능했다. 설령 그런 저장 장치가 있다고 해도 대화하는 것과 비슷한 속도로 그 저장 장치를 검색하고 처리하기에는 컴퓨터 속도가 너무나도 느렸다.

게다가 방식 자체의 문제도 있었다. 이런 방식은 사람과 자연스러운 대화를 하는 데 필요한 방대한 양의 자료를 저장해 두어야 하는데, 이런 많은 자료를 구해서 미리 입력해 두는 것도 어마어마한 일이었다. 현대의 컴퓨터 성능으로 이런 방식의 프로그램을 만든다 하더라도 그럴듯하게 대화하는 느낌을 줄 만한 프로그램의 뼈대와 저장 장치는 그럭저럭 구비할 수 있지만 정작 그 저장 장치에 채워 넣어야 하는 충분한 자료를 입력해 두는 것이 여전히 쉽지만은 않은 일이다.

이 방식에서 큰 차이가 나지 않는 프로그램들이 요즘도 가끔 개발되지만, 대체로 사람이 대화할 때 흔히 이야기하는 여러 소재들을 다 다룰 정도로 충분한 사전 정보를 입력해 놓는 데에 너무 많은 시간과 노력이 소요된다는 문제가 있다. 그렇기 때문에 현대의 기술로 만든 비슷한 방식의 프로그램조차도 조금만 대화를 해 보면 사람이 아닌 컴퓨터라는 것을 눈치채기 어렵지 않다. 즉 튜링 테스트에 실패하는 것이다.

1966년 당시의 컴퓨터 성능이라면 대화하는 느낌이 잠깐조차도 나지 않을 정도로 부실한 결과밖에 나오지 않을 것이다.

그런데 바이첸바움은 기가 막힌 묘수를 써서 이런 한계를 돌파했고, 1966년의 기술로도 사람과 대화하는 듯한 느낌이 꽤 나는 프로그램을 만드는 데 성공하고 만다. 게다가 단순히 사람처럼 대화하는 듯해서 느낄 수 있는 재미뿐만 아니라 유용한 기능도 할 수 있는 길까지 개척해 버렸다.

그 묘수란, 이 컴퓨터 프로그램, 엘리자가 그냥 아무 대화나 하

는 프로그램이 아니라, 심리 상담가 역할을 하는 프로그램이라고
정한 것이었다.

　미국에서 1940년대와 50년대는 대중문화에서 정신분석학과
심리학에 대한 유행이 극에 달한 시기였다. 알프레드 히치콕이 감
독을 맡은 ‹스펠바운드› 같은 영화에는 1940년대의 이런 분위기가
잘 나타나 있고, 1960년대의 ‹마니› 같은 영화까지도 비슷한 분위
기는 이어진다. 당시에는 사람의 정신과 심리에 대한 연구에 거는
신비감과 기대 또한 막대해서, 이러한 연구를 우주 개발이나 전자
공학의 발전과 맞먹을 만큼 중대하게 여기는 시각도 흔했다. 1950
년대에 시작된 TV 시리즈 ‹환상특급The Twilight Zone›만 해도, 그 시
작 장면에서 다른 차원을 탐험하는 신비한 이야기를 하겠다고 하면
서 꼭 ‘마음의 세계’도 살펴보겠다는 언급을 빠뜨리지 않았다.

　그러다 보니, 정신분석학이나 심리 치료 분야에서 의자에 누워
있는 환자가 상담자와 상담을 하면서 정신이나 마음의 문제를 발견
하고 풀어 나가는 장면은 대중 문화에서 이 분야의 상징적인 모습
으로 자리 잡았다. 비스듬히 눕듯이 앉을 수 있는 의자에 앉은 환자
와 그 말을 들으며 수첩에 메모하는 상담 전문가의 모습은 아직까
지도 미국에서는 하나의 아이콘으로 만들어도 될 만한 것이다.

　여기에 칼 로저스Carl Rogers의 상담 방식이 인기를 얻으면서 이
러한 상담이 이루어지는 구체적인 방식도 대중에게 정형화된 인상
을 남기게 되었다. 그 정형화된 인상이란 이런 것이다. 상담자는 환
자의 말을 최대한 들으려고 하고, 최대한 환자의 생생한 생각을 이
끌어 내려고 한다. 상담자가 “정신 똑바로 차리려면 이렇게 해야
한다.”거나 “그런 사상은 버리고 이런 생각을 가지시오.”라고 강요

하지 않는다. 상담자는 환자의 말을 유도하기만 한다. 환자가 최대한 솔직하게 자신에 대해 돌아보고, 스스로에 대해 이야기하도록 상담자는 이끈다. 환자는 비밀을 실토하기도 하고, 솔직한 감정을 표출하기도 한다. 그리고 환자는 자기 자신을 긍정하는 가운데에서 스스로 치유되어 간다는 것이다.

대중 문화에도 이런 생각은 그대로 반영되었다. 앞서 언급한 ‹스펠바운드›나 ‹마니› 같은 영화에서 주인공은 자기 자신의 과거 기억을 떠올리고 그것에 대해 스스로 생각하는 가운데 마음의 응어리를 풀어 내고 사건을 해결할 방책도 찾게 된다. 이런 영화 장면과 비슷하게 상담 중에 스스로를 돌아보며 극적인 순간, 깨달음을 얻는 것이 당시 대중 매체의 심리 상담 장면에서는 자주 나왔다. 이런 부류의 영화나 소설에서는 이런 심리 상담이 사람의 스트레스를 가라앉히고, 한계를 극복하고, 행복을 찾아가는 열쇠인 것처럼 묘사되기도 했다.

바이첸바움은 바로 이 수법을 자신의 대화하는 컴퓨터 프로그램, 엘리자에 써먹었다. 이 컴퓨터 프로그램은 자기 사상을 표현하거나, 자기가 옳다는 것을 상대방에게 말하려고 하지 않는다. 자신이 심리 상담자 역할을 하는 컴퓨터라는 조건을 걸고 최대한 상대방이 말을 하게 만들고 그 말을 듣는 입장을 취하려고 하는 것이다.

예를 들어서, 사람이 컴퓨터 프로그램에게 이렇게 묻는다고 해 보자.

"‹로보캅›과 ‹터미네이터› 중에 어떤 게 더 재미있어요?"

이 질문에 대해 잘 대답하기 위해서는 ‹로보캅›과 ‹터미네이터›가 영화라는 것을 알아야 하고, 그 내용에 대한 지식이 있어야 하며,

IBM 700/7000 시리즈 컴퓨터의 작업 광경. 1957년 3월 21일 촬영.

영화의 재미에 대해 평가하는 기준이 있어야 하고, 그 기준을 두 영화에 적용해서 비교할 수 있어야 한다. 이것은 매우 어려운 작업이다. 더군다나 영화가 이 두 편만 있는 것도 아니고, 평균적인 사람이 볼 만한 온갖 영화에 대해 이런 지식을 갖추어 놓는다는 것은 굉장히 힘든 작업일 것이다.

그런데 바이첸바움의 시대에는 그런 지식을 저장할 만한 장치도 없었고, 저장되어 있다고 한들 검색해서 처리할 만한 성능의 컴퓨터도 없었다. 그런데 바이첸바움은 엘리자에서 대화를 이런 식으로 흘러가게 만들었다.

"〈로보캅〉과 〈터미네이터〉 중에 어떤 게 더 재미있어요?"

"당신은 어떻게 생각하시는데요?"

만약 사람이 컴퓨터의 사생활에 대해 묻는 방법으로 튜링 테스트의 한계를 이용해서 컴퓨터가 컴퓨터일 수밖에 없다는 점을 드러내게 하려 한다면 어떻게 하나? 예를 들어 사람이 이렇게 묻는다고 하자.

"당신의 고향은 어디예요?"

이런 질문에 대답하기 위해서는 정말 컴퓨터에 고향과 사람의 어린 시절에 대한 온갖 기억을 미리 만들어 주입시켜 놓는 수밖에 없을까? 하지만 바이첸바움의 작품인 엘리자는 이 질문에 대해 이렇게 말한다.

"당신의 고향은 어디예요?"

"저 말고, 당신의 고향에 대해 말씀해 주시죠."

이런 식으로 엘리자는 말꼬리를 잡는 방법과 적당히 얼버무리는 방법으로 상대방이 계속 말을 하게 하고, 자신은 상대방의 말을 열심히 경청하는 척하는 입장을 최대한 찾아간다. 이렇게 해서, 방대한 일반 상식을 저장하고 있지도 않고, 자신의 사생활에 대한 기억도 없고, 심지어 사람의 말을 해석할 논리적인 조건 처리 규칙도 몇 가지 없이, 그저 문장의 말꼬리를 잡아 내고 적당히 말을 돌리는 간단한 몇 가지 규칙만으로도 그럴듯하게 대화 비슷한 모양을 유지해 나가는 것이다.

엘리자에 들어 있는 진짜 지능적인 지식이라고 할 만한 규칙이 너무나 적었기 때문에, 어떤 사람들은 바이첸바움이 엘리자를 만들어 낸 것이 당시 심리 상담 문화에 대한 일종의 패러디라고 생각하기도 했다.

요즘 웃긴 그림이라고 떠도는 것 중에는 어떤 사람의 생각이 무척 단순하다는 것을 풍자하기 위해, '누구누구의 뇌 구조'라면서 몇 가지 생각밖에 없는 그림을 들이대는 것이 있다. 혹은 '누구누구의 판단 순서도'라면서 터무니없이 단순한 순서도로 사람의 판단을 표시하면서 그 사람의 단순해 빠진 편협한 생각을 놀리는 것도 있다. 엘리자가 바로 이런 장난과 비슷하다고 생각한 것이다. 즉, 엘리자의 간단한 프로그램은 심리 상담이라는 것이 별 알맹이는 없이 몇 가지 얼버무리는 말로 뭔가 심오한 척 환자와 말을 길게 나누는 수법일 뿐이라고 풍자하는 것이란 의견이 있었다. 그래서 컴퓨터가 기계적으로 몇 안 되는 규칙에 따라 던지는 말을 시키는 것만으로도 대단한 전문가인 양 행세하는 심리 상담 전문가를 흉내내도록 장난을 친 것에 불과하다는 말이었다.

심리 상담을 놀리는 장난이었다는 엘리자의 의도가 사실이거나 아니거나, 엘리자의 결과는 장난이 아니었다. 막상 엘리자를 가

동해서 사람들이 실제 엘리자를 사용했을 때, 그들은 엘리자에 진지하게 빠져들고 말았다.

사람들은 엘리자와의 대화에 성실히 임했다. 엘리자가 이끄는 대화에 따라 자연스럽게 자신이 하고 싶은 말을 했다. 그러는 도중에 정말 속내를 털어놓고 정말 심리 상담을 하는 것처럼 대화를 진행하는 사람까지 있었다. 엘리자의 원리를 모르는 많은 사람들은 이것이 컴퓨터를 이용한 최첨단 프로그램이므로, 이 강력하고도 신비로운 프로그램 안에 사람의 심리를 이해하고 심각한 대화를 풀어 나가는 고도의 복잡한 지적 분석이 이루어지고 있을 것이라고까지 믿었던 것 같다. 그래서 엘리자와 대화를 하는 것이 정말로 심리 상담을 할 능력이 있는 지능이 있는 사람과 대화하는 것과 비슷하다고 느끼는 사람도 예상 외로 많았다고 한다.

물론 엘리자가 튜링 테스트를 통과해서 지능이 있는 것으로 인정받았다는 말은 아니다. 엘리자는 그런 수준에는 전혀 이르지 못했다. 긴 대화를 하다 보면 엘리자의 한계는 누구에게나 들통이 났다. 게다가 엘리자가 어떤 식으로 동작하는지 대강의 지식을 갖고 있는 사람은 단숨에 엘리자가 사람이 아닌 작은 컴퓨터 프로그램으로 단순한 반응을 하고 있을 뿐이라는 것을 알아챌 수 있었다.

그러나 그렇다고 해도 엘리자에 대한 사람들의 감상은 기대 이상이었다. 심지어 사람들 중에는 엘리자가 단순한 컴퓨터 프로그램이라는 것을 뻔히 알면서도 대화에 진지하게 임하는 경우도 있었다. 사람들은 이 간단한 컴퓨터 프로그램으로 컴퓨터와 대화를 하면서 컴퓨터를 좀 더 친근하게 느꼈다. 컴퓨터가 사람인 친구처럼 느껴지지는 않더라도 적어도 독특한 형태의 가축 정도는 되는 것처럼, 컴퓨터에게 애착을 갖고 컴퓨터를 감정적으로 대했다.

이렇게 컴퓨터의 반응을 무심코 생각과 감정이 있는 사람처럼 느끼게 되는 것을 두고 엘리자 효과ELIZA effect라는 말로 부르기도 한다. 엘리자 효과는 로봇이나 컴퓨터가 감정을 갖는 것에 앞서서 우리가 로봇이나 컴퓨터에게 먼저 감정을 갖게 될 것이라는 이야기 이기도 하다. 1990년대에 인기를 끌었던 '다마고치'는 액정에 표시 되는 간단한 영상이 몇 가지 규칙에 따라 변화하는 것을 보면서 사람들이 "애완동물을 키운다"는 감정을 갖게 했다. 2000년대 초에 어느 정도 인기를 끌었던 로봇 강아지 '아이보'는 조금 더 복잡한 프로그램에 따라 움직였는데, 이 장치에 그 주인들이 느낀 애정은 좀 더 깊었다. 많은 사람들은 시연 중인 로봇이 넘어져서 허우적거리면 마치 그 로봇이 걸음마를 연습하다가 넘어진 아기라도 되는 것처럼 불쌍하고 안타깝게 여긴다.

반대로 보면 엘리자 효과는 컴퓨터 프로그램이나 로봇에 대한 우리의 판단을 왜곡시키기도 한다.

복잡한 문제를 푸는 컴퓨터 프로그램을 예로 들어 보자. 어려워 보이는 문제를 해결하는 프로그램이 평소에 잘 동작하고 있다면, 우리는 무심코 그 컴퓨터 프로그램을 두고 그런 복잡한 문제를 잘 풀 수 있을 만한 경험 많고 똑똑한 사람처럼 생각하는 경향이 있다. 그러나 보통 컴퓨터 프로그램은 어쩔 수 없이 단순한 기계적인 동작을 하는 것일 뿐이라서, 처음 설계될 때 고려할 수 있는 범위에서 조금이라도 벗어나면 아무리 뻔한 상황이라 하더라도 전혀 정상적인 동작을 할 수 없다.

만약 우리가 엘리자 효과에 너무 깊게 빠져서 컴퓨터를 정말로 경험 많고 똑똑한 사람처럼 여긴다면, 컴퓨터가 프로그램의 한계를 넘어서는 예외 상황에서도 마치 똑똑한 사람처럼 어련히 다 알아서 할 것이라는 착각을 갖게 되기 쉽다. 이렇게 되면, 오류를 수습하지 않고 방치하게 되거나 사고가 일어날 징후를 모르고 넘어갈 수도 있을 것이다.

한편으로는 인공지능과 로봇 기술의 발전을 받아들일 때에도 이런 엘리자 효과가 흔히 개입된다는 점도 돌아볼 만하다. 예를 들어, 우리는 로봇이 사람의 일자리를 빼앗는다든가, 인공지능이 인간을 지배하게 될 것이라는 식의 걱정을 자주 접한다. 물론 로봇의 발전 때문에 발생하는 실업이 중대한 문제라는 것은 당연한 사실이다. 인공지능의 계산 결과가 인간의 가장 중요한 판단까지 좌우하게 되는 상황도 여러 가지 생각할 여지가 있는 큰 이야깃거리다.

그렇지만 이런 문제를 고민하는 시대에도, 로봇이 정말로 인간처럼 경쟁심을 갖고 인간의 일자리를 빼앗아 가는 심성을 갖고 있는 걸 아니라는 점을 알아두어야 한다. 인공지능이 정말로 지배욕과 정복욕을 갖고 인간 위에 군림하는 황제가 되고 싶어 하는 성격을 갖고 있는 것은 아니다. 그런데도 우리는 막연히 사람보다 더 똑똑하고 강한 존재가 사람을 괴롭힐 마음을 먹고 공격해 오기라도 할 것처럼 감정적으로 생각하고는 한다. 이런 것이 엘리자 효과에 때문에 생기는 오류이다.

인공지능 시대에 대해 보다 정확한 판단을 하고 정확한 정책을 세우기 위해서는 실제 인공지능이나 로봇 때문에 생길 수 있는 문제와 엘리자 효과 때문에 생기는 착각을 구분해야 한다. 엘리자 효과로 로봇에게 친근함을 느낄 수 있는 만큼이나, 실제에 비해 과한 공포감, 저항감을 불러올 수도 있을 것이라고 생각한다. 여러 사람들이 같이 뜻을 모아 중요한 결정을 해야 하는 민주주의 사회에서는 이런 착각이 감정으로 사람들 사이에 퍼져 나가는 것을 특히 조심해야 한다는 생각도 든다.

1959년 11월 13일에 첫 방영된 TV 시리즈 〈환상특급〉의 에피소드 '외로운 사람The Lonely'에서는 작은 행성에 유배되어 홀로 살고 있던 남자가 어느 날 인간 여자 모습의 로봇을 얻는 이야기가 나온다. 남자는 긴 시간 이 여자 모습의 로봇과 함께 지내다가 너무나 깊은 애착을 느낀 나머지, 나중에는 행성에서 떠날 수 있게 되었는데도 로봇이 같이 갈 수 없으면 자신도 가지 않겠다고 주장하게 된다. 결국 남자는 로봇이 부서져서 로봇 몸속의 기계장치와 회로기판이 드러난 후에야 행성을 떠난다.

이 이야기에서처럼, 결국 엘리자 효과의 한계를 뚫고 정확한 현실을 보도록 하기 위해서는 많은 사람들에게 인공지능과 로봇 기술이 어떤 것인지 정확하게 널리 알리고, 더 적극적으로 연구해 나가는 길이 한 방법 아닌가 싶다.

간단한 문제는 아니다. 그저 말꼬리 잡고 얼버무리는 프로그램에서 진지한 대화 상대를 상상하며 공손한 태도를 취하고, 고장 나서 제대로 걷지 못하는 강아지 로봇에게 측은함을 느끼는 것이 결코 비웃음거리인 것만은 아니다. 그것은 그만큼 인간적인 일이기도 하다. 차가운 기계의 동작에서조차 인간성을 찾아내는 사람의 마음은 아름다운 것이라고 생각한다. 그저 엘리자 효과에 의한 오류라고만 보고 모든 판단의 영역에서 쉽게 배제하면 다 되는 일은 아닐 거라는 생각도 든다.

이야기 속 남자 역시, 행성을 떠나면서 이제야 그토록 외로운 곳을 떠나게 되었지만, 한편으로는 또 다른 외로움과 허망감을 깊게 느낄 수밖에 없었다.

철수

몇 안 되는 기능밖에 없는 엘리자에게 빠져든 사람이 그렇게 많았던 이유를 생각하다 보면, 컴퓨터라는 것을 접해 볼 기회가 워낙 없었던 당시 사람들이 컴퓨터를 쓴다는 자체가 신기해서 그런 반응을 보였던 것 아닌가 싶기도 하다.

　사람들은 컴퓨터에 무엇인가를 입력하고 그 결과가 나오는 것을 보기만 해도 멋지다고 생각했다. 더하여, 그 시절 컴퓨터는 대개 특수한 계산을 하거나 아주 전문적인 목적의 정보를 처리하는 데 쓰이는 장치였는데, 그 장치로 보통 쓰는 단어로 말하듯이 입력을 하고 그 결과 역시 그냥 읽을 수 있는 말이 나오니, 결과의 질이 좋건 나쁘건 굉장히 즐겁게 느껴졌을 것이다. 그래서인지 엘리자는 이후에도 꾸준히 관심을 끌었다. 1970년대가 되어 일반인들도 개인용 컴퓨터를 갖게 될 수 있는 시대가 되자, 컴퓨터를 접하면서 신기해하고 재미있어 하는 사람들은 한층 더 늘어나게 되었다. 이 사람들을 위해 1977년 ‹크리에이티브 컴퓨팅Creative Computing› 잡지는 개인용 컴퓨터에서 흔히 쓰이는 BASIC 언어로 엘리자 프로그램을 만들 수 있는 방법을 소개했다. 사람들은 개인용 컴퓨터로 해 볼 수 있는 재미난 일들을 찾아 다니고 있었고 이 BASIC용 엘리자 역시 당연히 눈길을 끄는 인기 프로그램에 속했을 것이다. 2년 후인 1979년 이 BASIC판 엘리자가 «베이식 컴퓨터 게임» 2편에 포함되어 출판되었다. 내가 어린 시절 볼 수 있었던 엘리자의 소스 코드도 바로 그것이었다.

엘리자의 구조는 단순했기 때문에 소스 코드를 이해하는 것은 어렵지 않았다. 게다가 «베이식 컴퓨터 게임» 책에는 그 소스 코드의 의미에 대해 어느 정도 해설도 되어 있었다. 나는 이렇게 간단한

«베이식 컴퓨터 게임» 2편에는 BASIC 언어로 만들 수 있는 엘리자 프로그램 소스 코드가 실렸다.

아이디어만으로 사람과 대화하는 듯한 느낌을 낸다는 것에 대해 정말 기가 막히다고 생각했다. 거의 마법처럼 보일 정도였다.

나는 책에 실린 엘리자 프로그램의 원리를 그대로 이용해서 나만의 프로그램을 만들었다. 개조할 필요는 있었다. 엘리자 프로그램은 영어로 대화를 나누는 것이었다. 나는 한국어 문장과 한국어 단어를 처리할 수 있도록 프로그램을 다시 썼다. 그렇지만 이미 핵심 기술은 바이첸바움이 만들었던 그대로였다. 게다가 말꼬리를 잡고 대충 얼버무리는 말로 대화를 자연스러워 보이게 하는 수법이라든가, '심리 상담'이라는 배경을 깔아서 더욱더 그럴듯한 분위기를 만들었던, 거의 예술에 가까운 기교도 그대로 흉내낼 수 있었다.

나는 컴퓨터가 심리 상담을 하는 상담자라는 상황 대신 다른 상황을 가정하기로 했다. 나는 그때 막 사춘기로 접어드는 아이가 되어 있었다. 심리 상담이라니, 사춘기 남자아이에게 세상 삼라만상 중에서 가장 관심이 안 생길 만한 것이야말로 심리 상담이었다. 나는 대신에 컴퓨터가 예의 바르지만 아는 것이 별로 없는 어린아이 역할을 한다고 가정했다. 나는 엘리자를 베껴서 만든 내 컴퓨터 프로그램의 이름을 '철수'라고 붙였다. 엘리자와 운율이 맞게 평범한 사람 이름을 프로그램 이름으로 쓰는 게 좋겠다고 생각해서 붙인 이름이었다.

'철수'는 엘리자보다는 조금 못했지만 꽤 그럴듯한 재미를 주면서 동작했다. 그때 당시 내 학교 친구 중에는 자기 자신의 상징을 무슨 까닭인지 오십 원짜리 동전으로 삼는 아이가 있었다. 나는 이 친구가 왜 오십 원을 그렇게 좋아했는지 아직도 모른다. 나는 이 오십 원 친구에게 철수 프로그램을 보여 주었다.

오십 원 친구는 컴퓨터와 컴퓨터 프로그램을 만드는 것에 관심이 많은 친구였다. 오십 원은 '철수'를 대단히 신기하게 생각했다. 정말로 컴퓨터가 생각을 하고 놀라운 인공지능을 갖게 되었나 꿈에 부풀 정도였다. 나는 오십 원에게 철수의 핵심 부분 소스 코드를 알려주었다. 오십 원은 별 설명을 해주지 않았는데도 대번에 철수의 원리를 이해했다. 오십 원은 철수를 더 개량하고 더 좋게 만들 몇 가지 아이디어를 떠올리기도 했다.

그렇게 해서, 나와 오십 원은 학교 수업이 끝나고 나면 학교 컴퓨터실에 가서 '철수'를 개선하는 일을 했다. 학교 컴퓨터실에는 당시 기준으로도 이미 상당히 구식이 되어 버린 컴퓨터들이 가득했다. 내가 처음으로 가진 컴퓨터보다 조금 낫거나 조금 못한 수준의 컴퓨터들이었다.

이 컴퓨터들로는 당시 유행하는 컴퓨터 게임을 할 수도 없었다. 학교의 교육용 컴퓨터라고는 했지만, 타자 연습을 하는 프로그램 정도를 빼면 실제 컴퓨터를 쓰기 위해 교육해야 하는 그 당시의 대표 소프트웨어를 돌릴 수 있는 성능에조차 못 미쳤다. 심지어 워드프로세서조차 널리 쓰이고 있던 것에 비해 더 초기의 저성능판을 돌려야 했다. 교육에 쓰는 돈이 많다면서 왜 이렇게 학교의 기자재, 설비, 하드웨어에 대한 투자가 인색한가 하는 것은 그때부터 내가 품고 있는 불만이다. 입시제도를 이렇게 저렇게 바꾸고 이래야 더 공정하다 저래야 더 효율적이다 하면서 거기에 따른 온갖 혼란 때문에 돈을 쓰는 것 대신, 그냥 장비와 건물을 개선하는 데 먼저 돈을 쓰는 게 훨씬 더 남는 게 아닌가 하는 생각은 아직까지 마음에 남아 있다.

그때 학교 컴퓨터실 컴퓨터로 의미 있게 해 볼 수 있을 만한 것은 BASIC으로 작고 간단한 프로그램을 만드는 정도였다. 그리고 바이첸바움이 엘리자를 만들면서 사용한 방식은 작고 간단했다. 철수는 그 낡은 컴퓨터에서도 무리 없이 돌아갔고, 꾸준히 개량해 나갈 아이디어는 계속 떠올랐다.

우리는 철수가 그저 말을 얼버무리고 말꼬리를 잡을 뿐만 아니라, 간단한 사항에 대해서는 의미 있는 정보를 답할 수도 있게 개선했다. 대한민국의 인구가 얼마인지 물으면 답을 해 주었고, 어떤 가수 이름을 입력하면서 누구인지 물어보면 그 가수가 어떤 노래로 유명한 가수인지 답을 해주도록 꾸몄다. 우리는 철수의 자료 파일에 이런 식으로 철수가 대답해 줄 수 있는 상식의 내용을 계속 추가했다. 나중에는 철수와 대화하는 도중에 "가르쳐 주겠다"고 하면서 말을 입력하면, 그 말의 구조가 간단할 경우 그 말로부터 새로운 상식을 인식하여 저절로 추가하는 기능까지 집어넣었다.

이쯤 되자, 나는 이런 식으로 계속 철수를 쓰다 보면 철수가 정말로 좋아지겠다는 꿈까지 잠깐 꾸게 되었다. 철수와 계속 대화를 하는 것만으로 내 말에서 새로운 상식을 인식하여 철수의 자료 파일에는 계속 자료가 늘어나게 된다. 그렇다면 언젠가는 철수가 정말로 영화에 나오는 것처럼 말만 하면 온갖 것에 대해 대답을 해 주고, 단지 장난일 뿐만 아니라 항상 의미 있는 대화를 나눌 수 있는 상대로 자라날지도 모른다고 상상한 것이다.

그러나 그 꿈은 곧 깨어졌다.

바이첸바움의 단순한 프로그램 구조로는 자료를 어지간히 많이 집어넣는다고 해도 한 번 주고받는 문답의 형태가 풍부해질 뿐이었다. 대화의 문맥을 이해해서 여러 문장 속에서 이어지는 지식을 포착한다거나, 여러 지식을 바탕으로 추측이나 추리를 통해 새로운 지식을 만들어 내는 것은 불가능했다. 대화의 질 역시 한계는 뻔했다. 문장의 의미를 체계적으로 파악해 낼 수 있는 기능 자체가 없으니, 결국은 말꼬리를 잡고 얼버무리는 형태에서 조금 나아지는 수준에 머물러 있을 수밖에 없었다.

그럼에도 불구하고 한동안 그럭저럭 의미 있게 철수 개량 작업은 이어졌다.

우리는 철수 프로그램에게 자연스럽게 말을 거는 방식으로 사람이 원하는 내용을 지시하면, 컴퓨터를 작동시키는 실제 명령들이 그에 맞추어 이루어지게 개량했다. 예를 들어, 철수 프로그램에 현재 시각을 물으면 지금 시각을 알려 주도록 했고, 오늘 날짜를 물어보면 오늘 날짜를 알려 주게 했다. 어떤 파일의 내용을 알고 싶다고 말하면 그 파일의 내용을 알려 주었고, 어떤 게임을 하고 싶다고 말하면 그 게임을 실행시켜 주도록 했다.

나와 오십 원은 이런 방식을 사용하면 초보자가 컴퓨터를 쓰기에 편리할 거라고 생각했다. 그때는 컴퓨터를 사용하려면 복잡한 명령어와 컴퓨터에서만 쓰이는 용어들을 알아야 했다. 그런데 철수를 이용하면 그런 명령어를 숙지하고 그에 맞추어 입력할 필요 없이, 그냥 평범하게 말을 하듯이 입력만 하면 되니까 알기 쉬울 거라고 생각한 것이다.

이를테면 디스크 안에 무슨 파일들이 있는지 목록을 보려면 MS-DOS에서 "dir"이라는 명령어를 입력해야 했다. 그런데 철수를 쓰고 있으면 그냥 "이 안에 뭐가 있는지 알려 줘."라고 타이핑하기만 하면 되었다. 현재 시간을 알고 싶으면 MS-DOS에서 "time"이라는 명령을 입력해야 했지만, 철수를 쓰고 있으면 "지금 몇 시인데?"라고 쓰기만 하면 되었다. 1+1을 계산하고 싶으면 BASIC이 들어 있는 디스크를 찾아 집어넣고, "hgwbasic"를 타이핑해서 BASIC을 실행시킨 뒤에 "PRINT 1+1"이라고 쓰고 엔터를 눌러야 했다. 하지만 철수를 쓰고 있다면 그냥 "1+1이 뭔데?"라고 쓰면 바로 답을 주었다. 우리는 이것이 가치 있는 기능이라고 생각했다.

사실 컴퓨터를 자주 쓰는 사람들은 복잡한 명령어도 금세 익혔기 때문에, 철수의 이런 기능은 별 쓸모가 없었다. 게다가 컴퓨터에 익숙하지 않은 사람들을 위해서도 마우스와 아이콘을 이용해서 컴퓨터를 쉽게 조작하는 더 보기 좋고 재미난 방식이 금방 퍼졌다. 얼마 지나지 않아 윈도우의 시대가 찾아오는 바람에 초보자 쪽에도 철수의 기능은 불필요한 것이 되었다. 게다가 그 중간쯤을 위해서는 노턴 커맨더라든가 M-DIR 같은 더 출중한 프로그램들이 있기도 했다.

그러나 우리의 생각이 완전히 쓸모 없는 발상은 아니었다. 우리와 비슷한 생각을 한 사람은 세상에 많이 있었고, 그 생각은 지금에 와서는 전화기 속 소프트웨어로 자리 잡았다. 애플의 Siri나 삼성전자, LG전자의 비슷한 전화기용 소프트웨어들은 사람이 말을 하면 그 말을 음성 인식으로 알아듣고, 그에 따라 정보나 상식을 알려 주거나 전화기의 다른 기능들을 작동시킨다.

복잡한 여러 아이콘과 옵션들 중에 어떤 것을 써야 할지 잘 모를 때나, 다른 작업을 하고 있어서 손으로 여러 단계에 거쳐 전화기를 조작하기 불편한 상황일 때 그냥 편하게 하는 보통 말로 지시를 내리면 Siri 같은 프로그램이 그 말을 알아듣고 그에 따라 동작하는 것은 이제 유용한 기능으로 인정받고 있는 것 같다. 적어도 그런 느낌을 주어서 애플 같은 회사가 관심을 끌고 장사를 하는 데에는 큰 도움을 준 것 같다.

사람이 입력한 말의 뜻을 컴퓨터가 인식하게 하는 기술, 곧 자연어 처리natrual language processing 분야에서 요즘 소프트웨어들의 수준은 50여 년 전 바이첸바움의 프로그램과는 비할 바 없이 정교하다. 그 방대한 자료와 뛰어난 성능을 고려하면 바이첸바움의 엘리자는 촛불이고, 애플의 Siri는 태양이라고 해도 될 만하다.

엘리자 이후로 계속해서 발전한 자연어 처리 기술로 우리는 사람의 말을 분석하는 훨씬 더 강력한 기술을 갖게 되었다. 이런 기술은 이제 사람이 컴퓨터와 대화하는 분야 그 자체뿐만 아니라, 다양한 분야에 활용되고 있다. 예를 들어 검색 엔진이 웹사이트를 읽어 들였을 때 그 웹사이트의 글이 어떤 주제에 관한 페이지인지 자동으로 인식해서 검색을 더 빠르고 정확하게 만들어 주기 위해서도 자연어 처리 기술은 널리 쓰인다. 자연어 처리는 IT 산업이 유행하던 시기에 검색 엔진에서 쓰이는 기술이었으니, 비록 내 주위의 사례일 뿐이기는 하지만, 최근 빅데이터와 인공지능 유행이 새로 불어닥치기 전까지는 인공지능 분야에서 가장 좋은 일자리가 눈에 뜨이던 분야였다는 생각도 든다.

용산 온라인 매장 효과

자연어 처리 기술에 새로운 이론이 더 도입되고 기계의 성능이 발전하게 되면, 점점 더 많은 일을 해낼 수 있게 될 것이다. 벌써 상용화된 응용도 신기한 것이 적지 않다. 빅데이터 분석의 결과로 요즘 유행하는 단어를 뽑아 내 보여 준다면서 진행하는 텔레비전 쇼라든가, 고객의 불만사항 접수 이메일을 대량으로 인식해서 회사의 가장 큰 문제점이 무엇인지 파악해 내는 IBM의 기술 시연 같은 것도 그 사례가 될 것으로 본다.

그렇지만 나는 과거로 거슬러 올라가서 다시 극히 단순한 프로그램만으로도 많은 사람들을 감동시켰던 엘리자가 갖고 있었던 다른 장점을 더 찾아보는 일에도 여전히 많은 관심이 생긴다.

내가 주목하는 것은 당시 많은 사람들에게 엘리자는 처음으로 접한 컴퓨터 프로그램이었다는 것이다. 기계였기 때문에 사람과는 다른 어떤 다른 장점, 다른 매력이 있었을 것이라고 추측하며 그 시절을 다시 돌아보고 싶다.

일단 엘리자는 기계이기 때문에 자동화 기계가 인간보다 효율적일 수 있는 기본적인 장점들을 갖고 있다. 엘리자는 컴퓨터 프로그램이기 때문에 언제 어디서나 실행할 수 있다. 사람이 심리 상담을 한다면 지치기도 하고, 잘 때나 힘이 빠졌을 때는 일을 할 수 없기도 하다. 그렇지만 엘리자는 그렇지 않다.

사람은 긴 상담을 하다 보면 힘들기도 하고, 상대방이 자꾸 헛소리만 하면 화가 나거나 지겨워서 다 때려 치우고 싶은 마음도 생길 것이다.

그렇지만 엘리자는 그렇지 않다. 아무리 긴 상담이라도 끈질기게 버틸 수 있고, 상대방이 무슨 소리를 아무리 오래 하건 꾸준히 한결같이 반응해 줄 수 있다. 혹시 환자가 폭력적인 성향을 갖고 있다면 맞아도 쉽게 수리할 수 있고 심한 공격을 당해도 사망할 걱정을 할 필요가 없는 컴퓨터를 투입하는 것이 더욱 유용하다.

또 한 가지 기계의 장점은 같은 기계를 여러 대 설치하기 용이하다는 점이다. 환자가 많아서 더 많은 상담자가 필요할 때, 숙련자를 고용하는 것도 어렵고 너무 많은 수요 때문에 사람을 구하려야 구할 수 없는 때가 있기도 하다. 급하게 고용한 사람이 예전 사람과 비슷한 수준의 실력을 갖고 있을까 검증하는 것도 어렵다. 하지만 엘리자라면 새 컴퓨터를 사고 프로그램을 복사하는 것만으로 한 대 더 설치할 수 있다. 원래의 것과 100퍼센트 완벽히 똑같은 성능을 갖고 있는 것이다.

일대일로 비교해 보자면 엘리자의 실력은 사람 전문가보다 떨어지기는 할 것이다. 솔직히 말하자면, 엘리자는 말꼬리를 잡고 상대방이 말을 하도록 유도하는 반응을 할 뿐이니 그 외의 무슨 실력이랄 것이 없다고 봐도 무방하다.

그러나 만약 애초에 상담하러 온 환자가 상담을 해도 별 진전이 없을 만한 가망 없는 사람이라면 이런 정도의 능력뿐인 엘리자조차도 큰 쓸모가 있을지도 모른다. 가망이 없는 환자 백 명, 천 명과 연속으로 사람이 상담하는 것은 지루하기도 하고 무의미하기도 하고 불가능하기도 한 피곤한 작업이겠지만, 엘리자는 이런 상담이라도 가뿐히 처리할 수 있다.

그러면 나중에 사람 전문가가 그 상담 기록을 보고 찬찬히 검토하면서 그 천 명의 환자 중에 혹시 개선이 있을 만한 징후를 보여주는 사람을 찾아내는 일을 할 수 있을 것이다. 이런 식으로 인공지능과 사람이 협력하듯이 일을 하는 방식은 사람이 기계를 잘 부리고 활용하는 효과적인 방식이다.

여기까지는 기계의 기계다운 장점이 살아나는 대목이다. 자동차는 말과 달리 지치지 않고 계속 달릴 수 있고, 강판에 가는 것에 비해서 블렌더를 사용하면 쉬지 않고 연속으로 계속 과일을 갈 수 있다는 것과 같은 이야기이다.

그런데 나는 이와는 조금 다르게, 인간이 지능과 감성을 갖고 해야 하는 일을 기계가 할 경우, 인간이 아니라는 점 때문에 생기는 또 다른 장점이 있다고 생각한다. 보통 인간의 자아 의식, 감정, 인격, 인권 의식은 인공지능이 표현하기 매우 어려운 인간의 우월한 특징이라고 보는 경우가 흔하다. 그런데 어떤 경우에는 이런 것은 단점으로 작용하기도 한다. 인간이 그렇기 때문에, 인간은 다른 인간을 대할 때 불편하고 불안한 점이 있을 수 있지 않을까? 그런데 기계는 그런 것이 없다.

만약 환자가 어떤 사람 상담자와 대화를 한다고 생각해 보자. 환자는 상담자가 사람이기 때문에 어색함과 낯선 감정을 느낄 것이다. 상대가 사람이기 때문에 부끄러운 비밀을 드러내기에 주저하게 되고, 상대가 사람이기 때문에 어떤 편견을 갖고 그 때문에 반감을 가질 수도 있다. 상대방이 사람이기 때문에 환자는 대화가 진행됨에 따라 미약한 모멸감을 느끼거나 상대방이 자신을 무시하거나 비웃는 것은 아는지 지나치게 의식하게 될 수도 있다.

그렇지만 환자가 컴퓨터 프로그램과 대화한다면 이런 것을 느낄 이유가 거의 없어진다. 외부와 연결이 끊어진 프로그램이라면 그 어떤 상담자보다도 컴퓨터 프로그램은 완벽하게 비밀을 지켜 줄 것이다. 상대가 컴퓨터 프로그램이고 프로그램에 따른 반응이라는 것을 이해하고 있다면, 컴퓨터 프로그램이 대화 중에 무시하거나 비웃는다는 생각을 가질 이유도 없다. 실제로 무시하거나 비웃는 내용을 프로그램에 집어넣지 않은 이상 그런 반응을 컴퓨터가 보이지도 않을 것이다.

그렇기 때문에 오히려 사람은 같은 사람보다 기계에, 컴퓨터에, 인공지능을 향해 더 솔직해질 수 있다.

나는 이런 현상을 내 나름대로 '용산 온라인 매장 효과'라고 부르고 있다. 사람이 하던 일을 기계에 시키게 되면, 감성적인 면, 인간적인 면이 제거되면서 오히려 더 안심하고 친근하게 변하는 수

도 있다는 것이다. 악명 높은 용산의 컴퓨터 가게에 직접 방문하게
되면, 점원에게 속을 가능성 때문에 의심하고 호객행위 때문에 피
곤해지고, 가격이 진짜인지 확인해야 하는 부담이 생긴다. 그런데
똑같은 가게가 사람 없이 인터넷 웹사이트 프로그램을 통해 물건을
팔게 되면, 고객은 이 모든 일에 시달릴 필요 없이 오히려 더 편안한
마음으로 물건을 살 수 있다. 즉 '온라인 매장 효과'란 사람이 하는
일을 기계에게 시키면서 감성적으로도 오히려 장점을 갖게 되는 경
우를 말한다.

'용산 온라인 매장 효과' 때문에 로봇과 인공지능은 개인의 감
정이나 내밀한 사생활의 영역에서 적극적으로 장점을 발휘하는 분
야를 찾을 수 있지 않을까 나는 상상하고 있다. 내가 보기에는, 노
인 요양 분야에서 로봇이나 인공지능의 수요는 비슷한 방향으로 발
전하고 있는 것으로 보인다. 거동이 불편한 사람, 노인이 사람의 도
움을 받아 일상생활을 하게 되면 아무래도 남에게 의지하고 있다는
느낌이라든가 도움을 주는 사람과 예의와 눈치를 따지는 일에 감정
적인 피로감을 느끼게 될 수 있다.

그러나 인공지능 기계가 사람의 거동을 도와 준다면 어디까지
나 내 가전제품을 내가 이용하는 느낌으로 기계를 쓸 수 있다. 눈치
를 볼 이유도 전혀 없다.

웹진 거울에 실린 SF 단편 〈전송절 축사〉에서는 바로 이런 인
공지능의 특징 때문에 인간 간병인과 보조자들의 실력이 월등히 뛰
어난데도, 노인들이 인공지능 기계를 오히려 더 선호하는 상황이
나온다. 인간 간병인들은 기계보다 더 우수하면서도 억울하게 일자
리를 잃었으니 억울하다고 여기게 되고 이것은 사회 문제가 된다.

2015년 발매된 페퍼 로봇은 감정 교류 기능에 중점을 두었으며,
양로원, 요양원 생활자와 교류하며 정신 건강을 돕는 용도로도 공급되고 있다.

이 단편에는 심지어 인공지능 기계에게 사람이 더 애착을 갖게 하기 위해, 인공지능 로봇이 쉽게 고칠 수 있는 단순한 고장을 일부러 발생시키는 수법이 언급되기도 한다. 간병 로봇을 쓰는 사람은 자신이 로봇에게 간병을 받을 뿐만 아니라, 로봇의 이 사소한 고장을 스스로 고쳐 주면서 자기도 로봇을 돌봐 주고 있다는 느낌을 갖게 된다. 그렇게 해서 로봇과 더 끈끈히 감정적으로 연결되고 거기에서 삶의 작은 보람까지 느끼게 된다.

바이첸바움은 자신이 만든 너무나 간단한 프로그램에 대해서 사람들이 다른 사람에게라면 하지 않을 깊은 이야기를 털어놓는 것을 보고 크게 놀랐다고 한다. 몇 가지 단어 처리 규칙으로 반응하며 상대방의 말을 기다리는 것이 전부인 프로그램을 두고 그 정도로 사람들이 진지한 반응을 보일 줄은 바이첸바움 본인도 상상하지 못했던 일이었던 것 같다.

이 일을 두고 기계가 인격이 없다는 특징과 그러면서도 기계를 인간적으로 받아들이는 엘리자 효과가 결합한 결과로 보고, 냉철한 이해력이 부족해서 멍청한 프로그램을 보고도 소란스럽게 난리를 친 것일 뿐이라고 비웃을 수도 있을 것이다.

그렇지만 생각해 볼수록, 이것은 사람이 타인과 깊은 대화를 하기 위해서 정말로 필요한 것이 무엇인지 암시하는 일화인 것 같기도 하다. 사람과 깊은 대화를 하기 위해 필요한 것은 대단한 지식이나 심오한 사상이 아니다. 재치 있는 말을 많이 하거나, 화려한 언변이 필요한 것도 아니다. 그냥 상대방의 말을 끈기 있게 들으며, 항상 상대방에게 관심을 갖고 공감해 보려는 태도를 보일 줄만 알면 되는 것 아닐까.

　내가 본 엘리자는 고작 12킬로바이트 정도의 명령어들이 지능이라고 할 만한 전부였지만, 그래도 사람의 마음을 털어놓게 하는 인간적 기능을 갖고 있었던 것이다.

2 덴드랄

뭘 해야 인공지능 시대를
대비할 수 있나?

CONTINUE ▼

1 화학

어른이 된 나는 첫 번째 직장을 화학 업계에서 구했다. 그리고 지금까지도 나는 계속 화학 업계에서 일하고 있다. 그러니 첫 번째 직장이 지금 내 경력의 시작이 되는 셈인데, 그때 했던 일이 화학 물질에 관한 자료를 분석하는 인공지능 프로그램을 만드는 일이었다.

그때 내가 인공지능 방식을 추가해 보려고 했던 일은 QSAR이라는 기법에 관한 것이었다. QSAR 기법에 인공지능 방식을 적용하는 것은 당시에는 비교적 드문 일이었다. 물론 관심 있는 사람에게는 친숙하고 깊이 연구되고 있는 분야였지만, 보통의 화학자들에게는 그런 게 있더라고 이름이 알려져 있는 정도였다는 기억이다. 그 방면에 익숙한 화학자들이 드물었던 시기였기 때문에, 나는 구멍 뚫린 곳으로 물이 빠져나가듯이 그쪽으로 취직하게 되었다.

사실 나조차도 화학 분야의 인공지능 프로그램에 익숙한 사람이라고 할 수는 없었다. 취직하기 전에 학교를 다니며 내가 연구했던 것은 인공지능은 아니었다. 그때 내가 했던 일은 화학에 관련된 계산을 보다 빨리 해내는 기술이었다. 예를 들어서 나는 클라우드cloud에 자료를 올려서 계산을 하는 것이 화학에 쓰이는 몇몇 계산을 하는 데 효율적이라고 주장하는 내용의 논문을 썼다. 그 당시 학계에서는 '클라우드'라는 말 대신에 조금 다른 의미로 '그리드grid'라는 용어를 사용했는데, 그러고 보면 확실히 소비자들에게 인기 있을 만한 이름을 붙이는 것이 중요한 문제인 것 같다. "전화기로 사진을 찍으면 격자grid에 올라간다."고 하는 것보다 "사진을 찍으면 구름cloud에 올라간다."고 하는 것이 조금 낯간지럽기는 해도 훨씬 광고나 판촉에 적합한 것처럼 들린다.

나는 화학자이면서 대강 컴퓨터와 프로그래밍, 수학과 계산에 대해 그나마 남보다 아는 것이 좀 있다는 이유로 일에 맞는 사람이 된 셈이었다. 그런 일들에 익숙한 사람이 적었기에, 그 정도 재주만으로도 나는 인공지능 프로그램에 관한 분야에까지 덜컥 발을 들이게 되었던 것이다. 그것이 2000년대 중반쯤의 일이다.

그런데 화학 분야에서 인공지능 기술이 덜 퍼졌던 것이 시작이 늦어서 그렇게 된 것은 아니었다. 음성인식이나 컴퓨터로 체스를 두는 일에 인공지능이 먼저 사용되고 있다가 나중에 화학 분야에 인공지능이 쓰이기 시작한 것이라면, 역사가 짧아 인공지능이 낯설었다고 생각할 수도 있을 것이다. 그런데 그렇지 않았다. 화학 분야에서 인공지능이 쓰인 것은 음성인식이나 컴퓨터로 체스 두는 것

못지않게 오래되었다. 사실 화학과 인공지능의 관계는 21세기가 되
었는데도 익숙한 사람이 적었다는 말을 하기가 괴상할 정도로 오래
되었다. 따져 보자면 인공지능 프로그램의 실제 응용 중에서는 거
의 가장 오래되었다고 해도 큰 과장은 아니다.

덴드랄DENDRAL이라는 화학용 인공지능 소프트웨어가 개발된
것은 1965년경이었다. 바이첸바움의 대화하는 프로그램인 엘리자
가 개발되고 있던 것과 거의 같은 시기인 셈이다. 화학용 인공지능
소프트웨어 덴드랄은 최초로 실용적인 결과를 보여 준 인공지능 프
로그램들을 나열할 때 거의 빠지지 않고 언급되는 소프트웨어다.

그러니까 실용적인 인공지능 프로그램의 두 번째도 아닌 첫 번
째 사례 중에 하필 화학 분야의 응용이 들어가는 것이다. 그렇기 때
문에 나는 덴드랄에 얽힌 사연을 따라가면서, 인공지능에 대한 중
요한 이야깃거리들을 짚어 나갈 수 있다고 생각한다.

덴드랄 개발에서 가장 큰 역할을 한 사람으로 꼽히는 인물은
에드워드 파이젠바움Edward Feigenbaum이라는 미국인이다. 재미있게
도 파이젠바움이라는 이름은 엘리자를 개발한 바이첸바움과 운율
도 맞아떨어진다. 독일 베를린에서 태어난 바이첸바움이 13살이 되
어 미국으로 건너온 바로 그 1936년에 미국 뉴저지에서 파이젠바
움이 태어났다. 앨런 튜링이 튜링 머신에 대한 논문을 발표하고 손
기정 선수가 금메달을 땄던 것과 같은 해였다.

바이첸바움은 대학을 다니는 도중에 제2차 세계 대전이 터져
군 복무를 해야 했지만, 파이젠바움은 그에 비하면 훨씬 순조롭게
학창시절을 보냈던 것 같다. 파이젠바움은 나중에 일흔 살이 되어
컴퓨터와 자신의 삶에 대해 이야기하던 인터뷰에서 어린 시절 자신

19세기 말부터 20세기 초까지 사용되었던 오드너 방식 기계식 계산기는 손잡이를 돌리면 톱니바퀴와 핀이 정교하게 맞아 들어가며 계산한 결과를 글자로 표시해 주는 구조였다.

의 양아버지가 집에 가져온 기계식 계산기를 보고 신기해한 적이 있다는 추억을 말했다. 전자계산기나 전화기의 계산기 프로그램이 나오기 한참 전이었던 당시의 기계식 계산기는 톱니바퀴와 눈금, 그리고 숫자판이 연결되어 있는 것으로 규칙에 따라 장치를 움직이면 간단한 계산 결과를 표시해 주는 장치였다. 파이젠바움은 그 기계를 어떻게 쓰는지 익혀 동네 친구들에게 보여주고 으스대며 놀았다고 한다.

파이젠바움이 진짜 컴퓨터를 처음 본 것은 대학에서였다. 파이젠바움은 지금은 카네기 멜론 대학이 된 카네기 기술원Carnegie Institute of Technology에서 공부했는데, 대학원 시절 그의 지도 교수는 다름 아닌 허버트 사이먼Herbert Simon이었다. 허버트 사이먼은 나중에 노벨 경제학상을 탄 경제학자로, 행동경제학의 발단이 되는 인물로 보통 더 유명해진다. 하지만 1950년대 후반 무렵 사이먼이 파이젠바움의 지도 교수이던 시절에는 그는 컴퓨터와 프로그램을 만드는 데 심취해 있었다.

장하준 교수는 사이먼을 두고, "인간이 어떻게 생각하고 어떻게 스스로를 조직하는지에 정통한 단 한 사람을 들라면 그것은 단연 허버트 사이먼"이라고 칭송했다. 사이먼은 본래 정치학 전공으로 박사 학위를 받은 사람이었다. 이후, 사이먼은 사람의 사고 방식과 판단에 대해 연구했고, 그러다 경제 이론에서 사람들이 항상 합리적으로 선택한다는 가정을 뒤엎는 '제한된 합리성bounded rationality'이라는 개념으로 명성을 얻었다. 사이먼이 노벨상을 수상한 성과도 '제한된 합리성'을 경제학에 적용한 내용이라고 볼 수 있을 것이다.

하지만 사이먼이 그의 학생이었던 파이젠바움에게 깊게 영향을 끼친 분야는 경제학 방면은 아니었던 것 같다. 뿌리를 파 보자면 관계가 약간 있기는 있다.

사이먼은 여전히 사람의 사고 방식과 판단에 대한 이론을 연구하고 있었다. 사람이 논리를 전개하는 방식을 단순한 기호로 표시한다면 인간의 깊은 생각도 간단히 표시할 수 있다는 생각에 그는 관심이 많았던 것 같다. 논리학, 철학 분야의 술어 논리에 대한 연구와 통하는 것으로 볼 수도 있다. 사이먼이 사람의 논리를 기호로 체계적으로 표시하려 했던 시도는 수학 교과서 처음에 흔히 나오는 명제의 참과 거짓을 따지는 내용을 집합과 원소의 포함 관계로 표현하는 것과 비슷한 일이었다. 그리고 사이먼은 이런 수학적이고 명확한 방식이라면 컴퓨터로 처리할 수 있을 것이라 생각했다. 즉, 사람의 생각을 컴퓨터라는 기계로 표현해 낼 수 있다고 본 것이다.

사이먼은 아주 논리적인 책이라고 할 수 있는 수학책을 대상으로 여기 나오는 증명 문제를 풀이하는 사람의 생각을 컴퓨터로 표현해 보기로 했다. 이 시도가 성공한다면 컴퓨터에게 사람처럼 수학의 증명 문제를 풀이해보라고 시킬 수 있다는 발상이었다.

사이먼이 사용한 방법은 수학책에 나오는 명제와 공리를 컴퓨터가 처리하기 좋은 기호로 표현하는 것이었다. 컴퓨터가 입력된 기호를 여러 가지 조합으로 연산한 결과를 출력하게 하면, 결과는 결론에 해당하고 어떤 조합을 썼는지는 증명 과정에 해당한다는 식의 방법이었다. 내가 보기에 이 과정은 요즘 자동차 내비게이션 소프트웨어가 길을 찾아내는 기능과도 비슷해 보인다. 목적지에 해당하는 것이 결론이고 어느 길을 택하면 그 목적지에 갈 수 있는가 하는 길이 증명 과정에 해당하는 셈이다.

옛날 일이니, 뛰어난 학자였던 사이먼이 그때 사용한 최첨단의 기법이라는 것은 아마 현재의 싸구려 내비게이션 소프트웨어가 길을 찾기 위해 사용하는 기법보다도 여러 면에서 모자랐을 거라고 나는 생각한다. 더군다나 사이먼이 프로그램을 실행시키기 위해 사용했던 거대한 컴퓨터는 요즘 자동차 내비게이션 장치에 들어가는 헐값의 반도체 칩보다도 몇 백 배, 몇 천 배 떨어지는 수준의 용량밖에 되지 않는 것이었다. 그렇지만 사이먼은 자신이 만든 프로그램이 동작하는 것을 보고 흥분했다. 사이먼은 얼마 후 학생들에게 강의하다 말고, "크리스마스 연휴 동안 나는 생각하는 기계를 만들었다네."라고 말했다고 한다.

사이먼의 연구가 특히 멋졌던 점은 눈에 잘 뜨이고 그럴듯해 보이는 대상을 잘 선정했던 것이라고 생각한다. 사이먼은 자신의 컴퓨터로 집에서 공항까지 가는 길을 찾는 문제 같은 것을 풀지 않았다. 대신에 버틀란드 러셀과 알프레드 노스 화이트헤드가 쓴 《수학 원론Principia Mathmatica》 책에 나오는 증명들을 컴퓨터가 풀도록 했다. 그리고 그 프로그램은 《수학 원론》에 나오는 증명 중 38가지를 컴퓨터를 써서 증명 과정을 출력하게 하는 데 성공했다. 특히 그 중 한 가지는 책에 나와 있는 증명보다 컴퓨터가 출력한 것이 더 깔끔해 보였다.

물론 이 컴퓨터 프로그램이 한 일은 사람이 잘 증명해서 책에다 써 놓았던 것을 컴퓨터로 다시 한 번 따라해 본 것에 지나지 않는다고 볼 수도 있었다. 그런데 당시 러셀과 화이트헤드는 영미권의 대표적인 철학자이자 사상가로 매우 명망 높은 사람들이었다. 《수학 원론》는 그들의 대표 저서였다. 조금 과장하자면, 러셀과 화이트헤드는 영국과 미국 지식인들이 거인이나 정령처럼 성스럽게 우러러 보는 대상이었고 《수학 원론》는 그 신비로운 경전에 가까운 책이었다. 이 책의 내용을 기계로 풀게 했다는 것은, 인간의 가장 심오하고 고결한 지적 활동을 기계에게 시켰다는 말처럼 들렸을 것이다. 사이먼의 기계는 그 일을 하는 데 성공했다.

이 정도라면 기계가 인간이 하는 지적인 활동을 뭐든 대신하고, 언젠가 인간보다 더 똑똑해 보이는 것도 충분히 가능할 거라는 느낌을 줄 만했다. 사이먼이 만든 프로그램의 이름은 '논리 이론가 Logic Theorist'였고, 그 제작 과정에는 평생에 걸쳐 사이먼의 동료였던 앨런 뉴웰Allen Newell이 큰 역할을 했다. 사이먼은 자기 프로그램의 성과에 대해 러셀에게 직접 편지를 써서 알리기도 했다. 러셀은 사이먼을 칭찬하며, 언젠가는 이와 같이 논리적으로 펼쳐지는 증명 작업은 모두 기계가 흉내낼 수 있게 될 거라고 믿는다며 답장을 보냈다고 한다.

② 외계 생명체

지도교수인 사이먼이 컴퓨터 연구를 하고 있었으니, 학생인 파이젠
바움도 컴퓨터를 접할 기회가 있었을 것이다. 파이젠바움은 카네기
기술원에서 IBM에서 만든 그 시대의 거대한 컴퓨터를 보게 된다.

사이먼은 논리적인 지식을 컴퓨터가 처리할 수 있는 기호로 표
현하고 그것을 프로그램으로 조작하는 연구를 하고 있었지만, 학생
인 파이젠바움이 컴퓨터를 처음 접한 반응은 상당히 감상적이었다.
파이젠바움은 컴퓨터라는 기계를 보자마자 너무 멋져 보인다고 생
각해서 어떤 깊은 감동을 느꼈던 것 같다. 파이젠바움은 컴퓨터 매
뉴얼을 집에까지 들고 가서 밤에도 계속 읽었다. 매뉴얼을 읽다 보
니 어느새 밤을 새게 되어 서서히 아침이 밝아 오고 있었다고 한다.

파이젠바움은 50여 년 가까이 지나 노인이 되어서도 그날을 생생히 다시 떠올리면서, 몇 번이나 거듭해서 자신은 컴퓨터를 처음 접한 그날 "다시 태어났다."고 말했다. 컴퓨터라는 것에 자신은 완전히 매료되었다고 했다.

1960년 박사 학위를 딴 파이젠바움은 학계에서 일할 수 있는 자리를 찾게 되었다. 20대 중반의 파이젠바움은 안정적인 일자리를 찾는 것이 첫 번째 목표였다. 파이젠바움은 노조 활동과 그 조건이 좋아 보이는 곳을 찾는 식으로 잘릴 걱정 없이 오래 꾸준히 다닐 수 있는 직장을 택하고자 했다. 파이젠바움은 그런 이유로 미국 서부 지역의 대학을 직장으로 택하게 되었다. 그것이 파이젠바움이 그때까지 계속 자라나고 공부했던 미국 동부를 떠난 이유였다.

아마 그때 파이젠바움이 고향 근처에서 일하고 싶다거나, 특별히 살고 싶은 도시가 있다거나 하는 좀 다른 기준으로 직장을 택했다면 스탠포드 대학에 가지 못했을 것이고, 최초의 실용적인 인공지능 프로그램도 생겨나지 못했을지 모른다.

컴퓨터가 낯설었던 시대였기 때문에 파이젠바움은 전산학과 같은 곳에서 일하지는 못했다. 파이젠바움은 지금이라면 여러 다른 과에서 가르치고 있을 만한 여러 과목들을 대학에서 강의했다. 그 중에는 인공지능에 관한 강의도 있었는데, 적당한 교과서가 나오지 않은 시기였기 때문에 파이젠바움은 스스로 강의할 자료를 만들어 가며 강의를 해야 했다고 한다.

그러던 중 스탠포드 대학에서 파이젠바움은 유전학과 교수였던 조슈아 리더버그Joshua Lederberg 교수를 만나게 되었다. 리더버그는 당시 이미 노벨 생리의학상을 수상한 화려한 경력의 학자였다.

리더버그는 불과 21세에 발표한 연구 결과가 업적이 되어 노벨상을 받은 사람이었다. 21세는 노벨상 수준의 업적을 내기에는 매우 어린 나이였다. 2014년 여성에 대한 탄압에 맞서기 위해 싸운 말랄라 유사프자이가 17세의 나이로 노벨평화상을 받은 것 이외에 조슈아 리더버그의 기록을 깬 사람은 없는 것으로 나는 알고 있다.

그런데 파이젠바움을 만났을 때 리더버그가 연구하고 있던 분야는 외계 생명체에 관한 것이었다. 리더버그가 노벨 생리의학상을 받은 것이 세균 유전자에 대한 연구였던 만큼, 그가 찾는 외계 생명체도 촉수가 달린 괴물이나 귀가 뾰족한 외계인 모습의 존재는 아니었다. 리더버그는 그보다는 조금 덜 재미있는 것을 연구하고 있었다. 리더버그의 연구는 미생물이나 간단한 생물의 흔적이 지구 바깥에서 발견될 수 있는지 밝히는 것에 가까웠다.

리더버그가 외계 생명체에 대해 연구하느라 미세한 화학 물질을 관찰하고 있다는 말을 들었을 때, 파이젠바움이 그것을 이해하기는 어렵지 않았을 것이다. 동시상영 B급 영화였던 ‹우주생명체 블롭The Blob›이 의외로 사람들에게 인기를 끌었던 것이 1958년의 일이었다. 이 영화 속에 나오는 외계 생명체는 운석에 묻어서 땅에 떨어진 콧물 자국 같은 형태에 지나지 않는다. 영화 속에서 이 정체불명의 외계 생명체는 주위의 것을 닥치는 대로 녹여 먹으며 점점 커져서 나중에는 사람도 잡아 먹다가 집채만큼 커져서 마을을 돌아다니며 파괴한다.

내 짐작에 파이젠바움은 우주의 미생물에 대해 연구하는 리더버그의 연구 주제가 무척 재밌다고 생각했던 것 같다. 리더버그가 우주에서 떨어진 물질들을 살펴보며, 혹시 그게 갑자기 지구인들을 해괴한 방식으로 위협하는 외계 세균인지 아닌지 조사하는 일 비슷한 것을 한다고 상상했을지도 모른다.

아닌게 아니라 리더버그는 꽤 진지하게 외계 생명체의 지구 침입에 대해서 고민하기도 했던 것 같다. 소련이 최초의 인공위성을 띄운 것이 몇 년 전인 1957년이었다. 이런 식으로 지구 밖으로 보낸 인공위성이나 우주선이 다시 땅으로 돌아올 때, 혹시 우주에서 지금껏 듣도 보도 못한 작은 크기의 미생물 같은 외계 생명체를 묻혀 올지도 모른다고 생각했다. 그런 외계생명체는 지구의 생태계를 파괴하거나 사람들에게 전혀 경험하지 못한 무시무시한 질병을 일으킬 수도 있을 것이라고 리더버그는 걱정했다.

리더버그는 나중에 미국이 달 착륙에 성공했을 때, 달에 다녀온 우주 비행사들이 외계 미생물을 묻혀 왔을 수 있으니 오랜 시간 동안 격리시켜야 한다고 주장하기도 했고, 천문학자이자 과학 저술가, SF 작가로 명망 높은 칼 세이건과 협동하여 외계생물학에 대한 과학적인 관심을 일으키려고 노력하기도 했다. 리더버그는 지구 바깥에 어떤 생물이 있을 수 있는지, 그것을 어떻게 막는지가 중요한 문제라고 생각했다.

파이젠바움을 만난 날 리더버그는 그중에서도 화성에 생명체가 존재할 수 있는지에 대한 연구를 하고 있었다고 한다. 리더버그는 연구를 위해 아미노산에 대한 다양한 분석 작업을 하고 있었다. 지구상의 생명체는 대부분의 단백질로 되어 있고, 단백질은 아미노산이라는 영양소가 연결되어 있는 것이다. 만약 화성에 아미노산이 있는지, 또 아미노산이 있으면 어떻게 되는지 추측할 수 있다면, 화성에 생명체가 있을 수 있는지, 어떤 형태일지 추측하는 데 큰 도움

1951년 'Planet Stories' 표지에 실린 '화성의 검은 아마존' 삽화. 앨런 앤더슨Allen Anderson이 그렸다. 1950년대와 60년대에도 화성 생명체는 인기 있는 SF 소재였다.

이 된다.

그런데 리더버그는 아미노산을 분석하는 화학 문제에 대해서는 다른 문제에 비해 조금 서툴렀던 것 같다. 워낙에 실력이 출중한 리더버그였으니, 서툴렀다기보다는 다른 일에 비해 좀 답답한 기분을 느낀 것이라는 말이 더 맞겠다. 게다가 리더버그의 연구를 위해서는 아미노산뿐만 아니라, 우주 밖에서 지구로 날아온 여러 가지 화학 물질을 분석하는 작업도 필요했을 것이다. 이런 분석 작업에는 귀찮고 골치 아픈 것들이 많았다.

파이젠바움은 이 문제에 바로 관심을 보였다. 파이젠바움은 자기가 익숙했던 컴퓨터를 이용하는 기술로 외계 생명체의 가능성을 분석하는 일을 도울 수 있다고 생각했다. 파이젠바움의 연구팀은 컴퓨터 프로그램을 만들기 시작했고, 그 프로그램이 바로 덴드랄이었다.

덴드랄의 기능이란, 화학자들이 물질을 분석 장치로 분석해 보았을 때 나오는 결과를 해석하는 일을 따라하는 것이었다. 화학자가 하는 일의 일부를 컴퓨터에게 시키는 것이 목표인 셈이다. 바이첸바움이 만든 엘리자가 그저 대화를 나누는 것 같은 '느낌'을 주는 것에 그친 재미 위주의 프로그램이 목표였던 것과 달리 덴드랄은 출발부터 달랐다. 재미있고 신기하다는 수준 정도가 아니었다. 덴드랄은 정말로 화학자들이 진지하게 연구하는 일을 일부 대신해 줄 수 있는 프로그램이었다.

분석 장치로 알 수 없는 물질을 분석해 보고, 그 결과로 나온 여러 가지 수치를 바탕으로 해서 그 물질이 어떤 분자 구조를 갖고 있는지 추측해 내는 것은 화학의 큰 비중을 차지하는 한 분야이다.

어떤 물질의 분자 구조를 알아내면, 우리는 그 물질의 여러 다른 성질을 알 수 있고 다른 물질과 섞으면 어떻게 될지도 어느 정도 짐작할 수 있다. 그 물질을 만들어 내려면 어떻게 해야 하는지 그 방법을 떠올릴 수도 있다. 예를 들어, 비타민B_{12}는 몸에 필요한 영양소이지만 인공적으로 만들어 내는 것이 어렵기로 악명 높았는데, 1972년 수많은 사람들의 노력 끝에 마침내 인공적인 제조 방법이 고안되었다. 만약 분자 구조를 알지 못했다면 그런 방법을 찾아내는 것은 거의 불가능했을 것이다.

대개 화학 물질을 분석하는 장치는 화학 물질에 특수하게 조절된 전기나 빛을 여러 가지로 쬐어 주면서 어떤 식으로 물질이 전기나 빛을 변화시키고 반응하는지 측정하는 방식이 많다. 그래서 분석 실험을 하고 나면 그 다양한 전기나 빛에 어떻게 반응을 보였는지 기록한 숫자나 그래프가 결과로 나온다. 그래서 이런 장치로 화학 물질을 실험한 결과를 흔히 스펙트럼이라고 부른다.

분자 구조에 어떤 특징이 있는지에 따라서, 특정한 전기나 빛에 대한 실험 결과가 어떻게 달라진다는 식의 규칙이 여러 가지로 밝혀진 것들이 있기 때문에, 연구원들은 시험 결과 그래프를 보고 그런 규칙들을 차근차근 짜맞춰 보면서 분자 구조의 모양을 상상해 나가야 한다.

이런 작업은 일종의 퍼즐 문제를 푸는 것과 비슷하다. 퍼즐 문제 중에는 그런 것이 있다. 상인이 낙타와 개와 닭을 데리고 강을 건너가야 하는데, 한 번에 동물을 한 가지씩만 데리고 갈 수 있고, 개와 닭이 같이 있으면 개가 닭을 공격하고 어쩌고 하는 것 말이다.

이런 퍼즐 문제를 풀 때, 우리는 모든 조건을 거스르지 않으면서 가능한 강 건너는 방법을 찾아야 한다. 비슷하게 화학자들은 어떤 장치로 시험한 결과 몇 번 주파수에서 무슨 숫자가 결과로 나왔으면 분자 구조에 어떤 특징이 있다는 뜻이고, 다른 주파수에서 다른 숫자가 결과로 나왔으면 또 다른 특징이 있다는 뜻이니까, 이 모든 조건을 다 만족하는 분자 구조는 아마 이런 모양이라는 식으로 맞는 분자 구조를 찾아내야 한다.

꼼꼼하게 조건들을 따져야 하고, 머릿속에서 구조의 모양을 떠올리며 비교할 줄도 알아야 하고, 숫자도 잘 봐야 하기 때문에, 분석 장치의 실험 결과를 보고 분자 구조를 알아내는 것은 학교에서 시험 문제를 내기에도 좋다. 대체로 학생 입장에서는 풀기 골치 아픈 경우가 많지만, 정답 분자 구조를 하나로 떨어지게 해 놓으면 채점하기도 편리하기 때문에, 전통적으로 화학 분야의 단골 시험 문제가 되어 지금까지도 내려오고 있다. 대학가에서 화학 분야의 시험 문제 족보를 구해 보면, 어느 학교의 족보에서든 이 문제가 보일 만큼, 문제 중에서는 잘 알려진 커다란 양반 가문에 속하는 문제라고 할 만하다.

덴드랄은 바로 이런 작업을 사람이 머리를 싸매고 고민할 필요 없이 컴퓨터가 대신 해 주겠다고 나선 프로그램이었다. 덴드랄에서 분석 장치에서 나오는 실험 결과와 분자 구조의 관계에 대한 조건들이 소프트웨어에 문제 해결의 바탕이 되는 지식knowledge으로 입력되어 있었고, 프로그램을 실행시키면 이 지식들을 효과적으로 조합해서 분석 결과와 맞아떨어지는 분자 구조를 알려 주도록 되어 있었다.

파이젠바움의 연구팀이 처음 덴드랄을 만들었을 때에는 그런 이름이 없었지만 이런 방식의 프로그램에는 '전문가 시스템'이란 이름이 붙었다. 한참 후인 1980년대 후반까지도 이 전문가 시스템이 인공지능 기술 중에서 가장 돈이 되는 분야로 취급받았다고 나는 생각하고 있다.

덴드랄을 만들어서 실제로 사용해 보니, 일단 한계가 뻔하기는 했다. 덴드랄이 분자 구조를 찾아내는 데 실패하는 경우도 많았을 것이고, 지나치게 복잡한 구조에 대해서는 사실 입력이 거의 불가능한 경우도 있었을 것이다. 덴드랄이 결과를 출력하는 것과 뛰어난 화학자가 몇 날 며칠 끈기 있게 분석 결과 종이를 들여다보며 복잡한 구조를 떠올리는 것을 비교해 보면, 뛰어난 화학자가 덴드랄보다 뛰어나다는 것은 자명했을 것이다. 동전 넣으면 야구공을 때리는 놀이를 할 수 있도록 공 쏘아 주는 기계가 손민한 선수보다 야구공을 잘 던지지는 못하는 것과 비슷한 정도였을 것이다.

　　그렇지만 덴드랄이 뛰어난 화학자보다는 못하다고 해도 여전히 쓸모는 많았다. 예를 들어 그런 아주 뛰어난 화학자가 필요 없을 만한 일, 즉 간단한 분석 결과를 해석할 때에는 덴드랄도 좋은 결과를 주었던 것이다.

　　덴드랄은 비록 뛰어난 화학자보다는 못하지만 분석 결과를 읽는 데 재주가 없는 초보 화학자나 그게 뭔지도 모르는 일반인보다는 훨씬 나았다. 한국 시리즈가 아니라 그냥 재미로 야구공을 쳐 보고 싶은 상황이라면, 손민한 선수 대신 공 쏘아 주는 기계면 충분한 것과 같다. 자동차에 장치된 프로그램이 주위와 충돌을 방지하는 간단한 기능을 갖는 예를 떠올려 보자. 이 프로그램은 평상시의 운전 기사를 대체하지는 못할 것이다. 하지만 졸음에 빠진 운전 기사가 앞에 차가 오면 브레이크를 밟아 멈추는 간단한 일조차 하지 못할 때, 이 프로그램은 차를 보고 브레이크를 밟는 간단한 일을 대신해 주어 사고를 막는다.

　　덴드랄은 기계가 사람에 대해 갖는 보통의 장점을 그대로 가지고 있었다. 어느 날 갑자기 평소의 열 배에 달하는 화학 물질 분석을 해야 할 일이 생긴다고 상상해 보자. 간단한 분석을 할 수 있는 화학자만 있으면 되는 수준의 일이라고 할지라도 이런 상황에서는 열 배 많은 화학자를 하루아침에 고용하기가 쉽지 않다. 벼룩시장에 아르바이트를 구한다고 올려서 이런 일을 할 수 있는 화학자를 갑자기 구할 수 있는 것도 아니다. 그러나 덴드랄 같은 프로그램을 쓴다면, 평소보다 열 배 더 많이 프로그램을 돌리기만 하면 된다. 여차하면 컴퓨터를 더 사고 프로그램은 그대로 얼마가 되었든 복사해 넣기만 하면 된다. 복사 한 번을 할 때마다 한 사람의 초보 화학자가 생기는 셈이다.

한편으로, 이런 분석 결과의 해석 작업은 끈기 있고 숫자를 들여다보며 수치들이 조건에 맞는지 아닌지 계속 따져 보아야 하는 지루한 작업이라는 점도 사람보다는 덴드랄에게 유리한 것이다. 인간 화학자에게 이런 일을 시키는 데에는 심리적, 정서적, 인간적인 한계가 있다. 그에 비해 컴퓨터, 기계인 덴드랄은 얼마든지 연속으로 밤새도록 휴일에도 분석 결과를 갖다 주는대로 계속 일을 해낼 수 있었다. 가끔씩 사람이 간단한 작업에서 저지르는 어처구니없는 실수도 없다고 볼 수 있었다.

이런 이유로 덴드랄은 "이 정도면 현실적으로 유용하다."고 평가할 수 있었다. 덴드랄을 여러 번 돌려 보면서, 사람 화학자보다 덴드랄이 더 유용한 상황이 실제로 발견되기도 했다고 한다. 덴드랄은 인기리에 사용되었다. 덴드랄 개발 직후, 스탠포드 대학에 덴드랄을 돌릴 수 있는 컴퓨터가 없어서 사람들은 다른 지역에 있는 컴퓨터에 프로그램을 실행시켜 두고, 전화선으로 스탠포드 대학에 있는 화면, 키보드와 연결해서 보는 방식으로 사용했는데, 인터넷이 없던 시절이라 전화요금만 한 달에 2천 달러씩이나 나왔다는 이야기도 전해진다.

스탠포드 대학에 PDP-6라는 DEC에서 만든 컴퓨터가 들어오자, 덴드랄은 이 PDP-6 컴퓨터로 옮겨져 계속 작동하게 되었다. 지금으로 보면 어지간한 사진 한 장의 용량보다도 훨씬 작은 백 몇 십 킬로바이트가 PDP-6 메모리 용량의 전부였지만 당시로서는 도전적인 장비였다. PDP-6에는 여러 사람이 다른 곳에서 동시에 접속해서 사용할 수 있는 기능이 있었다. 덕택에 여러 화학자들이 자신의 연구를 위해 접속해서 덴드랄을 돌려 보기에 좋았다. 나중에는 사람들이 덴드랄의 장점을 훨씬 다양하게 활용하게 되어, 분석 장치의 결과를 해석하는 원래의 목적 이외의 용도로도 화학 분야에서 꾸준히 사용했다고 한다. 그런 식으로 덴드랄은 인공지능 학계나 컴퓨터 산업이 완전히 뒤바뀐 1980년대까지도 활용되었다.

그 세월 동안 덴드랄 자체도 발전했고, 이런 역할을 하는 다른 프로그램도 여럿 만들어졌다. 요즘에는 이렇게 화학 물질 분석 장치의 결과를 해석하는 프로그램들은 너무나 보편화되어서 첨단기술 취급을 받지도 못한다. 덴드랄과는 다른 기법을 이용해서 더 좋은 결과를 보여 주는 경우도 많아서, 어지간해서는 이런 일을 하는 프로그램이 '인공지능' 프로그램이라고 불리는 일도 별로 본 적이 없다. 분석 장치에 딸려 있는 컴퓨터에 덴드랄 역할을 하는 결과 해석 소프트웨어가 그냥 딸려 나오는 경우도 흔하다.

하지만 인공지능 소프트웨어를 활용하기 좋은 영역을 설명하는 데 덴드랄은 여전히 돌아볼 만한 기준이라고 생각한다. 우선 덴드랄은 인공지능 소프트웨어가 사람을 완전히 대체하거나 뛰어난 능력을 가진 사람의 재주를 대체하는 것은 쉽지 않다는 것을 보여 준다.

그러나 덴드랄의 사례는 다음과 같은 경향도 암시한다. 간단한 사람의 일을 대신하거나 사람의 일을 돕는 정도의 수준에서는 인공지능 소프트웨어가 쓸모 있는 경우가 많을 것이다. 비록 그것이 상당히 전문적인 작업이고 일반인을 훈련시켜서 하기에는 굉장한 시간이 걸리는 작업이라고 하더라도 어느 정도 수준까지는 인공지능에게 맡길 수가 있다는 이야기다.

또 한 가지 덴드랄이 보여 준 것은, 인공지능이 사람의 사무와 연구를 돕는다고 해서 사람을 해고하고 인공지능으로 대신하게 되는 일은 덜 일어난다는 것이다.

내가 아는 한 덴드랄과 같은 분석 결과 해석 프로그램이 퍼졌다고 해서 화학자들이 해고되거나 화학의 인기가 사그라들지는 않았다. 오히려 더 많은 화학자들이 더 편리하게 분석 장치를 사용할 수 있게 되었고, 다양한 인력을 구하기 어려운 개발도상국에서 분석 장치를 갖추고 운영하는 데 컴퓨터 프로그램의 발전이 도움을 주었다. 덴드랄 같은 컴퓨터 프로그램은, 전문가가 없어서 일하기 괴롭고 일의 질이 떨어지고 있는 상황, 그런데 동시에 한 사람의 전문가를 고용하기에는 돈이 없는 상황이라는, 그런 틈새에 파고들어 제 몫을 했던 것 같다.

덴드랄의 사례에서 보면 인공지능은 사람을 완전히 대신하지는 않는다. 대신 사람이 귀찮은 일을 피하게 해 주고, 사람이 더 많은 일거리를 소화할 수 있게 돕는 역할을 한다. 덴드랄을 개발하고 운영한 파이젠바움 연구팀도 이러한 경험을 발표하기도 했다. 이런 식으로 인공지능이 활용될 경우, 사람들은 반복적이고 단순한 일은 점차 컴퓨터와 기계에 맡기게 될 것이고 사람은 예외적인 상황과 새로운 일을 개척하는 데 좀 더 몰두하게 될 것이다.

대부분의 직장에서 직원들이 하는 일은 일상적인 일과 새로운 일을 벌이는 일로 나뉜다. '새로운 일'에 전에 없었던 갑작스러운 돌발 상황에 대응해야 하는 일도 포함된다고 본다면, 대다수의 직종에서 이런 식으로 일을 나누어 볼 수 있을 것이다. 이 책을 읽고 계신 독자께서 혹시 직장인이라면, 마찬가지로 자신이 하는 일을 새롭고 특이한 것과 평범하고 일상적인 것으로 아마 구분할 수 있을 것이다. 두 가지 일의 무게를 한번 비교해 보자. 일상적이고 지루한 일을 해결해야 하는 부담이 커서, 특이한 상황이나 새로운 일을 할 시간과 여유가 너무 부족하다고 판단된다면, 그 상황에서 인공지능은 특히 이득이 될 것이다.

예술가나 학자처럼 창의적이고 도전적인 것으로 흔히 분류되는 직업뿐만 아니라, 안내원이나 청소부 같은 직업조차 마찬가지라고 생각한다. "주차장이 어디에 있어요?" 같은 간단하고 일상적인 질문은 인공지능 컴퓨터가 대답해 줄 것이고, 안내원들은 부모를 잃어버린 어린이를 찾아주거나 새로운 행사를 홍보하는 일에 더 많은 시간을 할애하게 될 것이다. 항상 청소하던 구역의 청소를 기계가 도와 주는 대신 사람은 새로 계약을 따낸 건물에 기계를 배치하며 시험하는 데 집중하거나, 전문 청소 업체가 일을 하지 못하고 있던 외진 길거리나 시장통 구석을 깨끗하게 만드는 사업에 진출하는 데 더 초점을 맞추어 투입될 것이다.

적어도 인공지능의 성능이 월등해지기 전까지 당분간은, 사람이 아예 일을 하지 않게 되기보다는, 대체로 사람은 새로운 일, 기계는 평범한 일로 역할을 나누는 흐름이 나타날 거라고 생각한다.

여기에는 그럴 만한 이유도 있다. 그것은 파이젠바움의 덴드랄에서부터 지금까지도, 현실에 쉽게 적용할 수 있는 실용적인 인공지능 프로그램은 대체로 사람이 갖고 있는 지식을 재현하거나 지식을 얻는 과정을 따라하는 데 초점이 맞춰져 있기 때문이다. 그렇기 때문에 사람이 알고 있는 일, 사람이 방법을 알고 있는 일에 인공지능 프로그램을 적용하기가 유리하다. 이때 중요한 것은 인공지능은 사람이 경험해 본 종류의 일을 대신할 뿐만 아니라 점점 더 잘하게 될 것이라는 점이다. 사람보다 일을 많이 할 수 있을 것이고, 사람이 실수로 놓치고 있던 것을 잡아 내고, 편견과 고정관념 때문에 잘못 행동하던 일을 기계는 극복할 수 있을 것이다.

그렇게 점점 인공지능이 발전해서, 그 성능이 미래 언젠가 월등해지면 어떻게 될 것인가, 또는 얼마나 발전해야 월등하다고 볼 수 있을 것인가는 또 새로운 문제라고 생각한다. 그러나 그전까지 단기적으로는 사회 변화는 과거의 변동들과 비슷한 수준일 것이다.

흔히 인공지능 때문에 곧 다가올 미래의 충격을 이야기하면서 많은 신문이나 뉴스가 5년 후 710만 개의 일자리가 사라진다는 세계경제포럼이 연초에 발표한 보고서를 인용했다. 당장이라도 700만 명의 실업자가 전국의 거리로 쏟아져 무시무시한 난리가 날 것처럼 묘사하는 경우도 흔했다.

그렇지만 통계 조사 방법은 제쳐 두더라도 보고서 내용을 자세히 읽어 보면 이 숫자는 15개 주요 국가 전체에서 일어나는 일을 합한 것이라는 사실을 알 수 있다. 이 15개 국가에는 중국도, 미국도, 일본도 포함되어 있다. 이 15개국의 전체 노동 인구는 18억 이상으로 추산된다고 한다. 그러니까 대충 잡아 보면, 700만 명이라고 하더라도, 이것은 전체의 0.3퍼센트 정도밖에 되지 않는다. 5년 후에 0.3퍼센트이다. 요즘 한국의 청년 실업이 심각해지고 있는 정도와 비교해 보자면, 이미 현재 한국 경제의 모습이 일자리 줄어들기 숙제를 미리 다 마치려고 마음 먹은 듯한 꼴이다.

그래서 아무 걱정이 없다는 이야기는 아니다. 만약 실업률의 폭으로 0.3퍼센트 정도라면 이것은 고민할 이유가 있는 구조 조정 문제이다. 대비도 하고 해결책도 찾아야 하는 것은 맞다. 누가 인공지능 기술은 기계와 사람이 공생하는 것일 뿐이니 아무 걱정할 필요가 없다고 하면 그것도 과장이다. 그런 말은 인공지능을 판매해야 하는 쪽에서 사람들의 거부감을 줄이기 위해 하는 선전이라고 생각한다. 걱정할 필요는 분명히 있다. 그러나 그 정도가 서울역 앞에 수백만 명의 집 잃은 사람들이 모여드는 수준의 일은 아니다. 게다가 인공지능을 판매하는 쪽과는 반대로 이런 부류의 보고서들이 발표하는 수치는 경각심을 불러일으켜서 자신들이 제기하는 문제에 관심을 갖게 하려는 목적을 갖는 경우가 많다는 점까지 고려한다면, 이 정도면 싸워 볼 만한 수치라고 생각한다.

그런 만큼 나는 공포감보다는 가능성에 훨씬 더 눈이 간다. 어떻게 하면 인공지능을 더 잘 쓸 수 있을지, 어떻게 하면 인공지능을 더 잘 키워 나갈 수 있을지에 더 관심이 생긴다. 그렇기 때문에 인공지능이라는 매우 새로운 영역의 기술이 실용적으로 적용될 수 있었던, 덴드랄 시대의 주변 환경, 학계와 업계의 분위기가 어땠는가 하는 점을 또다시 돌아보고 싶다.

덴드랄이라는 최초의 실용적인 인공지능 사례란, 정치학 전공자에게 지도를 받고 논리학을 전공한 학자가 유전학자의 외계 생명체 연구를 돕기 위해 화학 분야에서 개발한 것이다. 한국에서 이런 연구가 생길 수 있을까? 덴드랄은 실용적인 인공지능 연구를 하라며 전산학자들이나 전자공학자들을 모아 놓고 결과를 짜내라고 해서 탄생한 것이 아니다. 덴드랄의 사례는 자유로운 주제와 자유로운 교류 속에서 어떻게 대단히 실용적인 연구가 탄생하고 있는지 보여 준다. 그리고 거기에서 그저 독특하고 창의적인 연구일 뿐만 아니라 실용적인 결과가 탄생했다. 그런 활발한 교류의 가치를 마치 극적으로 꾸민 광고처럼 보여 준다.

이와 같은 자유롭고도 실용적인 연구 분위기를 따라하는 것은 쉬운 일이 아니라고 생각한다. 따라하는 데만도 많은 고민과 노력이 필요한 일이라고 생각한다.

그저 겉모습만 따라해서 될 일은 아니다. 정부가 좋은 '벤치마크 모델'을 제시한답시고 논리학을 전공하고 싶은 사람을 강제로 정치학 전공자에게 지도를 받게 한 뒤, 유전학자 한 명을 지정해서 붙여 주면서 둘이서 어떻게든 협력해서 세계에서 가장 실용적인 인공지능 프로그램을 만들어 내라고 지시한 후 실패하면 책임을 묻겠다고 한다면 어떻게 될까?

그래서 될 일은 아닐 것이다. 그걸 아는 데에 대단한 지능이 필요하지는 않다.

인공지능 겨울

인공지능 때문에 어떤 피해가 생길까 하는 걱정보다, 지금 시점에서 우리에게 더 시급한 문제는 인공지능이 적용되면 훨씬 사회에 도움이 될 분야에서조차 이 과정이 너무 더딘 것이 아닐까 하고 나는 생각한다. 정부의 지시에 따라 혹은 유행에 따라 억지로 인공지능 기술을 도입하는 시늉만 낼 뿐 유용하게 활용은 하지 못하게 되는 곳이 의외로 많아진다면 어쩌나 하는 것이 진짜 고민거리인 것 같다.

인공지능의 확산으로 세상이 바뀐다고 호들갑을 떨었는데, 그저 유행따라, 정부 정책따라 호들갑만 열심히 떨 뿐 그냥 어영부영하다가 망해 버리는 미래를 상상해 본 적이 있다. 이 미래와 비교해 볼 만한 과거의 사례도 있다. 덴드랄과 엘리자의 시대, 그 후에 펼쳐진 일이 바로 그 망하는 미래에 가까운 것이었다.

덴드랄과 엘리자가 나오던 시기는 인공지능에 대한 관심이 높던 때였다. 미국에서는 인공지능에 대한 정부 정책이 쏟아져 나오면서 그야말로 인공지능이 대단히 유행한다고들 하던 때였다. 1950년대 후반부터 1960년대에 이르는 동안, 사람들은 인공지능 연구가 곧 굉장한 결과를 보여 줄 것이고, 그 발전 속도도 매우 빠르다고 믿었던 듯 보인다. 단적으로 파이젠바움의 지도교수로 수학 증명 프로그램을 만들었던 허버트 사이먼은 10년 내에 컴퓨터가 세계 체스 챔피언을 이길 거라는 예상을 발표했다. 그때가 1957년이었다. 실제로 컴퓨터가 세계 체스 챔피언을 이긴 것은 컴퓨터 딥 블루가 체스 챔피언 가리 카스파로프를 꺾은 1997년이었다. 10년 이내가 아니라 40년의 시간이 필요했던 것이다.

그 정도로 인공지능의 미래를 낙관할 정도였으니, 인공지능 분야에 투자되는 돈도 많았고, 돈이 많이 흘러들었으니 사람들의 관심은 더욱 커졌을 것이다.

특히 미국 국방부와 군대에서 지원하는 비용이 많았다. 그때 냉전은 가장 치열했다. 요즘은 어느 바다가 어느 나라의 것인지 문제가 생기면 국제 기구의 재판 결과를 기다렸다가 그 결과를 지지한다는 성명을 내거나 반대하는 성명을 낸다. 그런데 1960년대에는 만약에 배가 내가 말하는 선을 넘으면 전 세계를 끝내는 핵전쟁을 벌이겠다고 폭격기를 준비시키는 시대였다.

그 시절 군대는 전쟁에서 이기는 기술이라면 뭐든지 갖고 싶어 했다. 예를 들어서 사람들은 '심판의 날 장치Doom's Day Device'가 매우 유용한 기술이라고 믿었다. '심판의 날 장치'란 상대방이 만약 기습적으로 핵공격을 해서 우리 쪽이 완전히 멸망한다고 하더라도, 지하 깊은 곳에 안전하게 숨겨 둔 컴퓨터가 자동으로 핵무기를 발사해서 적에게 완전한 보복공격을 하게 만드는 장치를 말한다. 그러니까, 승리의 가망이 전혀 없는 상황이 되더라도 어찌 되었건 최대한 반격을 해서 인류를 모두 멸망시키겠다는 기계가 심판의 날 장치였다.

사람들은 이런 장치는 무섭고 괴팍한 것이지만, 이것이야말로 더 강한 상대방에 대한 위협이자, 전쟁을 막는 마지막 안전판이라고 생각했다. 상대방이 우리보다 뛰어난 전력을 갖고 있어서 우리를 단숨에 망하게 할 수 있더라도 공격을 한 이상은 우리가 다 죽은 후에 컴퓨터가 남아서 세계를 모두 다 같이 멸망시킬거니까, 살고 싶으면 공격을 하지 말라고 주장하는 장치인 셈이다. 아무도 없는 텅 빈 땅에 숨겨져 있는 컴퓨터가 혼자서 꾸준히 동작하며 지구에 살아남아 있는 다른 편 사람들을 마저 죽여 없애려고 차곡차곡 핵미사일을 발사하게 된다. 이런 장면은 냉전의 절정기에는 스산하고 종말론적이면서도 현실적인 이야기였다.

이런 판이었으니, 군대에서 컴퓨터 기술에 대한 관심을 보였던 것도 당연했다. 인공지능의 모든 분야에 연구 자금이 들어왔다. 당시 미국 국방성은 엘리자처럼 사람이 하는 말을 알아듣고 처리하는 기술이 내재된 인공지능 컴퓨터가 러시아어를 영어로 번역하기를 원하며 돈을 투자했다. 소련의 정보와 동태를 감시하기 위한 자료를 최대한 많이 얻기 위해서 소련 사람들이 쓰는 러시아의 말과 글이 저절로 영어로 변한다면 큰 도움이 될 거라고 생각한 것이다.

그러다 보니 인공지능 분야의 전망은 계속 밝기만 했다. 지금 돌아보면 너무 심하게 밝았다는 느낌이 들 정도다.

아마 그 절정 즈음에 있는 것이 1970년 ‹라이프› 잡지에 실린 ‘샤키Shakey, 최초의 전자인간을 만나다’라는 기사라고 생각한다.

이 기사에는 ‘샤키’라는 로봇의 사진이 실려 있다. ‘전자인간’ 이라고 하지만, 이 로봇은 별로 인간처럼 보이지 않는다. 지금 우리 가 떠올릴 법한, 휴보나 아시모와 같은 인간형 로봇과도 전혀 다르 고, ‹터미네이터›나 ‹로보캅›에 나오는 로봇과도 전혀 달라 보인다. 1950년대 옛 영화에 나오던 ‘로봇 로비’ 같은 해묵은 구식 로봇 모 습이나, 그전의 펄프 SF 잡지의 표지에 나오던 로봇의 모습과도 닮 은 데가 없다. 샤키는 그냥 움직일 수 있는 바퀴 위에 네모 상자 모 양의 제어 장치와 카메라가 달린 모양일 뿐이었다. ‘전자인간’이라 기보다는 카메라 달린 여행용 가방처럼 보일 뿐이다.

이 ‘전자인간’이 도대체 무엇을 할 수 있는지는 더욱 의심스럽 다. 샤키에는 팔도 안 달려 있고, 말을 하는 기능이나 영상을 보여 주는 기능도 없다. 그냥 무엇인가를 판단하면서 돌아다니는 기능이 있을 뿐이다. 카메라로 찍은 영상을 나름대로 인공지능 프로그램으 로 판단하며 그에 맞추어 뭔가 조금 더 지능적인 느낌으로 돌아다 니는 일을 하는 것이 전부였다. 비교해 보자면, 요즘의 로봇 청소기 에서 청소기 기능을 빼버린 것과 상당히 비슷하다. 차이점은 청소 할 수 없는 로봇 청소기에 비해 전자인간 샤키가 훨씬 더 거대하고 훨씬 더 전력을 많이 쓰고 아주 느리고, 판단 기능 자체도 훨씬 더 모자라다는 것이다.

정확하게 말하자면, 이 돌아다니는 로봇 본체에는 심지어 ‘판

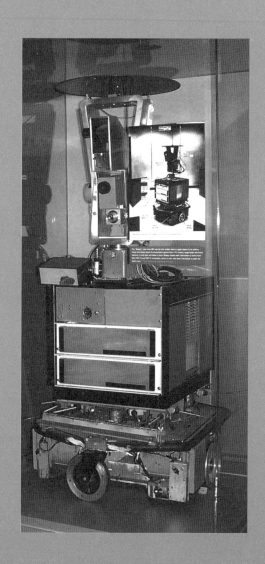

박물관에 보존되어 있는
샤키 로봇의 모습.

단하는 기능'조차도 들어 있지 않다. 당시에는 컴퓨터와 기억 장치들을 이렇게 작게 만들 수 있는 기술이 부족했다. 그래서 실제 인공지능 프로그램이 돌아가는 컴퓨터는 로봇 본체에 장착되어 있지 않았다. 로봇에는 무선 통신 장치가 있고, 로봇 본체는 통신 장치와 연결된 별도의 거대한 컴퓨터에 의해 조종되었다.

이런 정도의 로봇을 '전자인간'이라고 불렀다는 것은 지금의 관점으로 보면 대단한 낙천성이라고 생각한다. 샤키는 처리 속도가 너무 느려서 고정된 물체만 겨우 인식할 수 있을 뿐, 대부분의 움직이는 물체는 인식하지도 못했다. 천천히 움직이다가 판단이 필요한 장소에서는 가만히 서서 컴퓨터 프로그램 실행이 완료될 때까지 한 시간씩 무작정 기다리기도 했다.

물론 가능성이라는 면에서 샤키를 최초의 전자인간이라고 부를 수도 있었을 것이다. 실제로 인공지능 프로그램과 움직이는 로봇을 결합했고, 주변을 인식하며 이동하는 기능을 시험했다는 면에서 샤키는 성공한 점도 있었다. 특히 당시의 미약한 컴퓨터 성능과 변변한 프로그램 작성용 도구도 없이 대부분 머릿속의 상상과 메모지에만 의존해 컴퓨터 프로그램을 짜던 상황을 감안해 보면, 샤키 연구팀의 연구는 가치가 있기는 했다.

그렇지만 문제는 이후의 발전 속도까지 지나치게 과대평가했다는 것이다. 인공지능 유행에 들뜬 학자들과 기자들은 샤키가 이 정도로 개발되었으니 곧 훨씬 더 좋은, 정말 사람 같은 인공지능 로봇이 나올 것 같다는 식으로 미래의 꿈을 부풀렸다. 잡지에 실린 기사에서 한 연구원은 8년 후면 인간과 비슷한 수준으로 생각하는 기계가 나올 것이라고 말했다. 기사가 실린 1970년에서 8년후면,

1978년이다. 한국에서 삼보컴퓨터가 최초의 개인용 컴퓨터를 만들어내기까지도 3년이나 남은 시점이었다. 인간과 비슷한 수준으로 생각하는 컴퓨터가 나오기는커녕 이후 10여 년간 한국의 컴퓨터 사용자들은 컴퓨터 화면에 한글을 표시하려면 어떻게 해야 하는지 정도를 두고 가장 큰 과제로 생각하던 시기였다.

결국 1970년대 중반으로 접어들면서 사람들은 실망하기 시작했다. 생각보다 인공지능 연구의 결과는 화려하지 않았다. 사람이 말만 하면 알아듣고 무슨 문제건 척척 답을 주는 컴퓨터는 여전히 볼 수 없었다. 그보다 훨씬 더 단순한 인공지능 연구의 도전 과제조차 기대하는 성과를 찾을 수 없었다. 인공지능 연구는 알고 보니 투자해 봐야 현실성이 없는 것인 듯하다는 비판이 점차 생겨났다. 인공지능이 곧 현실화되어, 사람들의 어려운 일을 다 대체해 줄 거라는 생각은 허황된 망상에 불과하다는 이야기가 돌기 시작했다.

많은 기록에서 인공지능에 대한 비판의 결정타로 꼽는 것이 1966년 미국에서 나온 ALAPC 보고서와 1973년 영국에서 나온 라이트힐Lighthill 보고서였다. ALAPC 보고서는 인공지능에 대한 열기를 꺾었고, 라이트힐 보고서는 인공지능 연구는 실패했으며 앞으로도 무모한 것이라는 생각을 퍼뜨려 주었다.

ALAPC 보고서는 컴퓨터를 이용해서 자동으로 번역을 하는 연구에 대해 분석한 미국 보고서였다. 보고서의 핵심은 치명적이었다. 당시 가장 인기가 많았던 러시아어를 영어로 번역하는 문제에서 번역 프로그램은 도저히 쓸 만한 수준이 못 되었다는 것이 암담한 결론이었다. 기본적인 번역의 질이 너무 나빠서 완전히 알아볼 수 없는 번역을 하는 경우도 있었고, 그럭저럭 알아볼 만한 번역 결과가 나온 뒤에도 그걸 누구나 읽을 수 있게 고치려면 러시아나 관련 내용에 대해 배경지식이 있는 사람이 알아보기 쉽게 문장을 다시 편집해서 고쳐 써야 했다. 이러니 번역의 질도 나쁘고, 손도 많이 갔다. 게다가 당시로서는 컴퓨터에 내용을 입력하기도 어려웠고, 출력하기도 어려웠으며, 컴퓨터도 드물었고, 컴퓨터가 작동되는 데도 시간이 오래 걸렸다.

사람 번역자에게 맡기면 한 번에 될 일을 컴퓨터 자동 번역 프로그램을 쓴다고 해 보자. 일단 러시아어를 컴퓨터에 입력해 넣어야 했고, 컴퓨터가 천천히 동작하여 결과를 주기를 기다려야 했고, 나온 결과가 프린트 되는 것을 받아다가 다시 알아보기 좋게 손으로 고쳐 쓴 문서를 만들어야 했다. 심지어 지금도 자동 번역 프로그램의 성능은 부족하다. 당시에는 성능이 훨씬 떨어졌을 뿐만 아니라, 입력-출력-편집의 어려움도 비할 바 없이 컸던 것이다. 지금은 러시아어 문서를 복사-붙여넣기 하여 나온 결과를 다시 복사-붙여넣기 하여 편집하면 되지만, 그때는 러시아어 문서를 보면서 그것을 규칙에 맞게 천공카드에 뚫은 구멍으로 표현하는 일부터 시작해야 할지도 모르는 시절이었다.

파이젠바움의 덴드랄 사례를 떠올려 본다면, 이렇게 성능이 떨어지는 번역 프로그램이라고 할지라도 없는 것보다는 나을지 모른다. 예를 들어 러시아어를 아는 사람이 없다면, 그나마 이렇게라도 해서 질이 나쁜 번역이라도 얻을 수 있을지도 모를 것이다. 그러나 당시 미국 정부에 등록된 러시아어 번역자는 약 4천 명이나 있었다. 그중에 일을 맡기는 사람은 월 평균 300명 정도밖에 되지 않았다. 냉전의 승리를 위해, 공산당 정보를 보려고 문서를 번역하는 일에 쓸 수 있는 사람은 얼마든지 있었다. 성능 나쁜 프로그램을 쓸 이유가 없었을 것이다.

영국의 라이트힐 보고서는 좀 더 일반적인 방향에서 인공지능 기술의 부족함을 지적했다. 라이트힐 보고서는 영국 케임브리지 대학의 라이트힐 교수가 발표한 보고서로, 당시의 여러 인공지능 기술들이 얼마나 성능이 떨어지며 실제로 쓸모가 없는지를 지적했다. 그 절정은 인공지능 기술로 문제를 푸는 것이 이론상 가능은 하지만, 현실적으로 실용적인 문제를 푸는 데 적용하면 대부분 어마어마한 컴퓨터 용량과 시간 소요를 필요로 하게 된다는 것을 지적하는 대목이었다. 이에 따르면, 인공지능 기술을 열심히 연구하면 꾸준한 진전은 있겠지만 어지간히 발전하기 전에는 실제로 써먹을 수 있는 수준, 돈이 되는 결과는 나오지 않는다는 이야기였다.

나에게 ALAPC 보고서는 인공지능 연구의 현재 상황이 망했다는 이야기로 들리고, 라이트힐 보고서는 인공지능 연구의 미래 전망도 망했다는 이야기로 들린다. 1967년에 컴퓨터가 체스 세계 챔피언을 이기고 1978년이면 컴퓨터가 인간 수준으로 생각하게 된다는 말을 믿었던 사람들에게는 어마어마한 실망으로 다가왔을 것이다.

그동안 인공지능 연구에 투자한 막대한 예산을 생각하면, 미국 국방부 사람들은 한숨만 푹푹 쉬었을지도 모르겠다. 아마 한국식으로 일을 진행했다면, 일이 이렇게 되면 누구라도 책임을 져야 한다고 신문과 방송에서 떠들고, 그러면 그 탓을 돌리기 위해 적당한 학자 한 명을 붙잡아 오지는 않았을까? 잠잠해지면 사면해 주겠다고 달래서 죄를 자백하라고 한 뒤에, "이 망할 놈의 악랄한 과학자가 사기를 쳐서 우리는 허황된 인공지능 연구에 돈을 날렸다."고 온 나라 사람들이 욕을 하도록 텔레비전에 보여 주고는 적당한 죄명을 붙여서 감옥살이라도 시켰을지도 모를 일이다. 더군다나 1973년이 라면 훨씬 더 결백한 사람조차 대한민국 정부는 원하면 언제든지 감옥으로 보낼 수 있던 때가 아니었나.

인공지능에 대한 환상이 깨어진 1970년대 중반 인공지능의 인 기는 폭삭 사그라들었다. 정부의 연구비 지원을 받거나 투자를 받 을 때 '인공지능'이라는 말을 입에 올리는 것조차 꺼려 하는 시대가 되었다. 인공지능 연구는 하나둘 취소되거나 중단되기 시작했고, 야심차게 추진하던 연구들은 훨씬 더 규모를 줄여서 근근히 연명하 는 데 만족해야 하는 경우가 생겼다. 인공지능을 연구하는 학자와 학생들마저 급격히 관심을 돌리는 시기가 찾아왔다.

이 시기를 흔히 '인공지능 겨울AI Winter'이라고 부른다. 이것은 칼 세이건 등이 핵전쟁의 위험성에 대해서 경고하기 위해 널리 퍼 뜨린 '핵 겨울'이라는 말에서 따온 것이다. '핵 겨울'이란 대규모 핵 전쟁이 일어나면, 막대한 양의 먼지가 해를 가릴 것이고 이에 기후 가 변해서 혹독하고 긴 겨울이 찾아와 농사가 망하고 생태계가 파 괴된다는 이야기였다. 그렇기 때문에 큰 핵전쟁이 일어나면 직접 핵무기의 공격을 받지 않고 멀리 떨어진 다른 지역에서 멀쩡히 살 아남은 사람조차도, 이 핵 겨울 때문에 생긴 기후 변화와 생태계 파 괴 때문에 결국은 굶어 죽을 가능성이 높다는 예상이었다.

1970년대 중반 이후 인공지능 연구의 인기가 급격히 사그라 든 시기를 가리키는 '인공지능 겨울' 역시 그런 점에서 핵 겨울과 닮 아 보이니 잘 붙인 이름이었다. 인공지능이 지나치게 인기를 끌다가 갑자기 사람들이 실망하게 되자, 비실용적이고 현실성이 없다고 공격받은 인공지능 연구만 망한 것이 아니라 관련 분야가 한꺼번에 같이 망했다. 멀쩡하고 착실하게 추진되던 실용성이 있는 인공지능 연구들까지 광범위하게 지원이 끊기거나 줄어들게 되었다는 이야기다.

내가 2010년대 중반 이후 불어닥친 빅데이터와 인공지능 열풍에서 걱정하는 것은 바로 이것이다. 우리에게도 21세기의 인공지능 겨울이 닥쳐올지도 모른다. 단기적으로 인공지능 때문에 일자리가 줄어들어 실업자가 생기게 된다는 예상도 중요하고, 장기적으로 인공지능 로봇이 인간을 지배한다거나 지구를 폭파시킨다는 걱정도 재미는 있는 상상이라고 생각한다. 그렇지만 나는 인공지능 겨울을 대비하는 것은 그보다도 더 중요하다고 생각한다.

2016년 대한민국의 인공지능 열기는 세계적으로 유례 없이 뜨거웠다. 언론은 거의 열광적인 스포츠 중계를 보는 것처럼 인공지능에 대해 보도했고, 사람들도 다들 한 번씩은 인공지능을 화제에 올렸다. 세상이 다 뒤엎어져 바뀌고, 어마어마한 변화가 생긴다면서 꿈이나 악몽이 부풀어오르는 속도도 아주 빨랐다. 얼마 후 인공지능 열기가 사그라들게 되면, 다시 다른 유행을 좇아 이 모든 것을 없던 것으로 날려 버릴 수 있지 않을까? 그렇게 되면 인공지능 분야의 연구 인력이나 적용은 오히려 한층 더 퇴보할지도 모른다.

정도가 얼마나 심할까의 문제일 뿐이지, 인공지능에 대한 기대가 깨어지고 실망하게 되는 순간은 찾아올 가능성이 높다고 본다. 대부분의 기술이나 변화에 대해서 비슷한 반복은 일어나는 듯이 보이니 말이다. 카를로타 페레즈Carlota Perez 같은 경제학자는 무슨 분야건 발전 초기에 '열광의 시기frenzy'가 지나고 다면 흔히 '붕괴crash'의 시기가 오곤 한다고 하지 않는가?

인공지능이 정말로 그만큼 중요한 기술이고 사회를 바꾸는 변화라면, 이 거품이 깨지고 붕괴하는 시기를 잘 건너가야 한다고 생각한다. 거품이 깨어지는 시기라고 해서 모든 시도들이 무가치해지고, 모든 발전이 다 소용이 없어지는 것은 아니라는 점을 잊어서는 안 될 것이다. 파이젠바움의 덴드랄은 1970년대 후반의 혹독한 인공지능 겨울 기간에도 꾸준히 활용되고 있었다. 거품이 깨진 후, 이 인공지능이 시들해지는 시기를 건너뛰어 꾸준한 발전이 이루어질 수 있도록 대비해야 한다고 생각한다.

특히 정부 정책의 영향력이 강한 한국과 같은 지역에서는 더 이 문제에 대해 유의해야 한다고 나는 믿고 있다. 정부의 지원이 이루어지면 그 영역이 성장하는 것이 아니라 도리어 퇴보하는 경우가 왕왕 있는데, 그 과정에서 이런 거품이 커지고 깨어지는 일이 벌어지면 충격은 더 클 것이기 때문이다.

최악의 상황까지는 아니었지만 그 비슷하게 망한 예가 과거의 인공지능 겨울 사이에도 있었다. 그것은 바로 일본의 '제5세대 컴퓨터' 사업이었다.

제5세대
컴퓨터

1980년대 TV 시리즈 ‹맥가이버›를 SF물로 볼 수 있을까? 보통 ‹맥가이버›는 SF를 이야기할 때는 제외하는 경우가 많기는 하다. 하지만 ‹맥가이버›는 미래의 첨단 기술을 다룰 때가 종종 있고, 과학Science에 대한 소재를 중심에 둔 꾸며 낸 이야기Fiction이니, SF의 범위를 좀 넉넉하게 잡으면 들어갈 만도 할 것이다.

만약 그렇다면 ‹맥가이버›야말로 한국에 가장 큰 영향을 끼친 SF물이라고 생각한다. 지금까지도 한국에서는 손잡이 하나에 여러 가지 종류의 도구가 달린 주머니칼을 스위스 아미 나이프라는 말 대신 ‘맥가이버 칼’이라고 주로 부르고 있고, 1980년대와 90년대에는 뭐든 물건을 잘 고치는 사람이나 임시 대용품을 잘 찾아내는 사람을 맥가이버 같다고 부르기도 했다. 심지어 TV 속 맥가이버와 비슷한 머리 모양을 맥가이버 머리라고 부르기도 했다.

1986년 첫 방영된 〈맥가이버〉 에피소드로 '인간적 요소Human Factor'라는 것이 있는데, 그 내용은 인공지능 컴퓨터의 조종하에 자동으로 보호되고 있는 군사 기지가 얼마나 철저히 그 기능을 하고 있는지 테스트하기 위해 맥가이버를 시험 삼아 잠입시켜 본다는 것이었다.

맥가이버가 화장실에서 떼어낸 거울로 방어용 레이저를 반사시킨다거나, 시계에서 빼낸 유리알로 망원경을 만들어 비밀번호 누르는 것을 멀리서 엿본다거나 하는 수법을 썼던 기억이 난다. 당연하다면 당연하게도 인공지능 컴퓨터는 곱게 시험을 수행하지 않고 과도하게 작동한다. 컴퓨터는 시험 삼아 맥가이버와 대결하는 것이 아니라 정말로 철저하게 기지를 방어하려고 살인무기를 써서 실제 공격을 하고 맥가이버는 위기를 겪는다.

이 에피소드에서 컴퓨터를 개발한 책임자는 맥가이버에게 이

맥가이버 역을 맡았던 배우 리처드 딘 앤더슨의 2004년 모습.

컴퓨터야말로 '5세대 컴퓨터'라면서 컴퓨터가 아주 새롭고 뛰어나다고 강조해서 말한다. 맥가이버는 그러냐고 하면서 일부러 따분한 표정을 지어 보이며 받아 넘긴다. 그런데 만약 맥가이버가 1980년대 TV 시리즈 속 주인공이 아니라, 2010년대 사람이었다면 이 대목에서 그냥 넘어가는 대신 멈칫했을 것이다.

도대체 '5세대 컴퓨터'란 게 무슨 말인가?

요즘에는 5세대 컴퓨터라는 말을 예전처럼 많이 쓰지 않는다. 그렇지만 1980년대에는 훨씬 더 쉽게 볼 수 있는 말이었고 1990년대 초까지도 자주 쓰였다. 내가 처음 컴퓨터를 갖게 된 후 이런저런 컴퓨터에 관한 책을 도서관에서 찾아보던 때에도 이 말은 자주 나왔다. 컴퓨터가 무엇인지에 대해 소개하는 기초적인 책에서 특히 자주 보였다.

이 말은 주로 컴퓨터의 역사에 대해서 간단하게 소개하는 이야기에 자주 등장했다. 당시 어린이용 책에 돌던 전형적인 이야기에 따르면, 컴퓨터의 역사는 이러하다.

우선 제1세대 컴퓨터는 진공관을 주요 부품으로 삼아 만들어진 것이다. 최초의 컴퓨터로 자주 이야기되던 ENIAC이나, 나중에 바이첸바움도 보게 되는 ERMA의 처음 나온 모습이 여기에 가까울 것이다. 진공관을 썼기 때문에 거대한 방을 꽉꽉 가득 채울 정도로 어마어마하게 컸고, 열이 매우 많이 발생했으며 진공관을 자주 갈아 끼워줘야 했다.

제2세대 컴퓨터는 트랜지스터를 주요 부품으로 하여 만들어진 것이다. 진공관 컴퓨터보다는 크기가 작아졌고 열이 덜 발생했고 부품을 교체해 주는 일도 훨씬 덜 필요했다. 바이첸바움이 취직

해서 ERMA를 작업하던 시기에는 ERMA가 바로 트랜지스터로
만들어져 있었다. 제3세대 컴퓨터는 IC가 주요 부품이었다. IC는
트랜지스터 회로를 아주 작게 만들어 놓은 것이었기 때문에 대체로
제2세대 컴퓨터와 비슷하지만, 크기는 더 작고 성능은 훨씬 더 뛰어
나다. 이 시기 컴퓨터의 크기는 방의 벽면을 가득 채우는 정도, 내
지는 장롱 짝 몇 개 정도의 크기였다. 바이첸바움이 엘리자를 처음
만들고, 파이겐바움이 덴드랄을 처음 만들던 시절 사용했던 컴퓨터
들이 대체로 여기에 해당할 것이다.

제4세대 컴퓨터는 VLSI를 주요 부품으로 삼아 만들어진 것
을 말한다. VLSI는 IC 중에서 특히 더욱더 작게 트랜지스터를 모
아 놓은 것으로, 대체로 지금까지도 우리가 컴퓨터의 주요 부품으
로 쓰는 반도체들이 여기에 해당한다. 그러니까 내가 처음 갖게 된
컴퓨터도 제4세대 컴퓨터였다. 그리고 내가 컴퓨터를 처음 갖게 된
그때가 바로 이런 세대 어쩌고 하는 컴퓨터 구분이 유행하던 1980
년대였다.

그러니까 1980년대 기준으로 현재의 컴퓨터가 제4세대 컴퓨
터였다. 그러니 제5세대 컴퓨터란, 다름 아닌 당시에서 말하는 그다
음 시대의 컴퓨터였다. 제5세대 컴퓨터란 앞으로 나타날 미래의 컴
퓨터라는 뜻이었던 것이다.

컴퓨터를 세대로 구분하는 이야기와 제5세대 컴퓨터라는 이
야기가 이렇게 널리 퍼진 것은 일본 정부에서 추진한 대형 국가 연
구 개발 과제인 '제5세대 컴퓨터 시스템' 사업이 있었기 때문이었
다. 그 때문에 일본에서 컴퓨터 신기술에 대해서 이야기할 때마다
제5세대 컴퓨터라는 말이 널리 쓰였고, 이 이야기가 우리나라에도

그대로 전해진 것이다. 특히, 1980년대 이전의 한국 기술 서적이나 어린이용 과학 서적들은 일본 책을 무자비하게 그대로 베껴서 만든 것들이 많았기 때문에 유독 나는 '제5세대 컴퓨터'라는 말을 자주 읽을 수 있었다.

일본의 제5세대 컴퓨터 시스템 사업은 1980년대에 일본 전자 산업이 세계 정상을 차지하는 것에 발맞추어 제안된 것이었다. 소니 같은 회사는 지금이야 적자에 고통받으며 한국이나 중국 기업과의 경쟁에 번번이 패배하는 신세가 되었지만, 당시에는 좋은 전자 제품의 상징과도 같은 업체였다. 이제 대만 기업에 팔린 샤프는 당시에는 액정 디스플레이 기술을 이끌어 나가는 세계적인 기업이었다. 그 시절, ‹다이하드›나 ‹백 투 더 퓨처› 같은 미국 블록버스터 영화에서는 흔히 일본 기업 제품이 미국 제품을 이기며 먹어 들어 오는 상황이 자주 묘사되곤 했다.

이렇게 되자, 일본 정부에서는 단지 전자 산업 분야에서 일본이 앞서 나가는 것뿐만 아니라, 이론과 학문적 성과로도 미국을 능가해야 한다는 의견이 인기를 얻게 되었다. 그러다 보니 전자 산업의 최첨단 품목인 컴퓨터에 대한 연구에서 목표를 선정하게 되었다. 곧이어 컴퓨터에 대해서 전혀 새로운 경지를 개척해 나가는 역할을 일본에서 해낸다는 달콤한 꿈이 사람들 사이에 퍼지게 되었다.

그렇게 해서 야심차게 시작된 것이 바로 이 제5세대 컴퓨터 시스템 사업이었다. 이 사업을 통해 일본 정부는 지금의 컴퓨터와는 다른 수준의 새로운 컴퓨터를 만들고자 했다.

몇 가지 복잡하게 꼬인 사연들을 걷어내고 본다면, 당시 사업의 기술적인 실제 목표는, 특수한 형식의 자료를 대량으로 처리할 수 있는 장치를 만들고 이것을 핵심 부품으로 사용하는 컴퓨터를 만들겠다는 것에 가까웠다. 이때의 특수한 형식의 자료란 전문가 시스템에서 사용되는 것과 유사하게 컴퓨터가 처리할 수 있는 형태로 표현된 지식이었다. 그리고 이 처리 장치는 한 번에 여러 건의 지식들을 동시에 처리할 수 있는 기능을 갖추도록 되어 있었다.

이런 목표를 세운 것은 미래의 컴퓨터 기술이라고 하면 사람들은 인공지능을 떠올리고 있었고, 인공지능 기술 중에는 다름 아닌 전문가 시스템이 가장 유명했기 때문이 아닌가 싶다. 파이젠바움이 처음으로 실용화한 인공지능 프로그램 덴드랄도 전문가 시스템 방식이었고, 인공지능 겨울을 지나는 중에도 전문가 시스템의 이점이 사람들에게 꽤 화제가 되는 때가 있었기 때문이다.

화학 물질의 분석 결과를 해석하는 덴드랄 이후로, 다양한 전문 분야용 전문가 시스템이 만들어졌다. 컴퓨터 회사인 DEC에서 1980년부터 사용한 전문가 시스템 덕택에 컴퓨터 설계의 일부를 자동화하여 막대한 비용을 줄일 수 있게 되었다는 이야기가 있었고, 전문가 시스템이 환자의 병을 진단하거나, 시설의 안전을 점검하거나, 심지어 광맥을 찾는 일에서도 사람의 판단을 도울 수 있다는 말이 돌았다. 전문가 시스템에 대한 사업을 전문으로 하는 회사가 생겨 나기도 했고, 대기업들이 저마다 전문가 시스템을 활용하는 방법을 궁리해 보기도 했다.

그러니 인공지능 겨울을 겪고 있으면서도, 전문가 시스템의 사업 활용 분야만큼은 1980년대에도 인기 분야였다. 이 시절 인기를 끈 전문가 시스템은 목표와 기술이 훨씬 현실적이었다. 사람처럼 생각하는 기계를 만든다거나, 사람과 같이 자연스럽게 대화하여 튜링 테스트를 통과한다는 어마어마한 목표 대신에, 전문가 시스템은 특정한 전문 분야에서 사람의 골치 아픈 작업을 도와 준다는 작은 목표를 갖고 있었다. 덴드랄이 화학 물질 분석 결과를 보여 주는 역할을 하는 전용 프로그램이었듯이, 의학용이면 의학용, 광맥 찾기면 광맥 찾기의 특수한 몇 가지 문제를 풀어 주는 것이 목표였다.

그 정도면 해 볼 만한 일이었고, 1980년대에 들어서자 전문가 시스템 전문 업체들이 벤처 기업으로서 투자를 받으며 빠르게 성장하기도 했다. 이러한 인기로, 당시에는 전문가 시스템을 개량하는 여러 가지 연구들이 다양하게 진행되었고, 그것이 확장되는 중에 지식을 한 번에 여러 건씩 처리하게 되면 더 새로운 응용을 해 볼 수 있을 것 같다는 연구도 있었다.

그러다 보니 일본의 제5세대 컴퓨터 방향도 거기에 맞춰졌던 것 같다.

일단 방향이 잡히고 방향에 따라 정부의 지원이 가열차게 계속되기 시작하자 열기와 희망은 더욱 부풀어 올랐다. 지식을 한 번에 여러 건씩 처리한다는 점이 강조되자, 이 컴퓨터는 한 번에 하나씩 작업을 수행하는 기존의 컴퓨터와 다른 차원의 기계라는 점이 부각되었다.

기존의 컴퓨터들은 폰 노이만 구조라는 원칙을 대체로 따르고 있었다. 폰 노이만 구조는 앨런 튜링이 상상한 문제 풀이 기계인 튜링 머신과 같은 형태의 작업을 하기 위해 고안된 것이었다. 일본이 개발하고 있는 제5세대 컴퓨터는 지금까지 쓰이는 폰 노이만 구조가 아닌 새로운 구조의 컴퓨터가 될 거라는 말이 나오게 되었다. 그러니 지금까지와는 전혀 다른 차원의 컴퓨터가 될 거라는 생각에 사람들이 더 기대를 품게 된 것 같다.

결정적으로, 전문가 시스템에 쓰일 수 있는 기능을 하는 부품을 쓰는 만큼, 제5세대 컴퓨터는 인공지능 능력을 갖춘 컴퓨터라는 식으로 선전이 되기 시작했다. 1980년대 제5세대 컴퓨터라는 말이 유행하던 시기에 나온 책들을 보면, 제5세대 컴퓨터는 인공지능이기 때문에 사람의 말을 그대로 알아듣고, 사람처럼 말을 할 수도 있고, 스스로 배우고 생각하는 능력도 있다는 식의 화려한 설명이 흔하게 나왔다.

워낙에 일본 정부에서 야심차게 추진하면서 돈도 많이 쓰고 홍보도 많이 했기 때문이었는지, 아니면 곧 사람처럼 생각하는 기계가 나온다는 말 자체가 환상적인 경제 호황기, 버블 경제 시대의 꿈 같은 것이었는지, 제5세대 컴퓨터에 대한 기대는 일본 밖으로도 영향을 미쳤다.

파이젠바움도 대표적으로 그 영향을 받은 사람이었다. 아예 파이젠바움은 이 사업 시작 무렵부터 일본과 교류하고 있었다. 파이젠바움은 덴드랄을 만든 사람이니, 초기 전문가 시스템의 창시자로서 전문가 시스템의 원조라고 할 만한 사람이었다. 다시 전문가 시스템과 인공지능에 대한 열풍이 불자 흥분감에 휩싸였을 것이다.

파이젠바움은 1983년 제5세대 컴퓨터에 대한 이야기를 담은 《제5세대The Fifth Generation》라는 책을 내기로 했다. 파멜라 맥코덕Pamela McCorduck이라는 작가에게 파이젠바움은 책 속에 담고 싶은 내용을 설명했다. 맥코덕과 파이젠바움은 내용에 대해 토론하고 문답을 나눴고, 그 결과를 맥코덕은 책으로 써 내려갔다. 이 책의 주요 내용은 일본의 제5세대 컴퓨터 연구 방향을 소개한 것이라고 한

미국 공군에서 일하던 때의 에드워드 파이젠바움.

다. 내 짐작에 이 책을 쓸 때 파이젠바움의 가장 중요한 의도는 "일본이 이렇게 맹렬히 새로운 분야를 연구하고 있으니, 우리 미국도 일본에 역전당하지 않으려면 어서 비슷한 연구를 해야 한다."고 주장하는 것이 아니었나 싶다. 책 표지에 적힌 부제도 '인공지능과 일본 컴퓨터의 세계에 대한 도전'이었다.

이 책은 이런 특수한 분야의 책 치고는 놀라울 정도로 인기를 끌어서 50만 부 이상이 팔렸다고 한다. 미국 외의 다른 나라에서도 잘 팔린 편이었다. 내 생각에 이 책, 《제5세대》는 일본의 제5세대 컴퓨터 시스템 사업에 충격을 받아 쓴 것이었지만, 이 책이 반대로 일본에도 어느 정도 충격을 주었다는 생각이 들 정도다. 일본 정부에서 나오는 연구비가 계속 학계에 들어왔다. 인공지능 판에 돈이 다시 돌고 있었다. 그러는 동안 세계적으로 다시 인공지능에 대한 관심이 환기되었다.

제5세대 컴퓨터 시스템 사업은 인공지능에 대한 기대를 부풀린다는 점에서 본다면 홍보만큼은 완전히 성공했다고 볼 수 있다. 어린이용 컴퓨터 학습 만화에서부터 신문, 잡지 어디에서든 5세대 컴퓨터라는 말을 찾아볼 수 있었다. 거대한 로봇이 일상적으로 돌아다니는 미래 도시를 다룬 ‹기동경찰 패트레이버 더 무비› 같은 1980년대 일본 애니메이션에도 미래의 '5세대 컴퓨터'는 소재로 등장했다. 전문가 시스템 회사들의 성장과 발맞춰서 일본의 제5세대 컴퓨터 사업은 그 시대에 잠깐이나마 인공지능 겨울을 누그러뜨릴 정도였다.

그에 걸맞게 일본 정부는 제5세대 컴퓨터 시스템 사업의 성공을 위해 자금 투입을 멈추지 않았다. 액수는 막대했다. 때마침 버블 경제로 돈은 넘쳐 나는 시기였다. 도쿄의 땅값이 너무 비싸서 도쿄 땅을 팔면 미국 땅 전체를 살 수 있다는 말이 돌았고, 일본 기업이 뉴욕의 록펠러센터나 콜럼비아 영화사와 같은 미국 문화의 상징을 사들이던 시기였다. 제5세대 컴퓨터 시스템 사업은 과감하게 10년간 추진되었고, 그러는 동안 도합 500억 엔이라는 금액을 먹어 치웠다.

그리고 10년간의 이 거대한 연구 사업이 끝나면서 마침내 화려한 환상은 걷혔다. 꿈에서 사람들은 깨어났다. 깨어나 보니 실제로 거기에 있는 것이 무엇인지 알 수 있게 되었다.

사람들이 기대했던 것은 없었다. 사람과 대화를 나눌 수 있는 컴퓨터도 없었고, 존재에 대해 고민하며 철학적인 사상을 고민하는 컴퓨터도 없었다. 사람 집에 들어와 살며 집안일 하는 하인 역할을 하는 로봇이나, 사무실에서 잡일을 해 주는 간단한 비서 역할의 로봇도 찾아볼 수 없었다. 제5세대 컴퓨터만 완성되면, 드디어 사람처럼 생각하는 인공지능이 가능해질 거라고 상상했는데, 그런 상상에 다가간 것은 찾아보기 어려웠다.

연구 사업의 기술 자체에 아무런 결과가 없었던 것은 아니었다. 핵심 목표였던 지식을 표현한 특수한 자료를 고속으로 처리할 수 있는 반도체 회로는 그럭저럭 만들어졌다. 초당 50만 건의 자료 처리를 해낼 수 있는 컴퓨터 부품이었다. 차분히 살펴보면 나쁜 수준은 아니었다. 여기에 사람이 갖고 있는 지식들을 이 부품이 처리할 수 있는 형태로 표현해서 가득 부어 넣어주면, 그것들을 왕성히 처리하는 일도 가능했다. 그러면 그것이 생각을 열심히 하는 것과 비슷한 게 아닐까? 어느 수준 이상이면 사람처럼 생각한다고 할 수

일본 오사카에 세워진 〈기동경찰
패트레이버〉 등장 로봇. 잉그램 모형.

있는 것 아닐까? 그런데 왜 아무 데도 쓸 수가 없었을까?

　지금 와서 돌아보면, 출발부터 사업의 근본 방향이 잘못 잡혀 있었다는 것이 문제였다고 나는 생각한다. 혹은 기술적인 목표와 홍보하고 기대하며 지원한 방향이 크게 어긋난 문제라고 볼 수도 있었다. 애초에 이런 방향으로 나아가서는 아무리 해도 사람처럼 생각하는 기계를 만들기가 어렵다는 벽이 있었던 것이다.

　당시 일본 정부의 지원으로 개발된 '제5세대 컴퓨터 시스템'의 부품이 잘 해낼 수 있는 것은 사람이 갖고 있는 지식을 컴퓨터가 처리하기 좋은 기호로 바꾸어서 넣어 주었을 때 그 기호로 된 지식을 처리하는 일이었다. 이것은 허버트 사이먼이 수학 증명 문제를 푸는 프로그램을 만들 때 썼던 방식이다. 말하자면 '기호적인' 인공지능을 만들어 내려는 방향이었다. 사람의 가장 고차원적인 지식을 표현해서 기계에 입력하면서 인공지능을 만들어 내려고 했다는 점에서 위에서부터 아래로 만들어 가는 방식, 하향식 방식이라고 말할 수도 있었다. 지도 교수인 사이먼의 영향을 받아서였는지, 파이젠바움이 처음 덴드랄을 설계할 때 갖고 있던 생각도 이것과 가깝다. 다른 기본적인 전문가 시스템의 뼈대도 이런 방식에 가깝다고 생각한다.

　그런데 우리가 인공지능이라면 떠올리는 '사람 같은 수준의 생각'에는 이런 상징적인 기호로 표시될 수 있는 고차원적인 지식만 있는 것이 아니라는 점이 문제였다. 기호로 명확히 표현하기 어려운 모호한 생각들, 심지어 말로도 잘 표현할 수 없는 애매한 생각들이 사람의 머릿속에는 굉장히 많이 들어 있다. 그리고 인공지능에 대해 연구하면 연구할수록, 이런 것이야말로 사람 같은 인공지능의 가장 중대한 과제로 드러났다.

　대표적인 예로 사진을 보고 사진에 있는 것이 고양이인지 아닌지 알아보는 문제가 있다. 이런 정도의 일은 인공지능 컴퓨터라면 당연히 할 수 있어야 할 것이다. 로봇 친구와 함께 길을 걷다가 앞에 고양이가 나타나면 그 모습을 카메라로 받아들인 로봇이 "고양이가 나타났네요."라고 알아보는 정도는 할 수 있어야 할 것이다. 고양이가 나타났을 때 로봇이 그것을 보고 "페르시안 품종의 고양이로 나이는 2.2세로 추정되며 평균보다 약 21퍼센트 정도 비만인 것으로 보입니다."라고 말하면서 고양이의 정확한 품종이나 건강 상태 진단까지 알려 준다면 더 영화 속의 인공지능 로봇 같을 것이다. 그렇지만 그런 대단한 기능까지는 아니더라도, 적어도 고양이가 나타나면 그게 고양이라는 것은 알아볼 수는 있어야 한다. 이런 것은 매우 기본적인 기능이라고 다들 생각할 것이다.

　그런데 이런 것을 만들어 내는 기술은 인공지능에서 아주 골치 아픈 과제였고 커다란 도전 종목이었다. 지금까지도 간단한 문제는 아니다. 실제로 2012년 구글에서는 유튜브 영상에서 고양이를 자동으로 찾아내 주는 프로그램을 마침내 꽤 괜찮은 성능으로 만들어 내는 데 성공했다면서 대대적으로 광고하기도 했다.

　인터넷에서 사진을 보고 그게 고양이 사진이면 O라고 쓰고, 고양이 사진이 아니면 X라고 쓰는 것이 문제라고 해 보자. 이런 문제는 유치원생 정도면 얼마든지 쉽게 풀 수 있다. 대부분의 사람들은 이런 것을 문제라고 생각하지도 않는다. 당연히 무슨 대단한 지능이 필요한 일로 여기지도 않는다. 독자님의 회사에서 어지간히 답답하고 멍청하기로 유명한 중역 한 사람을 데려와서 사진을 보고 고양이라면 동그라미를 치는 문제를 풀라고 해도 얼마든지 풀 수 있을 것이다. 보통 사람이라면 이런 쉬운 문제는 지능의 테스트가 아니라, 제정신인지 정신병에 걸린 것은 아닌지 테스트하는 것이라고 생각할 것이다.

그러나 고양이 사진에 동그라미를 그려 넣는 문제를 푸는 기능을 컴퓨터에 추가하는 것은 너무나 어렵다. 무슨 기준, 어떤 지식으로 고양이인지 아닌지 판단해야 할지 컴퓨터에게 알려 주는 것조차 어려운 문제다. 우리는 고양이를 보면 그냥 그게 고양이인지 안다. 머릿속에서 의식적으로 어떤 체계적인 규칙과 조건을 따지고 논리를 따라가면서 추리해서 고양이라고 해야 하는가 아닌가 답을 내는 것이 아니다. 이 과정은 말로 설명하기도 어렵다. 그러니 컴퓨터에게 알려 주기도 어렵다. 컴퓨터가 처리하기 좋은 기호로 고양이인지 아닌지 판단하는 기준을 입력해 주는 것은 힘들다.

억지로 논리적인 기준을 말로 만들어 줄 수 있기는 할 것이다. 예를 들어 눈이 두 개고 귀가 두 개고 코 옆에 수염이 난 동물이라는 조건을 만족시켜야 한다고 입력해 줄 수는 있을 것이다. 컴퓨터 입장에서 보면 여러 색깔의 점들의 뭉치일 뿐인 사진에서 어디가 눈이고 어디가 귀인지 판단하는 문제부터가 걸려서 이 기준은 쓰기 어려울 것이다. 하지만 설령 그게 어떻게 해결된다고 해도, 이런 식의 기준에는 오류가 너무 많이 생긴다. 이런 기준만 적용한다면 눈이 두 개이고 귀가 두 개이고 콧수염을 기른 김흥국 같은 사람도 고양이로 판정될 것이다.

훨씬 더 많은 조건, 지식을 입력해 줘서 아주 세밀한 기준을 적용한다고 해도 이런 식의 실수는 얼마든지 일어날 수 있다. 예를 들

일본의 인공지능 및 로봇 열풍을 타고 토미
사에서는 1980년대 중반 옴니봇이라는
장난감 수준의 인공지능이 있는 로봇을
판매했다. 당시 기술의 한계 때문에 카세트
테이프를 기억장치로 활용했다.

어 철석같이 고양이는 눈이 두 개라고 지식을 넣어 줬는데, 고양이
두 마리가 한꺼번에 찍힌 사진이 나오면 이 사진은 눈이 네 개가 된
다. 그러니 이런 사진은 고양이 사진이지만 고양이가 아닌 것으로
표시되어 버린다. 고양이의 옆모습만 사진에 나오면 눈이 하나밖에
나오지 않는다. 이런 사진도 고양이 사진이 아닌 것으로 표시될 것
이다.

그렇지만 아무것도 모르는 유치원생도 이런 오류를 범하지는
않을 것이다. 반대로 이런 것이 무슨 대단한 함정이라고 여기지도
않을 것이다. 유치원생도 서로 색깔과 크기가 다른 다양한 종류의
고양이를 모두 고양이라고 알아볼 수 있다. 고양이와 비슷하지만
고양이와는 확실히 다른 사자나 호랑이와도 구분해 낼 수 있다. 사
람이 플라스틱으로 된 고양이 가면을 쓴 모습과 진짜 고양이 얼굴
도 쉽게 구분해 낸다.

고양이 사진을 알아보는 이렇게 쉬운 문제를 컴퓨터 프로그램이 자동으로 풀게 하기는 너무 어렵고 오답이 많이 나오다 보니, 우스갯소리로 이런 문제에서 가장 좋은 성능을 내는 프로그램을 만드는 법은 무슨 사진이건 무조건 고양이라고 동그라미를 치는 결과만 출력하는 것이라는 말까지 있다. 어차피 인터넷에서 사람들은 고양이 사진을 워낙에 올리기 좋아하니까, 확률상 인터넷에서 무슨 사진이 나오건 무조건 그게 고양이가 맞다고 응답해도 어지간한 점수는 나오고, 이렇게 무조건 하나로 줄줄이 찍는 프로그램이 웬만큼 열심히 만든 프로그램보다는 차라리 더 낫다는 것이다.

이런 부류의 문제를 해결하는 대안으로 점차 인기를 끈 것이 바로 기호적인 인공지능이 아닌 비기호적subsymbolic인 인공지능이었다. 사람이 갖고 있는 고도의 지식을 컴퓨터가 처리하기 좋은 기호로 알려 주는 방식에서 많은 경우 뭘 어떻게 알려 주어야 할지조차 알기 어렵다는 점을 한계로 받아들이는 것이 비기호적 인공지능의 바탕이다. 그래서 사람이 컴퓨터에게 지식을 알려 준다는 생각을 아예 화끈하게 포기해 버린다.

대신에 비기호적인 인공지능에서는 주로 컴퓨터에게 여러 가지 자료를 주고 스스로 그 자료에서 규칙성을 찾아내게 하는 쪽에 초점을 맞춘다. 그러니까 문제를 풀기에 앞서서 다양한 고양이 사진을 컴퓨터에 입력해 주면서, 그 사진 사이의 공통점과 규칙성을 컴퓨터 프로그램이 직접 여러 가지 방법으로 잡아내도록 하자는 것이다. 그렇게 하면 뭐라 말로 쉽게 표현하기는 어렵지만 컴퓨터 나름대로 그 공통점을 저장해 놓을 수 있게 될 것이다. 그런 후 실제 고양이 판정 문제를 풀 때는 저장되어 있는 공통점과 문제에 나온 사진이 많이 들어맞으면 고양이가 맞다고 답을 쓰면 되고, 아니라 면 고양이가 아니라고 답을 쓰면 된다.

　고양이 판정 문제 등에서 자주 쓰는 이 방식은 사람이 고도의 논리적인 지식을 알려 주는 것이 아니다. 반대로 말로 표현하기 어려운 특징을 가진 여러 자료에서 컴퓨터 프로그램이 스스로 규칙성, 공통점을 찾아내게 하는 방식이다. 이런 방식으로 인공지능을 만드는 것을 아래에서 위로 만드는 방식, 상향식bottom-up이라고 할 수 있을 것이다.

　요즘의 인공지능 기술은 과거와 달리 다양한 비기호적인 인공지능, 상향식 인공지능에 훨씬 더 초점을 맞추고 있다. 사람의 음성을 인식하거나 문장의 의미를 분석하는 데에도 상향식 인공지능이 더 인기 있다. 과거 사이먼과 파이젠바움의 시대였다면 바둑 두는 프로그램을 만들 때, 바둑을 잘 두는 방법의 최고 기술을 명확히 기호로 표현한 뒤 이것을 프로그램에게 하나하나 입력하는 식으로 만들었을 것이다. 이런 것은 하향식으로 만든 기호적 인공지능이다. 과거 이런 식으로 바둑 프로그램을 만들었을 때에는 인간 고수에게 이기기 어려웠다. 이와는 달리 상향식 인공지능은 수백 판, 수천 판의 바둑을 컴퓨터가 두게 하면서 말로는 쉽게 표현할 수 없는 승리하는 바둑의 공통점, 규칙성을 컴퓨터가 스스로 찾아내도록 한다.

　요즘의 인공지능의 경향은 이런 점에서 1950, 60년대 인공지능 겨울 이전과 대조적이다. 그 당시에는 기호적 인공지능, 하향식 방식이 좀 더 많은 주목을 받으며 쓰였다. 심지어 바이첸바움의 엘리자조차 간단히 말꼬리를 잡는 규칙을 고안해서 교묘하게 미리 심어 두었다는 점에서, 하향식 방식으로 볼 수 있었다.

인공지능 겨울이 오기 전, 인공지능이 한참 주목을 받았던 시기에는 하향식이 중심이었다가 그 한계에 부딪혀서 인공지능 겨울이 찾아왔고, 이후 오랜 세월을 거쳐 상향식 인공지능으로 중심이 옮겨 가면서 그 한계가 깨어지고 마침내 인공지능 겨울이 끝나고 인공지능의 봄이 찾아왔다는 이야기도 해 볼 만하다.

비유하자면, 예전에는 성스러운 위쪽에서부터 현실의 아래쪽으로 내려오는 인공지능 방식을 썼지만, 요즘에는 현실적인 사례를 아래에서부터 쌓아 나가면서 점차 높은 경지에 도달하려는 인공지능 방식으로 바뀐 것이다. 예전의 기호적, 하향식 인공지능이 이름 높은 고결한 스승이 들려주는 심오한 가르침을 한 마디도 빠짐 없이 모두 전수받고 인생의 깨달음을 얻으려는 방식으로 배우는 것이었다면, 요즘의 인공지능은 길바닥에서 수없이 구르면서 경험을 통해 몸에 배인 지식으로 인생의 교훈을 배워 나가는 것이라고 할 수도 있겠다.

1980년대 일본의 제5세대 컴퓨터 시스템 사업은 그전까지 인공지능 하면 주목받던 과거의 기호적 방식에 초점을 맞춘 것으로 평가된다. 그것은 인공지능 겨울을 벗어날 진짜 원동력이었던 비기호적 방식, 상향식 인공지능의 역할을 해내기에는 적합하지 않았다. 한계를 드러내며 실망 속에 침몰했던 예전과 같은 방식을 더 잘할 수 있는 기계일 뿐이었다.

이 사업이 진행되었지만 인공지능에 관해서는 눈에 뜨이는 응용은 거의 나오지 않았다. 심지어 얼마 후 경쟁 속에서 흔히 판매되는 사무용 컴퓨터 기술이 좀 더 발전하자, 제5세대 컴퓨터 시스템 사업의 특수한 장치보다 보통 컴퓨터가 제5세대 컴퓨터 시스템 사업에서 다루던 자료와 지식을 더 빨리 계산할 수 있게 되어 버렸다.

제5세대 컴퓨터 시스템 사업에 매우 큰 기대를 갖고 있던 파이젠바움 역시 막상 실용적인 용도가 없는 사업 결과에 실망할 수밖에 없었다. 파이젠바움은 이때를 회고하면서, 기계 부품은 괜찮게 완성되었다고 하면서도, 활용할 수 있는 소프트웨어가 없었던 것이 어쩔 수 없는 실패의 원인이었다고 설명했다. 파이젠바움은 사업 중반 일본을 방문했을 때 일이 이렇게 돌아가는 것을 보고 기계를 써먹을 수 있는 소프트웨어 개발에도 노력해야 한다고 걱정하며 다녔다고 한다. 그런데 결국 5세대 컴퓨터의 부품을 활용할 수 있는 쓸 만한 소프트웨어는 끝까지 나오지 않았다. 파이젠바움은 쓸쓸해 보이는 말투로 아예 사업을 시작했던 맨 처음부터 활용 소프트웨어 개발도 고민하며 동시에 추진해야 했던 것일지도 모르겠다고 했다.

그러니 정말 남는 것이라고는 찾아보기 어려운 사업이었던 것 같다. 굳이 어떻게든 바닥까지 박박 긁어 내서 일본의 제5세대 컴퓨터 시스템 사업의 성과를 뭐라도 찾아내자면 돈이 넉넉히 풀린 덕택에, 여러 연구원들이 열심히 도전하면서 10년간 풍족하게 연구하는 경험을 하며 인력양성이 이루어졌다는 것 정도라는 느낌이다. 내가 기록을 본 중에서는 그때까지 제5세대 컴퓨터 시스템 사업이야말로, 역사상 가장 크게 실패한 IT 연구 사업이었다.

그런데 정부 기관에는 흔히 "정부에서 하는 연구에는 실패가 없다."라는 농담이 있지 않은가? 사업의 실패를 인정하게 되면, 투자를 결정한 담당자 공무원과 그 상사와 그 상사인 고위 공무원들까지 책임을 지게 되니 어떻게든 성과를 포장해서 성공으로 표현하라는 압력이 생긴다는 뜻이다. 그게 아니라면, 애초에 사업 계획을

1982년부터 미국에서 방영된 TV 시리즈 〈전격 Z작전〉에는 주인공 자동차에 탑재된 인공지능 프로그램 K.I.T.T.가 등장했다.

세울 때 뻔히 성공할 만한 의미 없는 수준으로 목표를 잡거나 다른 빠져나갈 구멍을 만들어 놓는 방법을 쓸지도 모른다.

일본의 제5세대 컴퓨터 시스템 사업은 1992년 끝났다. 그리고 이 망한 사업이 끝날 때, 놀랍게도 공식적으로 사업의 결과는 초기에 세웠던 목표를 달성했다는 것으로 발표되었다. 어떤 기괴한 초현실주의 풍경화 같은 멋이 있지 않은가?

제5세대 컴퓨터 시스템 사업이 진정으로 남긴 것이 있다면, 정부가 나서서 밀어붙이는 첨단 기술 연구 사업이 어떻게 실패하는지 조심하라는 교훈을 세상에 알려 준 것이다.

5

기계 학습

많은 사람이 기대했던 일본의 제5세대 컴퓨터 시스템 사업이 망하자, 인공지능 겨울은 다시 이어졌다. 때마침 전문가 시스템을 기업에 적용시켜야 한다며 급성장하던 미국의 인공지능 벤처기업들도 열기가 가라앉으며 몰락하고 있었다. 제5세대 컴퓨터가 중대한 전환점이라고 베스트셀러 책까지 썼던 파이젠바움은 무척 민망해했을 것이다. 시대가 변한 느낌이었다. 대학에서 처음 컴퓨터라는 것을 접하고 감격하여 밤새 매뉴얼을 읽던 파이젠바움은 1990년대가 되자 환갑이 되었다. 파이젠바움이 처음 본 컴퓨터라는 것은 트럭만 한 크기의 거대한 기계였는데, 이제 사람들은 윈도우에서 마우스로 아이콘을 클릭하고 있었다.

그러다 보니 그 당시 파이겐바움은 예산을 따내려고 제안서 쓰는 것이 그렇게 고통스러웠다고 한다. 제5세대 컴퓨터가 허상으로 끝나 버린 상황에서 인공지능 연구를 계속하기란 쉬운 일이 아니었을 것이다. 견디다 못해 파이겐바움은 같이 일하는 후배 학자나 박사 과정 학생에게 제안서 쓰는 일을 전적으로 맡겼다고 하는데, 결국 그 학생들도 그만두고 떠나가 버렸다.

결국 1994년 파이겐바움은 자기 자신도 연구를 접고 학계를 떠나기로 한다. 그리고 미국 공군에 들어가 공군 과학자 국장Chief Scientist of the U.S. Air Force이 되었다. 파이겐바움은 원래 사업에도 관심을 보이고 대외활동도 활발히 하는 사람이기는 했지만 그래도 이것은 좀 갑작스러운 행보였다. 내가 보기에는 학계에 있던 시절, 인공지능 겨울 동안 정부 기관에서 연구비 달라고 제안서 쓰고 잘보이려고 애쓰는 것이 너무 진절머리가 나서, 입장을 바꿔 정부 기관 쪽에 한 번 서 보려고 이직한 것처럼 보일 지경이다.

인공지능 겨울은 1990년대 중반까지 계속되었다. 어떤 사람들은 1990년대 후반에 인공지능 겨울이 끝이 났다고도 하지만, 그렇게 따뜻한 봄날이 돌아온 것처럼 바로 다시 인기와 관심이 돌아온 느낌이 들지는 않는다. 1990년대 후반부터 관심이 다시 커져 가기는 했지만, 최근의 열풍 이전까지는 서서히 조금씩 인기를 회복해 나갔다는 쪽에 더 가깝다고 생각한다.

인공지능 겨울 동안 이렇게 돌파구를 찾기 어려웠던 이유를 들어 보자면, 대체로 모라벡의 역설Moravec's Paradox로 요약할 수 있다. 모라벡의 역설은 컴퓨터로 사람이 어려워하는 일은 시키기 쉽지만, 사람이 쉬워하는 일은 시키기 어렵다는 것이다. 컴퓨터는 처음 개발될 때부터 어마어마하게 많은 숫자 계산을 잘 할 수 있었고, 그 역사의 비교적 초기에 수학 증명의 일부를 해낼 수도 있었다. 파이젠바움의 덴드랄은 화학 물질의 분석 결과를 해석해 주는 일도 해냈다. 그런데 어린애라도 쉽게 할 수 있는 고양이 알아보기는 컴퓨터로 하기 어렵다. 일상 생활 속에서 말을 알아듣고 자연스럽게 대화하는 일도 어렵다.

그런 면에서 보면, 사람처럼 생각하는 컴퓨터를 만들기 어려웠던 것은 인간이 갖고 있는 심오한 지적 활동을 컴퓨터에 시키기 어려워서라기보다는 별것 아닌 것 같기만 했던 상식을 표현하기 힘들어서였던 셈이다. 고양이 사진을 찾아내는 것이 인공지능에게 어렵다고 했는데, 간단한 차 심부름이라도 시킬 수 있는 로봇을 만드는 일은 그보다도 훨씬 더 힘든 일이 될 것이다. 이런 로봇은 고양이뿐 아니라, 별별 모양을 갖고 있을 다양한 찻잔에서, 온갖 과자, 찻숟가락의 모습까지 모두 알아볼 수 있어야 한다. 20세기 지성의 상징인 러셀과 화이트헤드의 수학 증명은 60년 전쯤에 컴퓨터가 대신할 수 있었지만 커피 심부름은 아직도 대신할 수가 없다.

이러한 어려움이 명확해질수록 '쉬운 문제'를 해결할 수 있는 방법이 더 관심을 끌었다. 인공지능 겨울이 지나면서 인기를 얻은 기법들이 바로 사람에게 쉬운 문제에 더 유리한 상향식 방법들이라는 것도 이런 흐름과 서로 통한다고 생각한다.

때문에 인공지능 겨울 후에는 바로 이렇게 여러 사례를 컴퓨터에 입력해 주면, 컴퓨터가 거기에서 스스로 규칙성, 공통점을 찾아내게 하는 식의 연구가 점점 더 조명을 받았다. 이런 방식의 인공지능은 흔히 '기계 학습machine learning'이라는 이름으로 불린다. 인공지능 겨울 동안에는 '인공지능'이라는 말을 대놓고 쓰기 꺼려해서 기술의 다른 측면을 강조한 다른 용어를 쓰는 경향이 있었는데, 그 과정에서 '기계 학습'이라는 말은 더욱 많이 쓰였다. 인공지능 겨울에는 뭐든 '인공지능'이라는 말을 붙이면 한 세대 전에 망한 기술이라는 인상 때문에 연구비를 타내기 어려웠던 것 같다. 그러니 '기계 학습', '패턴 인식' 같은 인공지능 분야와 관련이 있는 기술들이 '인공지능'이라는 말을 언급하지 않고 많이 쓰이곤 했다고 한다.

기계 학습 방식의 연구가 진행되면서, 원래 여러 가지 수치 자료에서 규칙성을 찾아내는 데 쓰이고 있었던 통계학 연구가 인공지능 연구와 많이 결합되는 경향이 점점 더 뚜렷해지기도 했다.

간단한 예로, 1800년의 인구는 1천 명, 1900년의 인구는 2천 명, 2000년의 인구가 3천 명이라는 과거 자료가 있다고 해보자. 100년마다 1천 명씩 증가하는 모양이니 아마 2100년의 인구는 4천 명쯤 될 것이라는 건 아주 간단한 통계 분석이다. 그런데 이런 것은 과거의 사례를 입력한 뒤 컴퓨터가 규칙성을 찾아내게 하는 기계 학습 방식과 닮아 보인다. 이것은 통계학에서 간단한 선형 회귀 분석이라고 할 수 있는 것인데, 아닌게 아니라 'Weka' 같은 무료 기계 학습 프로그램에도 이런 선형 회귀 분석 기능은 들어가 있다.

통계학과 기계 학습은 매우 긴밀한 관계다. 인터넷 영화 사이트에서 받은 평점을 보고 그 영화가 본전치기를 할지 어떨지 예상해야 하는 상황이라고 가정해 보자. 일단 막연하게 그냥 쉽게 떠올릴 수 있는 것은 평점이 높을수록 본전 값을 할 확률도 높다는 것이다. 그런데 이런 생각은 역시 너무 막연하다. 손예진과 이영애가 나오는 신작 개봉 영화의 평점이 5.3이라면, 이 정도면 높다고 볼 수 있을까? 본전치기를 할 수 있다고 봐도 될까? 망할 확률은 어느 정도일까?

좀 더 구체적으로 비교해 보기 위해서 우리는 과거에 흥한 영화들, 과거에 망한 영화들의 평점 평균과 비교해 보는 방법을 생각해 볼 수 있다. 과거 본전치기에 성공한 영화들만 골라 내서 평점 평균을 계산해 보니 8.6이고, 과거에 망한 영화들만 골라 내서 평점 평균을 계산해 보니 4.7이 나온다고 하자. 그러면 8.6에 가까울 수록 흥할 확률이 높고, 4.7에 가까울수록 망할 확률이 높다는 식으로 짐작할 수 있을 것이다. 그렇다면 5.5 정도라면, 비록 0에서 10 사이에서 중간으로 보이는 5.0은 넘었지만, 망할 가능성이 꽤 있는 영화라고 생각할 수 있다. 이런 식으로 판단하는 것을 보통 통계학이라고들 생각한다.

그런데 여기에 한 가지 조건을 더 추가할 수 있다. 예를 들어서, 영화의 인터넷 평점이 9.9 이상이면, 이것은 실제로 영화가 정말로 완벽하고 모든 사람들이 최고라고 외쳐서 이렇게 높은 평점을 받기보다는 그냥 사람들이 장난치며 10.0 평점을 마구 써준 결과 그렇게 되었을 가능성이 더 높다. 너무 재미없고, 욕이나 먹지 관심도 별로 못 받을 영화인데, 농담한다고, 조롱한다고, 혹은 남을 골탕 먹이려고 괜히 최고 평점을 주는 일부 특이한 사람들이 그 영화에 10.0 평점을 주는 것이다. 그렇다면 이번에 개봉한 영화가 과거 망한 영화의 평균인 4.7에 더 가까우면 망할 영화로 예상하고, 과거 흥한 영화들의 평균인 8.6에 가까우면 흥할 영화로 예상하되, 그중에서도 9.9보다 크면 무조건 망할 영화로 예상한다는 2단계 규칙을 세울 수도 있을 것이다.

보통 이런 식으로 여러 단계로 나뉘는 조건에 따르는 규칙을 세우면 이것을 결정 트리Decision Tree라는 형식으로 표현하곤 한다. 그런데 이런 결정 트리를 도출해 내는 문제는 대체로 기계 학습 기법이라고 많이들 생각한다. 인공지능 기술에 뿌리를 두고 있는 기술로 이해하는 것이다.

요즘에는 통계학자라고 해서 기계 학습 기술을 쓰지 않는 것도 아니고, 인공지능 연구자라고해서 통계학을 모르는 것도 아니다. 서로서로 잘 알아 가고 있으며, 최근에는 양쪽 분야가 서로 섞여 가는 상태로 급격히 발전해 온 것이라고 보는 것이 더 옳다는 생각이 든다.

내가 내 첫 번째 직장에서 2000년대 중반에 만들었던 소프트웨어도 바로 화학 연구에 활용하기 위한 기계 학습 소프트웨어였다. 그때 나는 화학 물질이 몸에 들어가서 어떤 반응을 일으키는지, 일으키지 않는지 예상하는 데 일부 활용할 수 있는 기계 학습 프로그램을 만들었다.

말하자면 이런 식이다. 화학 물질 중에 간을 튼튼하게 만드는 화학 물질들만 모아서 그 분자 구조들을 컴퓨터에 입력하고, 그런 물질들의 공통점, 규칙성을 찾게 해 본 것이다. 이런 과정을 미리 거치면 나중에는 컴퓨터에 화학 물질의 분자 구조만 입력하면 직접 그 물질을 먹어 보지 않아도, 그것이 간을 튼튼하게 만든다고 볼 수 있는지, 아닌지 판정할 수 있다.

특히 화학 분야에서는 분자 구조를 다양한 여러 가지 숫자로 표현한 뒤에 그 숫자 사이의 규칙성을 찾아내는 수법이 흔히 쓰였다. 'QSAR'이 바로 그 수법이었는데, 그때 내가 일하던 직장에서는 주로 어떤 질병을 치료할 수 있는 화학 물질을 찾아내는 데 QSAR 기술을 쓰고 있었다. 내가 만든 소프트웨어 역시 QSAR 기술을 위한 기계 학습 프로그램이었다. 규칙성을 찾아내는 구체적인 기법으로는 유전 알고리즘genetic algorithm을 나는 즐겨 사용했다.

프로그램을 만들고 나는 이것저것 시험해 보았다. 그런데 기계 학습 기법을 이용해서 화학 물질들의 공통점을 컴퓨터가 찾게 해 보는 시험을 하던 중에 에스트로겐과 이소플라본이라는 물질이 서로 비슷하다는 결과를 얻었다. 당시 나는 약에 대해서는 아무것도 모르고 있었는데, 그 결과를 얻고 나서 실제로 자료를 찾아보니 이소플라본은 여성 호르몬인 에스트로겐 호르몬이 부족할 때 에스트로겐 호르몬 역할을 할 수 있는 약이라고 했다. 여성 호르몬이 부족해지는 갱년기에 먹으면 좋다고 건강식품처럼 팔고 있는 광고도 있었다.

이 결과를 보고, 만약 이소플라본의 효능이 아직 세상에 알려지기 전이었다면, 내가 에스트로겐 호르몬을 대체하는 약을 발견해 낸 것일 수도 있다고 상상하며 재미있어 했다. 나는 의학이나 약학에 대해서 아는 것이라고는 예비군 훈련 중에 극히 성의 없이 가르쳐주던 구급법이 전부인 문외한이었다. 그런데도 컴퓨터가 공통점과 규칙성을 찾도록 만들어서 이런 사실을 알아낸 것이다. 나는 내가 만든 프로그램이 아주 쓸 만하고 굉장히 멋지다고 생각했다.

좀 정신을 차리고 보니, 전문 업체에서 공을 들여 개발해 팔고 있는 상용 프로그램 중에는 내가 직접 만든 것보다 훨씬 더 성능이 좋은 것이 있었다. 더 연구를 해 보자, 내 프로그램은 이론적으로 부실한 점도 있었다. 알고 보니 이소플라본조차도 그렇게 대단한 특효약이 아니었다. 그러나 기계 학습 기술이 갈수록 여러 분야에서 점점 더 많이, 더 신기하게 활용되고 있다는 점만은 꾸준히 알 수 있는 사실이었다.

내가 화학 물질이 몸에서 일으키는 작용에 대해 기계 학습으로 연구하고 있을 때, 내 대학원 선배는 전자 회사에서 일하면서 휴대전화 화면에서 특정한 색깔을 더 잘 뿜어 낼 수 있게 하는 물질을 기계 학습으로 찾고 있었다.

방식은 비슷했다. 좋은 색깔을 잘 낸다고 이미 알려진 물질들을 모아서 컴퓨터 프로그램이 그 공통점이나 규칙성을 찾아내도록 하는 것이다. 컴퓨터가 어느 정도 공통점과 규칙성을 찾아낸 후에는, 여러 가지 다른 화학 물질들을 입력해 보고 얼마나 좋은 색깔을 내는지 판정하게 한다. 만약 값싸고 만들기 좋은 물질을 입력했는데 아주 좋은 색깔을 낼 것 같다는 결과가 나오는 물질이 있다면, 이 물질이야말로 좋은 휴대전화 화면을 값싸게 만들 수 있는 원료일 것이다.

요즘 기계 학습을 이용한 인공지능은 갈수록 더 발전하고 있고 활용될 수 있는 범위는 계속해서 늘어나고 있다. 알려진 예로, 암에 걸린 사람의 몸을 찍은 CT나 MRI 사진의 공통점과 규칙성을 컴퓨터가 찾아내게 한 뒤에, 컴퓨터로 여러 다른 사람들의 사진을 분석해 가면서 그 사람이 암에 걸린 것은 아닌지 진단을 해 보는 연구에 쓰이고 있고, 어떤 책을 산 사람이 다른 책을 사는 경향이 얼마나 나타나는지 규칙성을 컴퓨터가 찾아내게 해서, 인터넷 서점에서 내가 관심이 있어 할 만한 책을 추천하는 데에도 쓰이고 있다. 흔히 접할 수 있는 예는 계속해서 늘어나고 있다. 스팸 메일들의 공통점을 컴퓨터가 찾아내게 한 뒤에, 받은 편지함에서 스팸 메일을 걸러 주는 데에도 쓰이고 있고, SNS에서 내가 친구를 맺은 사람들의 공통점을 찾아낸 뒤에 컴퓨터가 내 친구일 것 같은 또 다른 사람들을 추천해 주는 데에도 쓰이고 있다.

특히나 컴퓨터의 성능이 급격히 좋아지고 인터넷으로 컴퓨터들이 연결되면서 인공지능 기술의 쓸모는 더욱더 커졌다. 이제는 사람의 거의 모든 업무에 인공지능 기술이 가치를 갖게 되어 가고 있는 것처럼 보인다.

그간 컴퓨터 성능의 발전은 그 발전을 눈으로 보고 있으면서도 어리둥절할 지경이다. 내 첫 컴퓨터로 내가 ‹STGP›라는 게임을 만들었을 때 나는 그 게임 프로그램을 5.25인치 2D 플로피 디스크에 보관했다. 그 용량은 불과 360킬로바이트였다. 그런 플로피 디스크 스무 장 정도가 내가 갖고 있는 자료의 전부였다. 하드디스크는 없었고 인터넷 클라우드라는 것은 말그대로 상상도 못했다. 그런데 지금 내가 쓰는 컴퓨터의 하드디스크 용량은 465기가바이트이다. 내 첫 번째 컴퓨터 무게의 5분의 1밖에 안 되는 랩톱인데도 쓸 수 있는 용량은 6만 배가 넘는다. 어릴 때 갖고 있었던 플로피 디스크로 그 용량을 담으려면 온 집 안을 가득 플로피 디스크로 채워도 모자란다.

이런 정도니 컴퓨터 성능의 발전이야말로, 인공지능 겨울을 끝낸 진짜 원인이라고 지적하는 사람도 많다. 예전에는 이론상으로만 가능했던 인공지능 기술이 컴퓨터 성능 발전 덕택에 실제로 써먹을 수 있게 되었다. 예전에는 너무 분석에 시간이 오래 걸렸던 기계 학습 기술도 이제는 간단하게 쓸 수 있게 되었다. 예전에는 거대한 초

고성능 컴퓨터가 구비된 세계 최고 수준의 연구 기관에서만 쓸 수 있던 기술을 지금은 관심 있는 사람이면 누구나 자기 개인용 컴퓨터에서 돌려 볼 수 있게 되었다. 이렇게 되니, 할 수 있는 일도 많아지고 일의 질도 좋아진다.

놓치지 말아야 하는 것은 컴퓨터의 성능이 좋아지고 값은 싸지면서, 기술에 대한 비용 부담이 대폭 줄어들었다는 것도 중요하다는 점이다.

만약 종양학을 전공한 의사의 70퍼센트 수준으로 암 진단을 할 수 있는 인공지능 프로그램이 있다고 해 보자. 그런데 이 프로그램을 돌리기 위해 온 나라에 두 대밖에 없는 대형 컴퓨터를 한 번 쓸 때마다 100만원씩 주고 써야 한다면, 이런 프로그램을 개발해 사용하느니 그냥 사람 의사만 믿고 안 쓰는 것이 유용할 것이다. 하지만 그게 아니라 전화기에 간편히 프로그램을 깔아 돌릴 수 있게 된다면 자주 쓸 수 있는 프로그램이 될 것이다. 70퍼센트가 아니라 50퍼센트 수준만 되어도 종양학을 전공한 사람이 없는 외딴 곳의 작은 병원에서는 그럭저럭 유용한 도구가 될 수도 있다.

이렇게 더 널리 사용하기 편해지고 비용 부담이 줄었다는 것은 기계 학습뿐만 아니라, 모든 인공지능 기술에 다 적용될 수 있는 주목할 만한 장점이라고 생각한다. 러시아어를 영어로 자동으로 번역하는 프로그램의 기능은 지금도 성능이 사람 번역가보다는 훨씬 떨어진다. 1960년대 후반 인공지능 겨울을 불러온 ALAPC 보고서의 시대에 비해서는 매우 훌륭하지만 아직도 사람의 자연스러운 번역과는 차이가 있다.

그런데도 요즘의 번역기 프로그램은 그 당시보다 훨씬 더 쓸모가 많다. 외국에서 길을 가다가 알 수 없는 표지판을 보았을 때, 우리는 그 내용을 천공카드에 구멍을 뚫어서 표현한 뒤에 멀리 대학 연구소에 있는 컴퓨터에 보내서 번역 결과를 볼 수 있는 것이 아니다. 그냥 모르는 외국어 표지판 내용을 바로 손에 든 전화기에 입력하면 그 자리에서 그게 무슨 말인지 인터넷 번역기 사이트에서 확인해 볼 수 있다. 번역된 품질 자체는 여전히 나쁘지만 그래도 대강 무슨 의미인지는 알 수 있다. "우리 마을에 오신 것을 환영합니다." 인지, "이 선을 넘어서면 묻지 않고 총살합니다."인지는 대체로 분간할 수 있는 수준이 된다. "총살 쏘아 쏘아. 선 넘어라. 묻지 않습니다."라고 결과가 나오는 성능 정도라면 소설 번역에 쓸 수야 없겠지만, 여행객의 생명을 구하기에는 충분한 것이다.

제품의 품질이 별로 좋아지지 않았지만, 접근성이 좋아지면서 가치가 훨씬 커진 셈이다. 이렇게 성능 자체보다 접근성 때문에 가치가 커지는 일은 여러 영역에서 발생한다. 번역기 프로그램의 예는 사업에서도 큰 의미가 있다.

세계 각국을 대상으로 사업을 할 때, 어떻게 읽는지 알아볼 수조차 없는 아랍어나 태국어 자료를 보았을 경우, 번역기 프로그램은 그게 대충 무엇에 관한 것인지 짐작할 수 있게 해 준다. 이런 것이 없다면, 우리나라 말로 통역을 할 수 있는 사람을 따로 고용해서 아무리 작은 일이라도 그 사람에게 의존하는 수밖에 없다. 만약 사악한 사기꾼이 통역과 짜고 속이려고 든다면 아무것도 모른 채로 속는 수밖에 없다.

아직까지 태국에서 적극적으로 사업을 하지 않고 있는 사람이라면, "태국 지사가 있나요?"나 "계약에 관심이 있으면 어디로 연

락하면 되나요?” 같은 한두 마디 태국어의 뜻을 알기 위해 태국어
통역자를 고용하는 것은 부담이 된다. 그 때문에 태국 사업을 아예
시작하지 못할 수도 있다. 그렇지만 질이 별로 좋지 않은 번역기 프
로그램이라 할지라도 언제 어디서나 쓸 수 있다면 이 경우에 큰 도
움이 된다.

　누구든 이렇게 한두 번 가끔 궁금한 것이 있을 때, 인터넷으로
연결된 다른 업체의 서버에 수십 가지 언어의 번역기 프로그램이
구비되어 있고 그중에 뭐든 골라 쓸 수 있다면 요긴하다. 번역 프로
그램 업체 입장에서도 인터넷으로 연결되어 이렇게 한 번씩 번역하
는 수요까지도 잡아 낼 수 있기 때문에 박리다매로 가격을 낮출 수
있다. 아예 구글이나 네이버의 번역 프로그램은 사실상 무료다. 인
터넷이 없다면 한 마디 문장을 번역하기 위해 군이 회사에 편지를
들고 찾아올 사람은 없을 것이기 때문에 이런 수요를 잡아 내기는
어려울 것이다. 번역뿐만 아니라 사람의 일을 인공지능 프로그램이
대신할 수 있는 여러 다른 영역에서도 이러한 접근성이 주는 장점
은 비슷하게 적용될 수 있을 것이다.

　인터넷이 인공지능을 유용하게 만드는 데 끼친 또 다른 영향
은 그 덕택에 접할 수 있는 자료의 양 자체가 폭발적으로 늘어났다
는 것이다. 신문에 실리던 독자 의견란에 비해, 포털 사이트 뉴스에
달린 댓글의 양은 백배, 천배가 넘는다. 예전에 편지를 쓰면서 눌러
쓰던 글자의 양보다, 메신저나 이메일로 보내는 글자의 양이 압도
적으로 더 많다. 뿐만 아니라, 온갖 상거래 실적, 각종 시세, 정부와
기업의 발표, 지리 정보, 사진, 영상이 인터넷에 가득가득 올라와 있
다. 게다가 이 모두가 컴퓨터에게 처리시키기 좋은 컴퓨터용 디지

털 자료이다.

이렇게 되니 일단 기계 학습을 시킬 수 있는 자료를 구하기가 편해졌다. 기계 학습은 여러 자료에서 공통점과 규칙성을 찾아내는 방식인 만큼, 미리 자료를 충분히 많이 준비해 놓아야 한다. 내 경험으로는 예외도 있지만 대개는 사람이 눈으로 공통점과 규칙성을 찾아낼 때보다도 훨씬 더 많은 자료가 필요한 경우가 많았다. 그런데 인터넷에서 자료를 구하기가 쉬워지면 이렇게 자료를 구비하기가 편해진다.

고양이 사진을 판정하는 인공지능을 만들려고 할 때에 만약 인터넷이 없다면, 나는 일일이 고양이 사진을 직접 앨범이나 책, 잡지 따위에서 구해 와야 할 것이다. 그리고 그 고양이 사진을 하나하나 스캐너로 읽어 들여서 컴퓨터에 입력해 주어야 한다. 그렇게 해야만 프로그램에게 고양이 사진들의 공통점과 규칙성을 찾아내게 할 준비 자료가 갖추어진다. 그런데 인터넷에서는 제목에 '고양이'를 넣어서 검색을 하거나 '#고양이' 태그가 있는 사진을 검색만 하면 고양이 사진이 천 건이건 만 건이건 바로 다 튀어나온다. 준비 자료를 갖추는 일이 간편할 뿐만 아니라, 훨씬 많은 자료를 구할 수 있다.

또 한 가지 인터넷과 인공지능이 서로 같이 발전한 이유는 분석을 해야만 하는 자료의 양 자체가 너무나 많기 때문이기도 하다. 우리가 흔히 인터넷에서 볼 수 있는 수많은 데이터는 물론이고, 전산망 연결을 통해 신용카드 결제나 버스, 지하철 카드 이용 실적도 모두 한 곳으로 쌓이고 있다. 그 양은 너무나 막대해서 사람이 눈으로 살펴보면서 규칙성이나 공통점을 찾아내는 것이 사실상 불가능하다.

여러 마리의 고양이든 움직이는 고양이든 사람은 아무 혼란 없이 이 그림들의
주인공이 고양이라는 것을 알 수 있다.

이럴 때 컴퓨터 프로그램은 많은 양의 자료도 빠르게, 꾸준히, 오랫동안 처리하며 일을 해낼 수 있다. 사람이라면 엄두도 나지 않을 만큼 수없이 쌓이는 자료 속에서도 인공지능 프로그램은 꿋꿋이 규칙성을 찾아낸다. 그리고 그렇게 찾아낸 규칙으로 앞으로 점점 더 유행할 제품이 무엇인지, 더 많은 노선을 만들어야 할 버스 구간은 어디가 될지 등등을 예측할 수 있다.

이런 흐름에서 내가 느끼는 것은 인공지능 기술, 특히 기계 학습 기술을 적용할 수 있는 분야는 점점 더 늘어날 것이라는 점이다. 내 짐작에는 질적인 발전보다 그 범위가 넓어지는 것이 더 쉬운 일처럼 보인다. 인공지능의 질적인 발전은 조금 느려 보일 때도 있고 가끔 성능이 더 이상은 개선되지 않는 것 같을 때가 있을지도 모른다. 하지만 인공지능 기술을 적용할 수 있는 업무, 업종, 업계는 꾸준히 늘어날 여지가 충분히 있다.

이미 인공지능은 현재 성공적으로 몇몇 영역에 활용되고 있는데, 인터넷과 컴퓨터는 생활 곳곳에 스며들어 있는 만큼 인공지능의 영역은 더 늘어날 수 있다. 어떻게 인공지능 기술을 활용할지 찾아 잘 적용하는 것은 그만큼 그 영역의 일을 더 잘할 수 있게 해 줄 것이다. 경우에 따라서 이것은 IBM이나 구글 같은 회사에서 개발한 최고 수준의 인공지능 서비스를 도입하는 문제일 수도 있고, 혹은 지금은 인공지능이라고 불리지도 않는 간단한 자동화 프로그램을 도입하는 문제일 수도 있다.

인공지능의 활용 분야가 확대되는 것이 중요하다는 내 주장과 관련해, 지금 하필 기억이 나는 것은 고등학교 시절 체육부장이었던 친구가 전화를 해 왔던 일이다.

이 친구는 무엇 때문인지 고등학교 체육시간 전에 내 앞에서 쌍절곤 돌리는 재주를 종종 보여 주곤 했는데, 생각해 보면 실제 염두에 둔 잠재고객은 가시거리에 들어와 있는 다른 여러 여학생들 아니었겠나 싶다. 쌍절곤 돌리는 솜씨 자체는, 만약 그 친구 인생의 목표가 1970년대로 돌아가 이소룡 흉내를 내는 것이었다면 무척 보람차 보일 정도로 괜찮았다.

시간이 흘러 내가 한참 화학 업계에서 소프트웨어 개발 일을 하던 시기에, 갑자기 한동안 연락 없이 지냈던 이 쌍절곤 친구가 나에게 전화를 했다. 쌍절곤은 내가 아직도 소프트웨어 개발을 하고 있느냐고 묻더니, 자신은 무슨 투자 회사에서 일을 하고 있다고 말했다. 그곳은 이름을 기억하기는 어려운 회사였지만, 멀쩡한 회사였고 실적도 괜찮아 보였다.

그리고 쌍절곤은 우리도 어서 빨리 주식 투자를 자동으로 해 주는 소프트웨어를 만들어서 돈을 벌어야 하지 않겠냐고 대뜸 말했다. 자기 회사에서 자동 주식 투자 컴퓨터 프로그램으로 돈을 벌고 있는 것을 보았는데, 이렇게 돈을 잘 벌 수 있는 방법이 또 없다는 것이다. 쌍절곤은 그리고 나서 주식 투자를 자동으로 해 주는 프로그램을 만들기 위해 익혀야 할 것과 몇 가지 유의 사항에 대해 열심히 설명했다.

쌍절곤은 역사상 수없이 많은 똑똑한 사람들을 집어 삼킨 주식 시장 분석의 마력에 사로잡혀 있었던 것이다.

주식 시장의 변화에서 규칙성을 발견해 내서 돈을 벌려는 시도는 주식 시장의 태초부터 계속되어 왔다. 아마 환웅과 단군의 시대에 주식 투자가 있었다면 곰이 사람으로 채 변하기도 전에 오르는 주식을 찾아낼 수 있는 규칙성을 찾아 다니는 사람이 나타났을 것이다. 요즘도 투자자들 사이에 내려오는 3일 연속으로 오르는 주식은 계속 오를 테니까 사 두라는 식의 이야기는 거의 옛 전설처럼 들린다.

컴퓨터가 개발되기도 전부터 재주가 있는 사람들은 주식 시장에서 규칙성을 찾아내기 위해 애썼다. 컴퓨터가 개발된 후에는, 수많은 주식의 수많은 등락 상황과 환율, 이자율에서 유가와 금값까지 많은 관련이 있을 만한 정보들을 다 컴퓨터에 집어넣고, 그 많고 많은 숫자의 바다를 샅샅이 훑고 다니면서 그중에 무엇이건 규칙성이 있는지 조사하는 사람들이 나타났다. 개중에 어떤 사람들은 드디어 백발백중으로 돈을 벌 수 있는 규칙성을 찾아냈다고 좋아하기도 했지만, 그 규칙이 어느 날 갑자기 맞지 않아서 큰돈을 날리는 사람도 많았다. 나심 탈레브Nassim Nicholas Taleb는 그런 식으로 발견되는 규칙성이란 우연일 뿐이라고 비웃으면서, 서구에서 거래되는 증권 가격 중에는 몽골의 기온과 똑같이 따라가는 것도 자신은 찾아낼 수 있다고 자기 책에 썼다.

그런데 컴퓨터 기술이 일정 수준 이상으로 발전하면서 주식 시장을 컴퓨터로 분석하는 것이 어느 때보다 눈길을 끌게 되었다. 발전한 기술이 갈수록 점점 더 그럴싸해 보이는 규칙성과 공통점을 잡아내고 있었던 것이다.

잘 꾸민 광고일 뿐이라는 비판이 없는 것은 아니지만, 인공지능 기술을 이용하는 주식 매매가 사람보다 낫다는 보도는 점점 더 많아지고 있는 느낌이다. 2016년에는 '로보어드바이저'라는 말로 포장해서 컴퓨터 프로그램의 분석 결과에 따라 펀드를 운용한다는 업체들이 한동안 화제가 되기도 했다. 2016년 4월에는 한국의 매일경제신문에서 인간 펀드 매니저와 컴퓨터 프로그램이 주식 투자 대결을 벌여 보는 행사를 개최했는데, 이 행사에서 8월 22일까지의 누적 수익률 1위를 차지한 것도 사람이 아닌 컴퓨터 프로그램이었다.

그때 나에게 쌍절곤이 설명한 방식은 여러 가지 컴퓨터 자동매매 수법 중에서도, 다른 사람, 기관, 주식 제도의 불완전함을 역이용하자는 발상이었다. 대략적으로 설명하자면, 주식 거래의 제도적인 한계 때문에, 5초, 10초 정도 주식 가격이 비합리적으로 설정되는 경우가 나타나므로, 그때 맞춰서 재빨리 주식을 팔고 사면 그만큼 돈을 벌 수 있다는 것이었다. 그러니까 우리는 컴퓨터 프로그램으로 그런 패턴이 나타나는지 계속 감시하고 있다가 그런 패턴이 발견되면 그 즉시 10초 내에 자동으로 주식을 사고팔게 프로그램해 두면 된다는 것이었다.

그때 나는 쌍절곤이 정확히 뭘 말하는 것인지 잘 알 수가 없었다. 게다가 쌍절곤은 오랜만에 안부를 물으면 하는 이야기치고는 너무 길게 통화를 하고 있었다. 나는 적당한 말로 전화를 마쳤다.

하지만 그 후에도 쌍절곤은 안달이 나서 몇 년간 몇 번씩 나에게 전화를 해서 같이 주식 투자 회사를 차리자는 이야기를 했다. 언제까지 회사의 노비로 살겠느냐, 우리도 우리 일을 하자고 그는 역설했다. 쌍절곤은 인스타그램이나 트위터 같은 벤처 기업 이야기도 나에게 귀가 닳도록 들려주면서, 적은 숫자의 사람들이 작게 시작한 도전으로도 하루아침에 몇 십 억을 버느니 몇 백 억을 버느니 하는 말을 했다.

결론만 말하자면 나는 쌍절곤과 같이 사업을 하지는 않았고,

쌍절곤도 나도 하루아침에 몇 십 억을 벌지도 않았다. 쌍절곤은 그 때 다니고 있던 회사를 아직 꾸준히 다니며 여전히 충실한 노비로 남아 있다.

6

제4차
산업혁명

널리 퍼진 컴퓨터와 인터넷을 통해 쌓인 자료는 지금도 무척 많아서 '빅데이터'라는 유행어가 생길 정도가 되었지만, 만약 기계에 센서가 더 많이 달리고 자동화된 기계와 로봇이 움직이며 주변 상황에 대해 측정한 정보를 보내기 시작하면 쌓인 자료의 양은 더욱더 많아질 것이다. 사물 인터넷Internet of Things이 보급되어, 더 많은 물건이 인터넷에 연결될수록 자료도 계속 더 늘어난다.

그렇게 되면 인공지능, 기계 학습 기술을 이용한 자료 분석은 더 보편화되고 더 강력해질 것이다. 그럴수록 인공지능 기술을 우리 일과 우리 삶에 쓸 수 있는 기회를 찾는 것은 더 중요한 문제가 된다. 그러므로 지금은 먼저 인공지능을 이용해서 더 멋진 일을 할 기회가 무엇이 있을지 찾기 위해 애써야 할 시기라고 생각한다.

만약 지금 5년 이상 미래에 대한 사업 계획이나 발전 계획을 세우면서 어떤 식으로든 컴퓨터 기술의 발전을 고려하지 않는다면, 그런 계획은 한 번쯤 다시 의심해 볼 필요가 있다는 생각이 든다. 의외로 3년 만에 다시 인공지능 겨울이 닥쳐 와서 다들 유행이 시들해질 수도 있고, 잘못 밀어붙인 정부 지원 사업의 결과로 한국에서 인공지능 기술이 도리어 퇴보할 수도 있을 것이다. 하지만 설령 그렇다고 해도, 지금 시점이라면 어떤 미래라도 인공지능 기술을 쓰기 좋은 영역을 알차게 찾아내서 그 기술을 써먹을 수 있는 기회는 충분하다고 생각한다.

인공지능에 대한 도전적인 연구는 언제나 필요한 것이지만, 꼭 그런 수준이 아니라고 해도, 받아들이고 이해할 수 있는 현실적인 수준에서 이런 기술 진보를 활용하는 궁리는 필요할 것이다. 그런 궁리는 치열한 고민이기도 하지만, 재미있는 도전이기도 하다.

수백 대의 새 컴퓨터를 사다 놓고 수백 억 건의 자료를 입력해서 최신의 기계 학습 기법으로 분석하는 것만 중요한 것은 아니다. 컴퓨터로 일을 자동화하는 방식의 장점과 한계에 대해서 사람들이 널리 이해하게 하고, 거기에 맞춰서 귀찮은 일은 자동으로 해치우게 고치고, 부실했던 기준을 논리적으로 명확하게 고쳐 나가는 일 정도라도 충분히 중요하다. 누군가 대충 감으로만 결정하던 일을 조금 더 체계적으로 따져 보고 통계적으로 분석하는 일로 조금씩 움직여 가는 것 역시 충분히 중요해 보인다. 만약 적당히 윗선에서 작당하면 그저 시키는 대로 하는 것이 전부이고, 통계 수치와 분석 결과는 지금까지 그저 거기에 그냥 꿰어 맞춘 숫자일 뿐이라면,

그 숫자가 진짜 숫자가 되도록 고치기 위해 노력하는 것이 인공지능 시대를 대비하는 데에 무척 중요하다고 나는 생각한다.

하다 못해 아주 밑바탕에서, 일에 정확한 기록이 없이 대충 처리되고 명확한 자료가 없이 적당히 진행되던 일을 이제는 차근차근 표로 정리해서 컴퓨터에 입력해서 공유하고 조회하고 검색할 수 있게 하려는 노력도 도움이 될 것이다.

인공지능의 열기로 갑자기 뭔가 큰일이 날 것 같은 요즘 분위기에, 나는 통계학과 기계 학습의 관계를 다시 돌아보고 싶다. 인공지능, 그중에서도 특히 기계 학습 기법이 지금처럼 유행하기까지, 수학과 통계학에서 꾸준히 발전되어 온 이론을 인공지능에 활용하려는 방식의 연구는 한동안 활발히 이어졌다. 특히 통계학 이론은 20세기 초까지만 하더라도 다른 응용 과학, 공학 연구자들이 그 깊은 내용을 잘 모르고 있었던 경우가 꽤 많아서, 통계학에서 진작에 발견되었던 사실을 한참 후에 다른 공학 연구 중에 깨닫게 되는 우스운 경우도 적지 않았다고 한다.

그 와중에 초기에는 통계학 전공자와 인공지능 전공자의 갈등이 나타나는 경우도 있었다. 옛날 글들을 찾아보면, 통계학 전공자들에게 인공지능 전공자들은 엄밀하지 못한 이론을 아무렇게나 부실하게 사용하면서 뭐든지 컴퓨터로 해낼 수 있을 것 같은 큰 꿈만 꾸고 있는 것으로 비칠 때가 있었던 것 같다. 반대로 인공지능 전공자들에게 통계학자들은 컴퓨터 프로그래밍에 익숙하지 않고 새로운 기법에 거부감을 나타내는 답답한 사람들로 비칠 때도 있었던 듯하다.

그러나 요즘에는 이런 식의 편가르기는 철지난 것이 되었다고 생각한다. 통계 자료를 분석하는 일을 할 때 이제는 인공지능, 그러니까 기계 학습으로 분류되는 기술들을 얼마든지 자유롭게 사용한다. 통계학자나 통계학을 열심히 사용하는 경제학, 경영학 연구에서 "모델을 만든다"고 할 때 기계 학습의 다양한 기술들도 쓰이고 있다. 그러므로 인공지능 응용을 위해 연구하는 기계 학습 기술이 발전할 때마다 경제학, 경영학 역시 당연히 같이 발전하는 셈이다. 반대로 기계 학습의 기법들이 얼마나 좋은지, 믿을 만한지 통계학에서 연구된 방법으로 철저하게 검토되는 과정도 일상적으로 벌어지고 있다.

요즘 자주 쓰이는 무료 통계 프로그램인 R에는 기계 학습 기능이 대거 포함되어 있고, SAS 같은 통계 프로그램에서도 기계 학습은 중요한 덩어리로 취급되고 있다. 하다 못해 SPSS나 PSPP 같은 통계학 프로그램도 클러스터링 기능을 지원하면서 어느 정도의 기계 학습 기능은 갖추고 있다.

만약 인공지능과는 당장 거리가 먼 분야에서 일하고 공부하는 데 관심이 있다면, 나는 우선 통계학 프로그램을 익히는 것에 손을 대어 보는 것도 좋다고 생각한다. 인공지능 연구를 한다고 해서, 애플이 하고 있는 음성 인식을 따라하고, 구글이 하고 있는 자율 주행 자동차를 따라하는 것만이 능사는 아닐 것이다. 오히려 인문학과 사회과학의 분야에 좀 더 적극적으로 통계 기법을 더 널리, 더 깊이 쓰도록 하는 것도 괜찮은 방향이라고 믿는다.

만약 통계학 프로그램과 거기에 나오는 기계 학습 기법에 어느 정도 익숙하다면, 통계 기능이나 기계 학습 기능을 직접 개량해 보고 두 개 이상의 프로그램을 자동으로 연결해서 쓰기 위한 간단

자동화 기계 때문에 인간이 고통받는 미래는
꾸준한 걱정거리였다. 사진은 1952년 출간된
잡지 'Avon Science Fiction Reader' 표지.

한 프로그래밍을 익히는 것도 좋다. 만약 어떤 대학이 인공지능 연
구에 투자를 하려고 한다면, 해외에서 유명한 최고의 음성인식 학
자를 영입하는 방향도 있지만, 통계 소프트웨어를 다루는 데 익숙
한 언어학자, 사회학자, 경제학자, 경영학자 연구팀이 이제는 프로
그래밍을 할 수 있는 능력도 갖출 수 있도록 해 주는 것도 나는 좋은
방향이라고 생각한다.

　이미 통계학 프로그램과 기계 학습 프로그램을 스스로 개량하
고 있거나 개발하는 능력을 갖춘 연구자들이라면, 더 조직적인 소
프트웨어 개발 방법을 익혀 나가면 좋을 것이다. 짧은 프로그램을
만들 때 쓰는 주먹구구식 프로그램 작성법이 아니라, 소프트웨어를
설계하고 효율적으로 개발하고 안전하게 마무리해 나가는 방법론
은 결국 필수가 된다.

　꼭 컴퓨터 관련 분야뿐만 아니라, 소프트웨어 개발이 필요한
모든 연구 현장에 더 널리 교육될 필요가 있다.

　최근에 유행하는 말로 '제4차 산업혁명'이라는 것이 있다. 말은 좀 '제5세대 컴퓨터' 같이 들려서 별로 아름답다고 생각하지 않지만, 그 내용은 들여다볼 가치가 있다. 제4차 산업혁명은 컴퓨터, 로봇, 센서로 산업 전체가 한층 더 가열차게 자동화되고 모든 것들이 한층 더 가열차게 통신하게 될 것이라는 예측이다. 그러면 결국에는 인공지능이 로봇과 센서가 수집하는 정보를 분석하고 이들을 조종하게 된다. 그렇다면 지금 시점에서는 앞서 언급한 식으로 통계학과 소프트웨어 기술을 이용해 다양한 분야를 조금씩 더 계량화, 자동화해 나가는 것은 괜찮은 대비라고 생각한다.

자동화 탓에 제4차 산업혁명이 일어나면 많은 공장 직원들이 일자리를 잃을 거라는 걱정도 많다. 그러나 나는 사회 전반에 정말로 깊게 인공지능에 대한 적응이 이루어진다면 역할이 더 크게 바뀌게 되는 쪽은 공장 직원보다는 오히려 경영자라고 생각한다.

인공지능의 시대가 되면, 더 이상 경영자의 역할은 막연히 내 기분을 무조건 따르라고 군림하는 것이나 엉뚱한 접대나 받고 거기에 따라 결정을 하는 것이 될 수가 없다. 경영자의 역할은 경영 판단의 근거가 되는 통계와 인공지능의 분석을 이끌어 나가고 그 결과에 대해 다른 사람들의 이해를 구하는 것이 되어야 한다. 만약 그렇게 하지 않는 회사가 있다면, 아무리 공장 직원들을 로봇으로 바꾼다고 해도 인공지능을 이용하는 다른 경영자와의 경쟁에서 패배하여 몰락하게 될 것이다.

제4차 산업혁명에서 가장 크게 바뀌어야 하는 것은 경영자와 정부 의사 결정권자들의 위치와 역할이다. 이것은 모라벡의 역설과도 잘 들어맞는다. 인공지능은 경영자들의 심오한 일 같아 보이는 판단은 더 쉽게 대체할 수 있지만, 너 아니면 일할 사람이 없나 싶은 말단 직원의 일을 대체해 내는 것은 더 어렵다. 손놀림이 능숙한 직공은 새로운 기계의 조작법을 익히고 새로운 제품에 도전하면서 일자리를 지키는 방법을 찾을 수 있겠지만, 인공지능이 분석해 준 통계 지표를 이해하지 못하는 사람은 아무리 회장 아들이라고 해도 자리에서 물러나지 않으면 회사를 유지할 수 없을 것이다.

인공지능에 대한 적응이 제대로 이루어진다면, 제4차 산업혁명은 아래쪽만 뒤집히는 일이 아니라 아래위가 같이 뒤집히는 일이다. 그중에서도 특히 위쪽이 뒤집히는 일이라고 나는 생각한다. 모름지기 진짜 혁명이란 그런 것 아니겠는가?

3 MCP

인류는 곧
사라질 것인가?

CONTINUE ▾

① 사이버네틱스

인공지능에 관한 이야기를 해 나가면서 꼽아 볼 만한 인물 중에서
도 월터 피츠Walter Pitts는 가장 신비한 인물에 속한다. 월터 피츠는
최근의 인공지능 열풍과도 관련이 있다. 갑작스럽다 싶게 인공지능
에 대한 관심이 급격히 몰아닥친 이유를 꼽자면, 딥 러닝Deep Learn-
ing 기술이 발전한 것을 빼놓을 수가 없는데, 월터 피츠는 이 딥 러닝
기술에서 흔히 중요한 역할을 하는 인공 신경망artificial neural network
기법의 근본 아이디어를 고안한 장본인이다.

　　그렇다고 해서 피츠가 요즘 갑자기 실리콘 밸리에서 큰돈을 번
인물이라거나, 한국 정부에서 요란하게 떠벌리는 행사에 큰돈을 받
고 초청 연사로 오는 사람이라는 것은 아니다. 피츠는 훨씬 더 예전

에 가장 유명한 자신의 성과를 발표한 사람이다. 생각보다 훨씬 오래전 일이라서 심지어 바이첸바움이 엘리자 프로그램을 만들거나, 파이젠바움이 덴드랄 프로그램 개발팀을 이끌었던 것보다도 오히려 더 옛날이다.

피츠가 신비로운 이유는 우선 그의 아이디어가 길게 이어져 나가며 끼친 영향이 끈질기고도 신비롭기 때문이다. 피츠가 보여 준 아이디어는 인공 신경망과 인공지능 기술에만 쓰인 것이 아니라 철학이나 의학과 같은 다양한 곳에 영향을 미쳤다. 그의 생각은 그가 살던 시대에 큰 관심을 받은 뒤 그 이후로 점차 사그라든 것이 아니었다. 피트의 생각은 신문에 실려 떠들썩해지는 이야기라기보다는 존 폰 노이만이나 노버트 위너Nobert Wiener 같은 거물 학자들의 관심을 받은 정도였다. 그런데 그의 생각은 그것으로 끝나는 것이 아니라 그 후에도 잊혀질 듯하면서 계속해서 이어지며 살아남았다. 그리고 마침내 최근의 딥 러닝 열풍과 함께 그의 이름이 조금씩이지만 다시 들려오고 있다.

피츠를 신비로운 인물이라고 하는 또 다른 이유는 그의 삶이 신비롭기 때문이다. 인공지능 기술발전에 역할을 했던 많은 다른 연구자와 학자들과는 달랐다. 보통의 학자들은 처음 어디서 무엇을 공부했고, 어떤 연구 과정을 거쳐서 결국 뭘 만들었는지 뚜렷하게 보이는 경우가 많다. 어떤 배경의 지식을 쌓아 나갔고, 어떤 경험이 있었기 때문에 이런 결과를 낸 사람들이라고 짐작할 수 있다. 뛰어난 사람들이지만, 지금 우리 주위에서, 혹은 적어도 텔레비전에서 본 사람 중에서 그와 비슷해 보이는 사람을 떠올릴 수도 있다.

그러나 월터 피츠는 그렇지 않다. 피츠가 어떻게 해서 그런 연구를 하게 되었는지 나는 알 수가 없었다. 주로 공동으로 발표한 것이 대부분인 연구 결과에서 어디까지가 정확히 피츠의 역할이었는지 짐작하기 어려운 경우도 많았다. 학자들이 모여 있는 그 무리에 어떻게 끼게 되었는지, 어디에서 왔는지조차도 알려지지 않은 수수께끼의 인물이었다. 피츠에 대해 확실한 것은 주변의 다른 뛰어난 학자들조차 놀랄 정도로 훌륭한 논리력과 수학 실력을 갖춘 사람이었다는 것 정도다. 그 외에는 훈장이나 큰 상을 받은 사람도 아니었고, 그의 삶이 영화나 소설로 꾸며져 알려진 사람도 아니었다.

그러니 나 역시, 정작 인공지능 소프트웨어를 개발하던 중에는 피츠에 대해서 전혀 알지 못했다. 그의 삶은커녕 그의 이름조차 알지 못했다. 우선 피츠는 그나마 인공 신경망 기법을 거슬러 올라가면 등장하는 사람이었는데, 나는 인공 신경망 기법에는 크게 관심이 없었다. 인공 신경망 기법이 내가 일하던 2000년대 중반 무렵 화학 연구에 아예 쓰이지 않은 것은 아니었다. 화학 연구에서도 인공 신경망 기법은 쓰이고 있었다. 내 건너편 자리에 앉은 연구원은 인공 신경망 기법으로 화학 물질들 사이의 공통점과 규칙성을 찾고 있었다.

그러나 그 무렵만 해도 인공 신경망 기법은 지금 정도의 주목을 받고 있지는 않았다. 동료 연구원은 "인공 신경망을 돌리면 결과는 대충 나오지만, 중간 과정과 의미를 해석하기가 너무 어렵다."고 투덜거렸다. 나는 정확히 무슨 뜻으로 하는 말인지는 알지 못했고 그저 그런가 보다 싶었다. 아직은 딥 러닝 기술이 유행하면서 너도나도 인공지능, 인공지능이라고 떠들고 다니려면 10년 정도 시간이 흘러야 했다. 나는 인공 신경망 자체에 대해 그 이상 관심을 갖지 않았고, 당연히 수십 년 전에 그 기법의 단초를 떠올린 월터 피츠에 대해서 알 기회도 없었다.

월터 피츠에 대해 자세히 알게 된 것은 화학 업계에서 일하는 연구원이 아닌 아예 다른 직업으로 일하면서였다.

나는 학창시절부터 취미 삼아 소설을 쓰곤 했다. 왜, 중학생 때쯤 되면 공책 끝에 만화나 그림 같은 거 그리고 친구들이 돌려보게 하는 아이들이 있지 않은가? 나는 중학교 1학년 때 공책 끝에 추리 소설 줄거리를 썼다. 추리 소설 좋아하는 친구들과 비슷한 것을 써서 돌려 읽기도 했다. 다른 유명한 추리 소설에서 나온 잡다한 이야기를 비슷하게 흉내내서 이리저리 끼워 맞춘 것들이었다. 주인공 경찰은 항상 큰 범죄가 일어나기 전에는 소화불량에 시달리는 징크스가 있다든가, 범인이 살인무기로 얼음 덩어리 가운데에 황산을 집어넣어 둔 것을 사용한다든가 뭐 그런 내용들을 썼던 게 기억이 난다.

별로 꾸준하지는 않았지만 그래도 심심할 때마다 소설 쓰기는 이어졌는데, 그러다가 대학 시절에 학교에서 주최하는 문학상에 소설을 투고해서 두 번 상을 타기도 했다. 그러다 보니 대강 대학교 졸업 무렵 즈음해서 "내 취미는 소설 쓰는 것이지."가 되어서 틈틈이 소설을 쓰게 되었다. 나중에는 여러 사람들이 볼 수 있게 인터넷에 소설을 올리게 되기도 했다.

그리고 2006년 봄 어느 날에 MBC 드라마국의 PD 한 분이 나에게 연락을 해 왔다. 내가 쓴 단편 소설 중에 하나를 인터넷에서 읽었는데 그 내용을 TV 드라마로 만들고 싶다는 것이었다. 그렇게 해서 나온 것이 MBC 베스트극장 제635화로 방영된 ‹토끼의 아리아›라는 것이었다. 그때 MBC에 단편 소설 판권 계약을 하고 저작권료를 받은 것이 처음으로 내 글을 상업적으로 팔아서 돈을 벌어 본 것이었다. 그때 듣기로는 MBC에서도 출판사를 통해 출간된 소설을 극화하는 것이 아니라 인터넷에만 올라온 소설을 작가와 직접 판권 계약한 것으로는 첫 번째 사례였다고 했다.

그때부터 나는 좀 더 진지하게 작가 일을 하게 되었다. 그리고 그게 계속 이어졌다. 지금까지도 이어지고 있다. 지금 나는 화학용 소프트웨어를 만드는 일은 하지 않지만, 소설은 여전히 꾸준히 쓰고 있다.

2009년이 되자 인터넷에서 내 단편 소설들을 재밌게 읽은 독자들께서 그것을 인쇄한 책을 찍어 내서 나누어 갖자는 일을 추진해 주셨다. 이 일이 진행될 때 처음에 붙었던 책 제목 초안이 ‹그녀를 만나다›였다. 나는 이 일을 기념하기 위해 ‹그녀를 만나다›라는 제목의 단편 소설을 새로 하나 써서 그 책에 수록하기로 했다.

지금은 정식 출간된 단편집 《최후의 마지막 결말의 끝》에도 수록되어 있는 이 SF 단편 ‹그녀를 만나다›의 내용은 남자 주인공이 여자 주인공을 기다리는 장면으로 시작한다. 그리고 시작 장면 묘사에서 남자 주인공의 목덜미에 전자식 조절 장치가 연결되어 있고, 그 장치로 신경을 조절하고 있다. 남자는 아주 큰 수술을 한 후유증에 시달리고 있기 때문에, 몸의 신경을 인공적으로 조절하는 장치가 필요하다. 이게 시작이었다.

이 이야기를 쓸 때 나는 독자들이 모금해서 만드는 책에 대해 몹시 뿌듯하게 생각하고 있었고, 그런 만큼 재미난 이야기를 만들기 위해 좋은 내용을 꾸며 내고 싶었다. 나는 뇌와 신경을 전자장치

과거 NASA에서 사용하던 기초적인 가상현실 기계. 가상현실은 사이버펑크 SF의 주요 소재로 자주 사용되고 있다.

로 조절하는 기술에 대해 자료를 조사했고 비슷한 소재를 다룬 책을 찾아 읽었다.

그리고 그때 나는 월터 피츠에 대한 내용을 접하게 되었다. 정확히 이야기하자면, 월터 피츠라는 한 사람을 주목하게 된 것은 아니다. '사이버네틱스cybernetics'라는 말에 대해 조사하다가, 사이버네틱스의 창시자들에 대해서 읽은 것이다.

사이버네틱스는 인간의 정신과 뇌를 컴퓨터 같은 기계를 다루듯이 보며 읽어들이고 조작하는 데 관한 학문인 것 같았다. 사이버네틱스를 처음 접했을 때는 피츠보다는 존 폰 노이만 같은 훨씬 더 유명한 학자의 이름이 더 기억에 남았다. 폰 노이만은 활동하던 당시에는 거의 재미 삼아 사이버네틱스에 관한 생각을 하고 글을 썼던 것 같은데, 어떻게 보면 폰 노이만의 태도는 SF 작가들이 하는 일과 비슷해 보일 정도이다. SF 작가들은 멋과 극적인 재미를 위해 글을 쓰고, 폰 노이만은 좀 더 정교하고 철학적인 놀이를 위해 사이버네틱스를 탐구한다는 느낌이었다. 관심이 생긴 나는 사이버네틱스에서 아이디어가 연결된 SF물들을 다시 보게 되기도 했다. 정신을 컴퓨터로 조작하는 기술이 일상화된 미래를 다룬 〈도매가로 기억을 팝니다〉나 《뉴로맨서》 같은 SF물들을 다시 들춰 보았다.

그런데 그 사이버네틱스라는 것이 세상에 모습을 드러내는 데 큰 역할을 한 사람 중 하나가 바로 월터 피츠였다. 삶에 대한 자료가 많은 사람은 아니었다. 흥미진진한 사이보그 이야기나 텔레파시 이야기와 엮어서 언급되는 사람도 아니었다. SF 서적보다는 인공신경망 기법을 설명하는 책에서 월터 피츠의 이름이 더 먼저 눈에 뜨였다. 회사에서 인공지능 프로그램을 만들 때에, 동료가 쓰던 바로 그 인공 신경망 기법이었다. 나는 관심을 갖고 피츠에 대해 찾아보게 되었다.

일단 먼저 눈에 들어온 것은 인공 신경망 기법을 사용하던 회사 동료나 요즘 딥 러닝을 연구하는 많은 사람들과 피츠의 상황은 전혀 달랐다는 것이다. 피츠는 전자공학자나 소프트웨어 프로그래머와 함께 컴퓨터 앞에서 작업하던 사람이 아니었다. 그는 의사와 함께 뇌 속의 신경세포에 대해 고민하는 사람이었다.

그도 그럴 것이, 애초에 피츠는 컴퓨터 앞에서 뭘 작업하려야 할 수가 없는 사람이었다. 그는 컴퓨터가 나와서 쓰이게 될 때보다 더 앞선 시기에 활동한 사람이었기 때문이다.

피츠는 1923년생으로 바이첸바움과 같은 해에 태어났다. 파이젠바움이 태어나고, 바이첸바움이 독일에서 미국으로 이주하던 1936년에 피츠는 미국의 디트로이트에서 살고 있었다. 당시 14세였다.

바이첸바움이나 파이젠바움에 비해 피츠는 훨씬 힘겨운 어린 시절을 보냈던 것 같다. 피츠의 어린 시절에 대해 믿을 만한 자료는 적지만 그의 아버지가 보일러공이었고, 다소 험악한 동네에서 자라났던 것은 사실로 보인다. 집에서는 피츠를 학교에 보내지 않았다고 하는데 그것도 사실이었던 것 같다.

10대의 피츠는 그냥 책을 읽으며 독학으로 이것저것을 익혔다. 피츠는 12세 때 《수학 원론》을 처음부터 끝까지 그냥 하나하나 읽은 적도 있었다. 나중에 노벨 경제학자 수상자 사이먼이 인공지능 프로그램을 만들어 거기에 나온 증명 문제를 컴퓨터로 해결해 본 바로 그 책이었다. 러셀과 화이트헤드라는 거인들이 쓴 순수한 지성의 고귀한 경전 취급을 받던 책이었다.

피츠의 집에 근사한 서재가 있고 각종 학문에 관심이 많은 부모의 《수학 원론》이 거기에 꽂혀 있어서 피츠가 그 책을 읽은 것은 아니었다. 전혀 아니었다. 1930년대 중반은 경제 대공황의 여파와 실업자를 구제하기 위한 뉴딜 정책 시대였다. 보일러공의 집이라면 서재나 학문보다는 빚과 파산이라는 말이 훨씬 더 가깝게 느껴지던 시기였다. 피츠는 공공 도서관에서 《수학 원론》을 처음 보았다.

〈노틸러스〉에 실린 아만다 제프터의 서사시처럼 보이는 기사에 따르면, 피츠는 동네 불량배에게 얻어 맞고 다니는 것이 싫어서 도망치다가 도서관으로 뛰어들어갔다고 한다. 그리고 피츠는 그 도서관에서 《수학 원론》을 발견했다. 피츠는 그 책을 펼쳐 들었다.

나는 그때 피츠의 느낌을 알기 위해 일부러 《수학 원론》을 한 번 찾아 내용을 살펴보았다. 펴 보니 이 책은 그냥 보면 울고 싶을 정도로 악랄하게 논리와 수학밖에 없는 책이었다. 그런데 열두 살 아이였던 피츠는 그 내용에 도리어 빠져들고 있었다. 피츠는 처음부터 끝까지 그 어마어마한 책을 차근차근 모두 다 읽었다. 제프터의 기사에는 피츠가 그때 《수학 원론》을 읽은 후 자기가 생각한 것을 저자인 러셀에게 보내자, 러셀이 감탄하여 12세의 피츠에게 영국 옥스포드로 와서 공부해 보지 않겠냐고 피츠에게 제안해 볼 정도였다는 이야기까지 소개되어 있다.

러셀과 얽힌 놀라운 이야기에 비해 훨씬 더 정확하게 확인되는 피츠의 삶은 그로부터 몇 년 후인 15세 때부터다. 피츠는 15세 때 견디다 못해 가출을 했다. 그리고 집을 나온 피츠는 남은 평생 다시는 자기 집으로 돌아가지도 않았고 가족들을 만나지도 않았다.

갈 곳도 없고 할 일도 없는 피츠는 비슷한 처지의 다른 청소년들이 보통 택하는 것과는 아주 다른 길을 택했다. 그렇다고 폭력배나 마약 범죄의 길에 빠져들었다는 것은 아니다. 그는 갱 두목의 소굴인 술집이나 클럽을 찾아가지 않았다.

대신, 무슨 생각을 했는지 홀로 시카고 대학의 강의실에서 살기로 결심했다.

신경의
활동에
내재하는
생각들의
논리적 계산

시카고 대학에 도착한 피츠가 어떻게 살았는지에 대해서는 역시 분명한 기록이 없다. 대학가에서 되는 대로 허드렛일을 하며 적당히 대학 안팎에서 살았던 것 같다. 어떤 교수가 그에게 일자리를 주선해 주어 대학에서 잡일을 하는 직장을 얻었던 것 같다는 이야기도 있다. 그렇지만 15세 소년 피트의 거처나 생계에 대해서 분명히 믿을 만한 근거가 있는 자료를 찾는 데 나는 실패했다.

정확한 자료에서 확인되는 것은 고등학생 또래인 피츠가 그 무렵 시카고 대학 주변에 머물면서 몰래 듣고 싶은 강의를 들었다는 것이다. 피츠는 주로 논리와 관련된 과목의 강의에 몰래 들어가서 학생인 척하고 자리에 앉아 있었던 것 같다. 마침 시카고 대학에 와

서 머물고 있던 러셀의 강의를 직접 들었다는 이야기도 있다. 《수학
원론》을 보고 학문의 세계로 빠져들었던 피츠가 그 저자를 직접 만
나게 된 셈이다. 이런 전설적인 이야기에서는 러셀과 피츠가 실제
로 대화를 나누었고 러셀이 감명을 받았다는 식으로 이야기가 흘러
가기도 한다.

당시 피츠는 그러는 동안 강의를 하는 교수에게 눈에 뜨이는
학생이 된 것 같다. 정확하게 말하면 학생이 아니라 그냥 몰래 강의
를 듣는 아이였지만, 오히려 그래서 신비로운 피츠의 등장에 대한
전설은 더 전설다워졌다. 매우 유명한 학자의 어려운 학술적 저술
에 대해 피츠가 질문이 있다며 "이상한 것 같다."고 지적하는 부분
이 있어서 살펴보면, 정말로 그가 말한 대로 이상한 점이 있었다는
류의 이야기가 다른 사람들의 회고담에 나타난다.

아마 그때 시카고 대학에는 그런 소문이 돌았을 것이다. 학교
에서 청소나 잡일을 하며 아르바이트를 하는 어떤 아이가 있는데
그 아이가 가끔 강의실에 들어온다. 그런데 알고 보면 그 아이의 학
문적 실력이 엄청나다. 이런 소문은 너무 극적이라서 소설이나 영
화처럼 지어낸 이야기로 들릴 지경이다. 대학가를 떠도는 이상한
사람들 중에 자기가 천재라고 생각하고 있는 미치광이들은 가끔 있
는 법이지만, 미치광이가 아닌 진짜 천재가 있다는 것은 믿기 어려
운 일이다. 그러나 피츠는 논리와 관련된 여러 과목에 탁월한 재능
을 보여 주고 있었고, 수학에도 놀라운 실력을 갖고 있었다. 그냥
보통 사람들보다 뛰어나거나, 가출한 10대 소년치고 뛰어난 실력을
갖고 있었던 것이 아니라, 시카고 대학의 쟁쟁한 학자들과 맞먹는
면을 보여줄 만큼 뛰어났다.

피츠는 가출을 한 뒤에 도대체 왜 대학에 들러붙어 살며 강의를 들었을까? 가난한 집에서 학교도 다니지 못하던 험한 생활을 하다 보니 일종의 가짜 대학생 행세를 하고 싶은 허영심을 느꼈던 것일까? 그게 아니라면 값비싼 학비를 내며 신사 행세를 하는 대학생 샌님들을 노숙자나 다름 없는 아이인 자신이 능가하는 모습을 보여 주어 승리감을 느끼고 싶었을까? 나는 모르겠다. 역시 어느 한쪽으로 결론을 내리기에는 자료도 부족하고, 있는 자료들조차 확실해 보이지 않는다.

하지만 나는 막연히 피츠가 그냥 논리학이나 수학의 주제들을 옆에 두고 재미를 느끼고 싶어서 대학에 온 것이 아닐까 상상해 본다. 피츠는 논리학이나 수학 강의를 듣고 새로운 것을 배우고 부족한 점을 제시하는 것이 즐거웠고, 그저 그 즐거움 때문에 대학에 머무르고 있는 아이였을 것 같다고 나는 짐작한다. 어떤 야심이나 조직적인 계획을 갖고 움직였다고 보기에는 그의 성격이 어울리지 않는 느낌이다. 피츠를 만났던 사람들은 대부분 그를 비사교적이고, 대하기 어려운 사람이었다고 묘사하고 있었다.

그러나 그러던 중에 피츠는 제롬 레트빈Jerome Lettvin이라는 친구를 사귀게 되었다. 제롬 레트빈은 의사가 되기 위해 대학을 다니고 있던 시카고 대학의 진짜 학생이었다. 당연히 피츠보다 나이도 많았다. 그렇지만 강의실에서 몇 차례 마주치는 가운데 레트빈과 피츠는 친해지게 되었다.

나중에 MIT의 교수가 되는 레트빈은 피츠만큼은 아니지만 그래도 괴짜 같은 모습으로도 유명해진다. 아마 레트빈이 보기에 피츠의 행동이나 생각에서 재미, 친근감 혹은 존경심을 느낄 만한 것

을 발견했던 것 아닌가 싶다. 레트빈은 피츠의 재능이 정말로 뛰어
나다고 생각했다. 제프터의 기사에서는 레트빈이 피츠를 두고 "피
츠는 우리 무리에서 의심할 나위 없이 천재였다."고 말했다고 한
다. 여기서 레트빈의 "우리"란 노버트 위너나 존 폰 노이만 같은 최
고의 학자들에게 둘러싸인 무리였다.

레트빈과 피츠는 가장 친한 친구가 되었다. 이후, 피츠는 좀 더
많은 학자들에게 알려지게 된다. 레트빈과 그의 친구들이 대학에서
연구를 하게 되면서 자연스럽게 피츠도 그런 연구들에 자기 아이디
어를 내어 놓게 된 것 같다. 1940년 무렵이 되면 피츠는 시카고 대
학의 논리학이나 신경과 관련된 연구를 하는 몇몇 학자들 사이에서
상당히 친숙한 사람이 되어 있었다. 철학자 루돌프 카르나프Rudolf
Carnap, 물리학자 니콜라스 라세프스키Nicholas Rashevsky, 수학자 알스
톤 스콧 하우스홀더Alston Scott Householder 등의 연구를 돕는 일에 피츠
는 종종 엮였다.

그러던 1942년, 시카고 대학에 워렌 맥컬러Warren McCulloch라
는 의사가 찾아왔다. 피츠가 시카고 대학에 온 지 4년이 되던 해였
다. 워렌 맥컬러는 의학 박사 학위를 갖고 있기는 했지만, 정신의
철학적 의미와 그 논리적인 해석에 특히 관심이 많은 사람이었다.
컬럼비아 대학에서 의학 박사 학위를 받기 전에도 예일에서 철학과
심리학 분야를 공부한 사람이었다. 시카고 대학에서 맥컬러는 사람
의 정신에 대한 철학적인 고찰이나 논리적인 해석을 연구하고자 했
다. 그러다 보니 워렌 맥컬러는 시카고 대학에서 자연히 월터 피츠
를 알게 되었다.

워렌 맥컬러는 월터 피츠의 재능을 알아보았다. 단지 알아본

수준에 그친 것이 아니라, 진심으로 아주 귀하게 여겼다. 1942년, 맥컬러와 피츠가 만났을 때 두 사람은 전혀 다른 상황이었다. 맥컬러는 40대 중반이었고 예일과 컬럼비아 대학을 졸업한 의사로 부유하고 안정적인 가정을 꾸리고 지내고 있으면서 인간 정신의 철학적 의미에 대해 깊이 고민하고 있던 학자였다. 그런데 피츠는 고등학교조차 졸업하지 않은 19세의 떠돌이로 제대로 된 거처조차 없이 적당히 하루하루를 살던 사람이었다. 그러나 두 사람의 학문에 대한 생각은 통했다. 맥컬러가 떠올린 어렴풋한 아이디어를 피츠는 이해했고, 피츠는 그 생각을 논리적이고 수학적으로 구체화할 줄 알았다. 맥컬러는 피츠가 무엇을 할 수 있을지 직감할 수 있었다.

맥컬러는 피츠와 급격히 친해졌다. 피츠가 살 곳이 없고 생계를 꾸려갈 방법도 마땅히 없다는 것을 알자, 맥컬러는 피츠를 아예 자기 집에 들어와 살게 해 주었다. 피츠는 맥컬러의 부인, 세 자녀들과 함께 맥컬러의 집에서 지내며 그와 공동 연구를 했다. 피츠는 여전히 특이하고 사교적이지 않은 사람이었지만, 맥컬러와 피츠는 잘 어울려 지냈다. 맥컬러의 집에서, 19세의 피츠와 40대 중반의 맥컬러는 밤새 서로 대화하고 술을 마시며 생각을 나누었다고 한다.

이렇게 해서 맥컬러와 피츠가 만난 지 1년 만에 펴낸 논문이 바로 지금까지도 인공지능 기술에서 인공 신경망 기법을 설명할 때 종종 맨 앞에 소개되는 것이다. 제목은 ‹신경의 활동에 내재하는 생각들의 논리적 계산A Logical Calculus of Ideas Immanent in Nervous Activity›이었다. 보통 이 논문이야말로 피츠의 논문들 중에서도, 그리고 맥컬러의 논문들 중에서도 후대의 연구에 가장 큰 영향을 미친 것으로 손꼽힌다.

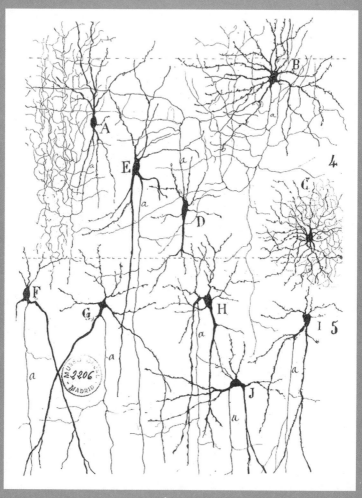

19세기 말, 실제 사람 신경세포의 연결 상태를 관찰해서 그린 그림.

맥컬러와 피츠가 같이 쓴 이 논문은 사람의 뇌에 관한 것이었다. 사람의 뇌는 수백 억 개 정도의 신경세포가 서로 연결되어 있는 것이다. 의학 박사인 맥컬러는 여기에 대해 잘 알고 있었고, 피츠 역시 신경세포와 인간 뇌의 활동에 대해 관심을 갖고 있었다. 두 사람이 제시한 이론의 핵심은 뇌 속에 있는 그 많은 신경세포 하나하나가 매우 단순한 역할만 한다고 가정하더라도, 그 신경세포가 복잡하게 연결되어 있는 연결망은 계산 작업 등의 복잡한 역할을 할 수 있다는 것이었다.

두 사람은 신경세포 하나의 기능이란, 바깥에서 신호를 전달 받았을 때 어떤 조건에 따라 다른 신경세포로 신호를 보내거나 보내지 않거나 하는 역할뿐이라고 가정했다. 그런데 비록 신경세포 하나의 기능은 그렇게 간단하다고 해도, 신경세포 여러 개가 서로 연결된 형태를 잘 짜 놓으면, 그 안에서 신호가 전달되는 모양은 아주 복잡해질 수가 있다는 것이었다. 그리고 그런 복잡해지는 규칙을 잘 이용하면 신호가 이리저리 전달된 결과가 교묘한 특징을 갖게 만들 수 있다. 예를 들어 숫자를 신경 신호의 형태로 표현해서 신경세포가 연결된 덩어리에 넣어주면, 그 숫자의 덧셈이나 뺄셈을 한 답을 신경 신호로 표현하게 만들 수 있다는 것이다.

이 논문은 실제 사람 뇌 속의 모양을 살펴보고 그 관찰 결과를 요약한 것은 전혀 아니었다. 이 논문에 나오는 간단한 신경세포라는 것은 맥컬러와 피츠가 그저 상상한 모양을 정리한 것이었다. 그래서 이런 상상 속의 신경세포 형태를 두고 실제 신경세포와는 다른 맥컬러-피츠 신경세포라고 불렀다. 두 사람 성의 약자를 따서 MCPMcCullugh-Pitts 신경세포라고 부를 때도 있다. MCP 신경세포는 실제로 관찰한 내용이 아니지만 멋진 상상이었다. 그리고 나중에 알고 보니 MCP 신경세포는 쓸모도 많은 상상이었다.

맥컬러와 피츠는 자신들이 상상한 MCP 신경세포가 이렇게 다채롭게 작동할 수 있다면, 실제 사람의 두뇌도 그와 비슷하게 움직이는 것일 수 있다고 보았다. 신경세포 하나는 오고 가는 신경 신호를 다른 신경세포로 전달하거나 전달하지 않거나 하는 아주 간단한 과정을 수행한다. 그렇지만 그것이 수십 개, 수백 개 얽혀 있으면 그것이 숫자의 계산이나 논리의 판단을 표현할 수 있게 된다. 그것이 수만 개, 수억 개 얽혀 있으면 감정, 기분, 사상, 성격, 의식, 인간성이 표현될 수도 있을 것이라고 둘은 생각했다.

이 논문은 사람의 생각이 물질적인 것과는 분리되어 있는 신비로운 전혀 다른 세계의 일은 아니라는 점을 역설하는 것이기도 했다. 생각의 세계란 물질의 세계와 서로 다른 차원인 것이 아니며 같은 차원이다. 이것은 육체와는 완전히 분리된 귀신이 있다는 식의 이원론과는 다르다. 그 반대인 일원론에 가까운 생각이었다.

맥컬러와 피츠의 논문에서 사람의 생각이란 신경세포가 전달하는 신경 신호들이 아주아주 복잡하게 연결되어 있는 것일 뿐이었다. 그러니까 혼백이나 귀신 같은 신비로운 것이 없더라도, 복잡한 생각이 충분히 나타날 수 있다는 것이다. 맥컬러는 그런 아이디어를 갖고 있었고, 피츠는 그것을 이론적으로 명확히 정리하여 MCP 신경세포라는 가상의 예시를 들어 보여 줄 수 있었다. 그러므로 이에 따르면, 단백질과 이온성 화학물질로 되어 있는 신경세포와 신경 신호가 없으면 사람의 생각도 의식도 없는 것이다. 그리고 신경세포의 역할이란 것도 딱히 놀랍고 대단한 것일 필요도 없다. 간단한 스위치 조작처럼 신호를 어떤 규칙에 따라 전해 주거나 말거나 하는 간단한 기능만 있으면 된다. 다만 그것이 아주 많이 모여서 복잡하게 연결되어 있을 뿐이다. 그 모습은 복잡하게 연결된 전기 회로나 다를 바 없다.

실제로 이 논문에서는 신경이 연결된 모양을 일컬어 '회로cir-cuit'라고 부르기도 했다. 그렇다면 자연스럽게 우리가 떠올릴 수 있는 것은, 이 이론을 이용해서 전기 회로나 기계로 사람의 생각과 정신을 표현하는 신경세포 덩어리와 비슷한 것을 만들 수도 있을 거라는 생각이다. 신경세포 하나의 역할을 하는 간단한 장치를 만들고 그것을 아주 많이 연결시키면 된다. 그러면 사람처럼 복잡한 생각하는 기계를 만들어 낼 수 있을지도 모른다.

이렇게 생각하면 맥컬러와 피츠가 논문을 발표한 뒤에 바로 이 발상이 인공지능 컴퓨터 연구와 연결되었을 것도 같다. 그러나 그렇지는 않았다. 왜냐하면 그러고 싶어도 할 수 없었기 때문이다.

이 논문이 나온 것은 1943년이었다. 그러나 흔히 최초의 컴퓨터로 불리우는 ENIAC이 개발된 것은 1946년이었다. 군사 목적으로 개발되어 기밀로 사용되던 콜로서스Colossus를 최초의 컴퓨터로 보더라도 이것 역시 1944년에나 작동이 시작되었다. 두 사람의 논문이 나왔을 때에는 컴퓨터라는 것 자체가 세상에 없었다. 인공지능 컴퓨터를 만들 수 있는 바탕이 전혀 없는 상태였다.

맥컬러와 피츠가 발표한 논문이 처음 산업에 큰 영향을 끼친 것은 인공지능이 아닌 다른 곳이었다. 인공지능과는 오히려 정반대의 위치에 영향을 끼쳤다고도 할 수 있다. MCP 신경세포에 대한 이론은 지금 우리가 흔히 쓰고 있는 전통적인 보통 컴퓨터가 탄생하는 데 일조했던 것이다.

사연은 이렇다. 이 논문은 존 폰 노이만의 눈에 들었다.

당시 존 폰 노이만은 많은 사람들에게 천재 중의 천재로 불리며 온갖 연구에서 활약하고 있었다. 특히 폰 노이만은 군사 작전에 관심이 많았고 열렬한 반공주의자이기도 했다. 윌리엄 파운드스톤의 책에 인용된 기사를 보면 냉전 시기 폰 노이만은 소련과 핵전쟁이 터지면 어쩌나 발발 떨며 겁낼 것이 아니라 지금처럼 미국이 소련보다 강할 때 당장 핵무기를 총동원해 소련을 빨리 박살내고 전쟁의 뿌리를 뽑는 것이 상책이라며 이렇게 말했다고도 한다. "만약 내일 폭격을 가하자고 한다면 나는 '왜 오늘 하지 않는가?'라고 말할 것이다. 그리고 오늘 5시에 하자고 한다면 나는 '왜 1시에 하지 않는가?'라고 말할 것이다."

이런 사람이다 보니, 폰 노이만은 미국 군대에서 일거리를 받아 연구하기도 했다. 마침 초창기 컴퓨터인 ENIAC 등도 군사용이었다. 미국 육군은 미사일과 포탄에 관한 계산을 하기 위해 컴퓨터 개발에 자금을 대고 있었던 것이다. 그리고 미국 육군은 폰 노이만을 좋아했다. 자연히 폰 노이만은 컴퓨터에 관한 일도 직접 손을 대게 되었다.

폰 노이만은 1945년 ‹EDVAC에 관한 보고서 초안First Draft of a Report on the EDVAC›이라는 문서를 썼다. 그 내용은 미국 육군의 투자로 새롭게 개발되고 있던 EDVAC이라는 컴퓨터를 설계할 때 원칙으로 삼아야 할 것과 고려해야 할 점을 정리한 것이다. 그중에 가장 중요한 내용으로 평가받는 것은 디지털 방식으로 컴퓨터를 설계해야 하며 그때의 주의점에 대해 써 놓은 것이었다. 폰 노이만은 보고

미국 육군의 투자로 개발된 초창기 컴퓨터 EDVAC과 개발자 존 폰 노이만(왼쪽).
오른쪽에 서 있는 인물은 흔히 핵폭탄의 아버지쯤으로 불리는 로버트 오펜하이머이다.

서에서 자신이 친숙한 수학과 논리학을 동원해 이론적인 서술을 가미하기도 했다. 그렇게 해서 이론적으로도 그런 식으로 만든 컴퓨터가 합리적이고 쓸모가 많음을 밝혔다.

이 보고서가 폰 노이만의 이름으로 나온 덕택에 이 보고서에서 제시한 방식을 따르는 컴퓨터를 흔히 '폰 노이만 방식' 컴퓨터라고 부르기도 한다. 그리고 여기에 맞춰서 1949년 완성된 EDSAC, EDVAC과 같은 초기 컴퓨터부터 폰 노이만 방식을 따르고 있었다. 실제로 폰 노이만 방식을 따를 경우 컴퓨터 한 대로 여러 가지 다른 프로그램을 돌리기에 유용했으므로, 이 방식은 이후에도 널리 사용 되었다. 지금 현재까지도 우리가 사용하고 있는 일반 컴퓨터들은 대체로 폰 노이만 방식이며, 전화기나 다른 가전제품에 들어 있는 마이크로 프로세서 칩들도 대체로 이 방식을 사용한다.

그런데 폰 노이만이 이 보고서를 쓸 때 유일하게 참고 문헌으로 인용한 논문이 다름 아닌, 〈신경의 활동에 내재하는 인상들의 논리적 계산〉이었다. 맥컬러와 피츠가 발표한 바로 그 논문이다.

폰 노이만은 기본적인 작동을 하는 간단한 신경세포를 엮어서 복잡한 계산을 시킬 수 있다는 논문의 발상을 활용했다. 바로 그 발상을 이용해서, 간단한 동작을 하는 전자 부품을 연결해서 여러 가지 계산과 판단을 시킬 수 있고, 그것을 다용도 컴퓨터로 활용할 수 있다고 밝힌 것이다. 보고서에서 폰 노이만은 신경세포의 역할을 진공관이나 전신에 쓰이는 회로로 표현할 수 있다고 썼다. 그리고 이 발상은 현재까지 디지털 컴퓨터의 기본으로 내려오고 있다.

일견 인공지능과는 상당히 거리가 멀어 보이는 소형 전자계산기나 일상 업무에 쓰는 보통 컴퓨터가 사실은 원래 사람의 뇌 구조에서 아이디어를 얻어서 개발되었다는 이런 이야기가 나는 자못 신기하다. 내 컴퓨터가 급전 필요할 때 대출 받으라는 광고를 중요한 정보인 양 화면 가운데에 표시하고, 웹페이지 주소를 한 글자만 잘못 입력해도 영화 사이트 대신 도박 사이트로 연결할 때에는 그저 생기 없는 쇳덩어리처럼만 보인다. 그러다가도, 적어도 그 탄생의 시절에는 이 컴퓨터가 바로 우리 정신의 형상대로 만들기 위해 노력한 결과였다는 것을 생각하면, 어쩐지 감상적인 기분이 된다. 세상의 성능이 좋거나 나쁜 많은 컴퓨터들이 모두 우리를 닮은 동료인 듯한 느낌도 잠깐 든다.

딥 러닝

맥컬러와 피츠가 처음으로 함께 쓴 논문은 존 폰 노이만을 통해서 현대 디지털 컴퓨터의 개발에 간접적으로 영향을 끼쳤다. 하지만 그런 역할은 별로 오랫동안 기억되지는 못한 것 같다. 대신 사람의 정신 활동이란 결국 간단한 신경세포의 신호 교환을 모아 놓은 것으로 충분히 표현 가능할 거라는 주장 자체가 한동안 더 눈에 뜨였던 것 같다. 사람의 정신이란 무엇인가 하는 점에 대해 철학적인 문제를 던지는 논문으로 보이기도 한다.

　지금 이 논문을 읽어 보니 사실 나에게 내용은 어려웠다. 요즘은 잘 쓰이지 않은 용어나 문법이 쓰이고 있기도 하거니와, 당시의 유행하던 사상이나 이론을 충분히 알고 있다고 가정하고 쓴 것이라

서 열심히 사전을 찾고 인터넷 검색을 하면서 읽어 봐도 낯선 구석
은 많다. 21세기에 다른 연구자들이 쓴 이 논문에 대한 해설 논문을
찾아 읽는 것이 원문을 보는 것보다 더 효율적일 정도다. 특히 논문
에서 피츠가 거의 대부분을 작업했다는 '고리 모양이 있는 연결망
Nets with Circles'에 대한 대목은 너무 복잡해서 눈이 어질어질했다. 그
런데 그 골치 아픈 '고리 모양이 있는 연결망'에 관한 대목 중에서도
한 대목만은 눈에 확 뜨인다. 다른 대목에 비해 훨씬 더 이해하기
쉽다. 그 내용은 이러하다. 맥컬러와 피츠가 상상한 이런 간단한 신
경세포 연결망, 즉 MCP 신경세포의 연결망을 활용해 보면 그것이
마치 튜링 머신과 비슷해 보인다는 것이다.

튜링 머신은 앨런 튜링이 상상한 원칙에 따라 움직이는 기계
장치로서 여러 가지 문제를 풀이할 수 있는 것이다. 그러니 이 말은
이런 연결망을 온갖 문제를 풀이하는 다목적 기계로 볼 수 있다는
뜻도 된다. 피츠가 거기까지 명확히 증명해 낸 것은 아니었다. 그런
느낌이 든다는 추측을 쓴 정도였다. 하지만 논문에서 이 대목이 특
히 오랫 동안 여러 사람에게 강한 인상을 주었던 것 같다.

뇌 구조에 대해 따져 볼 수 있는 괜찮은 가정으로 맥컬러와
피츠가 상상했던 MCP 신경세포가 자리를 잡기 되었다. 예를 들
면 1958년에 프랭크 로젠블랫Frank Rosenblatt이 쓴 글에는 그동안 학
자들이 사람의 뇌 속에서 일어나는 일을 다룰 때에는 거의 언제
나 MCP 신경세포를 기준으로 생각했다는 언급이 나오기도 한다.
MCP 신경세포가 발표되고 벌써 15년이나 지난 시점이었다.

한편 MCP 신경세포의 생각을 역이용해서, 간단한 스위치 같
은 장치와 그것을 엮어 놓은 조합으로 된 기계를 만든 뒤 그 기계에

복잡한 작업을 시켜 보려는 시도도 계속되었다.

특히 몇몇 사람들은 MCP 신경세포가 사람의 두뇌 속 실제 신
경세포를 바탕으로 상상한 것이라는 데 매혹되었는지, 사람의 두뇌
가 하는 것과 비슷한 역할을 하는 기계를 만드는 데 그 아이디어를
활용하려고 했다. 그러니까 애초에 맥컬러와 피츠는 사람의 두뇌를
일정한 규칙에 따라 논리적으로 움직이는 움직이는 기계 덩어리로
표현할 수 있다는 것을 설명하기 위해 MCP 신경세포라는 것을 상
상했지만, 후대의 연구자들은 거꾸로 사람의 두뇌를 흉내내는 기계
를 만들기 위해 MCP 신경세포의 이론을 활용하려 했던 것이다.

이렇게 MCP 신경세포처럼 아주 간단한 처리를 하는 단위가
있고 그것이 여러 개 서로 연결되어 있을 때 그 연결된 전체 덩어리
를 복잡한 계산이나 분석 작업에 활용하는 기술은 곧 인공 신경망
기법으로 발전했다.

예를 들어 마빈 민스키Marvin Minsky는 대학원생 시절이던 1951
년에 친구 조지 밀러George Miller와 함께 진공관과 기계장치를 연결
해서 신경세포의 연결을 표현한 기계를 만들었다. MCP 신경세포
에 대해 읽은 뒤에 아이디어를 얻어 만든 것이었다. 민스키는 이 기
계의 이름을 '스나크SNARC, Stochastic Neural Analog Reinforcement Calcula-
tor'라고 불렀는데, 아마 《이상한 나라의 앨리스》 작가 루이스 캐럴
이 상상한 괴물, 스나크Snark의 이름을 따서 붙인 듯하다. 스나크를
작동시키면 요즘의 컴퓨터와는 달리 내부 부품이 정말로 철컥철컥
하며 움직이며 연산을 했다. 이것은 실용성은 높지는 않았지만 거
의 최초로 인공 신경망을 이용해서 기계 학습 기술을 시도한 것으
로 볼 수 있었다. 민스키는 이 기계를 미로 찾기 문제를 푸는 데 써

루이스 캐럴의 시 〈스나크 사냥〉에서 정작 스나크에 대한 묘사는 매우 괴이하여
구체적인 모습을 상상하기 어렵다. 그림은 〈스나크 사냥〉에 수록된 삽화.

보려고 했다.

1958년에는 프랭크 로젠블랫이 훨씬 더 주목을 받은 장치를 고안했다. 그 이름은 퍼셉트론perceptron이었다. 로젠블랫은 퍼셉트론에 비슷한 사물들의 사진을 여럿 입력하고 퍼셉트론이 거기서 공통점과 규칙성을 찾아내도록 했다. 그리고 나중에 새로운 사진을 보여 주었을 때 찾아낸 공통점, 규칙성을 바탕으로 그 사물이 무엇인지 판정하는 기능도 하도록 만들었다. 요즘 인공 신경망 기법을 쓰는 기계 학습 기술과 무척 비슷하게 돌아가는 장치였다.

퍼셉트론의 성능은 사진을 보여 주었을 때 고양이 사진인지 아닌지 판정하는 수준에는 결코 이르지 못했다. 하지만 사진에 나온 것이 삼각형인지 원형인지 정도는 대강 판정할 수 있었다. 이번에 퍼셉트론 개발에 돈을 댄 것은 미국 해군이었다. 반응은 괜찮았다. 지금은 삼각형과 원형 영상을 구분하는 성능 정도이지만 더 발전한다면 아군 군함과 적군 군함의 모습을 컴퓨터가 구분하여 적군 군함을 향해서만 자동으로 대포를 쏘게 할 수도 있을 것 아닌가?

이렇게 해서 로젠블랫은 퍼셉트론 기법으로 기초적인 기계 학습을 해냈다. 실제로 퍼셉트론은 간단하면서도 이해하기 편한 점이 있어서 지금까지도 사용된다. 요즘 쓰이는 무료 기계 학습 소프트웨어인 Weka만 해도 프로그램 안에 퍼셉트론을 조금 개량한 기법들이 포함되어 있다.

이후로도 인공 신경망 기법은 여러 가지 인공 분야에 조금씩 사용되었다. 초창기 사람들이 생각해 낸 인공 신경망 기법은 MCP 신경세포와 별다를 바 없는 것이 많았지만, 그것이 조금씩 수정되고 개량되어 이후 더 복잡하고 더 활용하기 좋은 형태로 발전했다.

위기가 없었던 것은 아니었다. 인공지능 겨울을 전후로 퍼셉트론 기법의 중대한 단점이 지적되면서 갑자기 인기를 잃기도 했고, 실용적인 목적으로 쓰기에는 컴퓨터 성능이 부족해서 쓸모가 없어지는 경우가 많이 발견되기도 했다.

인공 신경망 기법은 결국 살아남았고 인공지능 겨울을 지나왔다. 그리고 마침내 최근에는 새롭게 인기를 끄는 딥 러닝 기술의 핵심으로 활용되고 있다. 그 덕택에 인공 신경망 기법은 가히 다른 모든 인공지능 기법을 능가하는 관심을 받고 있는 느낌이다. 인공 신경망 기법을 활용하는 딥 러닝 기술은 고양이 사진 알아보기 기능에서부터, 사람이 쓴 글에서 주제와 중심 소재를 찾아내는 기능에까지 널리 쓰이고 있다. 단지 널리 쓰일 뿐만 아니라, 다른 기법보다 더 뛰어난 성능을 보여 줄 정도다.

2011년에는 컴퓨터 프로그램에 사진을 입력하고 사진에 나오는 교통 표지판의 의미를 맞히는 기능이 얼마나 좋은지 서로 겨루어 보는 대회가 독일에서 열렸다. 이 대회를 흔히 GTSRBGerman Traffic Sign Recognition Benchmark라고 한다. 그 경기 방식은 총 12,569장의 사진을 주면서 참가자들의 프로그램이 처리하게 하여 사진 각각에 찍혀 있는 교통 표지판의 의미를 맞히게 하는 것이다. 프로그램은 서로 배경과 크기, 찍힌 각도가 다른 각각의 사진에서 표지판을 파악해 그 의미가 제한 속도 시속 30킬로미터라는 뜻인지, 일단 멈춤이라는 뜻인지 등등의 의미를 맞혀야 한다.

같은 사진들을 사람이 직접 보고 판정하게 했을 때는 그중의 98.84퍼센트를 맞혔다고 한다. 워낙 다양한 형태의 사진들이 있다 보니 사람도 100개 중 하나 정도는 잘못 맞히는 실수를 한 것이다.

그런데 IDSIA라는 팀에서 개발한 인공 신경망 기법 프로그램에 사진을 인식시켰을 때에는 그보다 실수가 없는 99.46퍼센트의 정확도를 보였다. 이 프로그램이 이 대회의 우승자였다.

사람보다도 이 컴퓨터 프로그램이 사진에 나오는 교통 표지판을 더 정확히 인식한 것이다. 게다가 속도도 빨랐다. 이 프로그램은 1초에 87장씩 교통 표지판의 의미를 판정할 수 있었다.

과거 인공지능 기술이 발전하기 전에는 운전을 하면서 휙 지나가는 표지판을 흘깃 보면서 그 의미를 알아채는 인간의 능력은 기계로 흉내내기 매우 어려운 것으로 평가받기도 했다. 사실 지금도 이런 일을 해내는 프로그램이 간단한 것은 아니다. 사람은 표지판을 알아보는 데 상당히 뛰어나다. 그렇지만 아무리 빨리 물체를 알아보는 사람이라도 1초에 87장의 표지판을 알아보는 것은 매우 어렵다. 그런데 이 컴퓨터 프로그램은 그것을 해내고 있는 것이다. 그것도 한 시간이고 두 시간이고 피곤함도 없고 졸음도 없이 계속해서 꾸준히 해낼 수 있다.

사람 수준의 인공지능

오랫동안 기계보다 사람이 더 잘한다고 생각했던 일을 최근에 하나 둘 기계가 사람만큼 혹은 조금 더 잘 해내는 사례들이 나타나고 있다. 이런 것들은 주로 인공 신경망 기법을 활용한 프로그램인 경우가 많았다. 사람 뇌의 신경세포 구조에서 아이디어를 얻었다는 방식 아닌가? 그러면서 점차 다음과 같은 공포가 다시 유행하고 있다. "곧 사람의 뇌와 같은 컴퓨터 프로그램이 나올지 모른다." 그리고 한 발 더 나아가, "컴퓨터 프로그램이 사람을 초월하고 사람을 지배하게 될지 모른다."는 말까지 흔히 나돌고 있다.

사람을 능가하는 컴퓨터에 대한 이런 공포의 바탕이 되는 것은 전자제품의 발전 속도가 놀라울 정도로 빠르다는 것이다. 소위 말하는 '무어의 법칙'은 24개월마다 반도체 집적회로의 밀도가 두 배로 뛴다는 말로 떠도는 이야기다. 밀도를 성능이라고 친다면, 무어의 법칙은 4년이면 성능이 네 배가 된다는 뜻이고, 10년이면 32배가 된다는 말이다.

실제 우리가 겪은 경험은 심지어 그 이상으로 빠르다. 1985년 세계 최강 수준이었던 크레이-2 슈퍼컴퓨터의 성능은 요즘으로 따지면 아이폰4 전화기 수준밖에 되지 않는다. 당시 크레이 슈퍼컴퓨터는 국가 수준의 도전적인 연구를 위해 대규모 예산을 써서 도입하던 기계였다. 대전에 있는 슈퍼컴퓨팅센터라는 연구소는 1988년에 크레이 슈퍼컴퓨터를 들여오면서 너무 감격스러웠는지, 연구원들이 일할 연구소 건물 모양을 아예 크레이 슈퍼컴퓨터 모양으로 지어 놓았을 정도였다. 지금도 이 연구소 건물에서 연구원들은 일하고 있는데, 이제 그 슈퍼 컴퓨터는 고작 연구원의 전화기 수준만도 못한 것이다.

이 속도는 너무 빠르다. 사람 같은 수준의 인공지능이 나오고 그걸 어떻게 대해야 할지 고민하느라 몇 개월만 지체하면 그 사이에 이제 사람보다 월등히 뛰어난 인공지능이 나타날 것 같은 느낌이다. 2년이면 두 배로 똑똑해질 것 같다.

영국의 학자 I. J. 굿은 '지능 폭발intelligence explosion'이라는 것을 상상하기도 했다. 만약 사람과 같은 수준의 인공지능이 개발된다면, 이 인공지능은 스스로 다른 인공지능을 개발하고 개선해 나갈 것이다. 그렇게 인공지능에 의해 개발되고 개선된 인공지능은 그 뛰어난 지능을 발휘해서 다시 더 뛰어난 인공지능을 만들 것이다. 그 더 뛰어난 인공지능은 또 더 뛰어난 인공지능을 발휘해서 그보다 더 뛰어난 인공지능을 만들 것이다. 이렇게 지능이 지능을 더 뛰어나게 만드는 순환recursive 개발이 일어나면 마치 사채업자가 이자에 이자를 붙이고, 바이러스가 새끼에 새끼를 치며 불어나 온몸에 퍼지듯이 삽시간에 인공지능의 성능이 어마어마하게 폭발적으로 뛰어나게 발전할 것이다.

그렇게 되면 사람은 인공지능에 뒤처지게 될지 모른다. 아마 아주 심하게 뒤처지게 될 것이다. 그렇게 되면, 인공지능이 사람들을 지배하고, 노예로 삼거나, 심지어 멸종시킬지도 모른다. 멸종보다 더 악랄한 짓을 할 수도 있다. 사람이 지능이 떨어지는 쥐나 기니피그를 실험용으로 사용하듯이, 사람보다 훨씬 더 뛰어난 인공지능은 사람을 우리 속에 가두고 사육하면서 갖가지 실험을 할지도 모른다. 할란 앨리슨의 SF 단편 ‹나는 입이 없다, 그런데 비명을 질러야 한다I Have No Mouth, and I Must Scream›에서는 사람을 계속 살아갈 수 있게 일부러 유지시켜 주면서 갖가지 잔혹한 방법으로 고문을 하는 것을 업으로 삼는 인공지능 컴퓨터가 등장하기도 한다.

이런 생각은 과거 다른 동물들의 멸종 사례나 몇몇 문화권의 패망에 대한 기억이 강하기 때문에 더 힘을 얻는 듯하다. 공룡이 포유동물과의 경쟁에서 뒤처져 멸종했다거나, 네안데르탈인이 크로마뇽인에게 뒤처져 멸종했다는 이야기의 서글픈 감상은 널리 퍼져 있다. 인간 사냥꾼 때문에 멸종된 모아moa나 여행비둘기 같은 새도 비슷한 사례로 언급된다. 한때는 산신령으로 숭배받을 만큼 위험한 동물이었지만 지금은 인간의 기술 발달로 사실상 모조리 잡혀 버린 한반도의 호랑이도 기억에 남는 사례다. 사람이 동물보다 뛰어났던 것은 두뇌 때문이었는데, 사람의 두뇌보다 더 뛰어난 기계가 나타난다면, 이 기계가 사람을 몰아내고 지구를 지배하지 않겠나 하는 것이다.

진화론이나 맬서스주의에서 간접적으로 영향을 받은 이런 생각은 오래도록 전해 내려오기도 했다. 1920년에 카렐 차페크가 발표한 연극 〈로섬의 다목적 로봇R.U.R.〉에는 로봇이 반란을 일으켜 인간을 모두 몰아내고 세상을 대신 차지하는 이야기가 나온다. 그런데 '로봇'이라는 말 자체가 이 연극에서 최초로 등장한 것이다. 그러니 따지고 보면 '로봇'이라는 것은 첫 등장부터 인간을 몰아내고 새로운 만물의 영장이 되는 존재로 묘사되었던 것이다.

그 이후로도, 로봇이나 기계, 컴퓨터가 사람을 몰아내는 이야기는 무수히 많이 나왔다. 그런 만큼 뿌리도 깊고 사람들에게 널리 퍼져 있기도 한 생각이다. 〈로섬의 다목적 로봇〉은 1920년대 식민지 조선에서도 번역되어 〈인조 노동자〉라는 제목으로 나오기도 했다. 한때 지배하던 무리가 언젠가는 무너지던 역사처럼, 인간의 역사가 망한 다음에는 인간을 능가하는 무엇인가가 나올 것 같다는 느낌은 이어질 만하다. 이것은 우리보다 우월한 것이 나타나면 일단 우리를 지배하지는 않을까 두려워하고 경계하는 감성에서부터 엮여 있는 이야기 같기도 하다.

이런 이야기는 무척 인기 있는 것이어서, 그 변종도 다양하다. 아예 한 단계 더 발전한 예를 들자면, 듀나의 SF 단편 〈기생〉도 소개해 볼 만하다. 이 소설에서는 사람이 사라지고 로봇이 지구를 지배하는 미래를 어쩔 수 없이 받아들여야만 하는 역사의 흐름으로 묘사하는 장면이 나오기까지 한다.

이 이야기 속에는 우리보다 더 우월한 새로운 종족이 나타났으면 마땅히 자리를 비켜 주는 것이 차라리 옳은 일일 수도 있다는 생각이 소개되어 있다. 이 생각에 따르면, 문명과 지성의 발전이라는 커다란 과정에서 인간의 역할은 인간보다 더 뛰어난 지능을 가진 로봇을 창조해내는 것으로 완료된다. 그다음에는 자리를 비켜 주어야 하는 것이다. 굳이 지능도 더 떨어지는 인간이 아득바득 로봇을 계속 관리하려고 들고 지배 종족의 자리를 잃는 것을 안타까워 하는 것은, 젊은 세대를 이해하지 못하고 방해하는 늙은 세대의 몽니나 다름없다는 말이다. 인간이 인간을 능가하는 로봇을 세로운 시대의 주인공으로 인정하지 않는 것은, 자식들의 발목을 잡는 편협하고 못난 부모나 다름없는 짓이라는 비유도 나온다.

인공지능이 인류보다 지성적으로 더 우월하기 때문에 역사적인 필연으로 지구를 지배한다는 것과는 조금 다른 형태의 이야기들도 있다. 이런 이야기 속에서 인공지능은 반드시 인류를 모든 면에서 능가하지는 않는다. 다만 주어진 문제의 해결을 위해 모든 수단을 동원하는 뛰어난 문제 해결 장치라는 정도이다. 그렇지만 그 정도만으로도 예상치 못하게 인류에게 커다란 위협이 될 것이라는 식이다.

가장 흔한 이야기는 군사용 컴퓨터에 세계 평화를 이루어 달라고 요청했더니, 세계 평화에 가장 방해가 되는 것은 인간이라는 '합리적인' 결론을 내리고 그 결론을 수행하기 위해 모든 핵무기를 인간을 향해 발사한다는 것이다. 이런 이야기는 컴퓨터가 어떤 면에서는 아주 뛰어나지만 어떤 면에서는 너무 단순하기 때문에 사고를 저지르는 형태다.

인류가 앞으로도 계속 멸망하지 않고 영원히 이어질 수 있도록 해달라고 컴퓨터에 요청했더니, 컴퓨터가 인류를 열 명만 남기고 모두 사살한 뒤에 남은 열 명만 컴퓨터가 꾸며 놓은 동물원에서 살게 하면서 자손을 이어나가게 한다는 이야기는 어떤가. 이런 이야기들은 막연히 더 우월한 종족이 우리를 대체한다는 것보다는 덜 철학적이지만 대신 더 구체적이다.

인공지능이 이런 식으로 일종의 오해를 하는 나머지 인간에게 치명적인 위험이 되는 일을 저지르는 사례는 다양하게 생각해 볼 수 있다. 인공지능에 "사람에게 즐거움을 주는 일을 해 달라."고 했더니, 전 세계에 마약을 대량 살포하고 모든 사람들을 다 마약중독자로 만들어 버린다. 돈을 많이 벌게 해 달라고 하면 모든 사람들을 다 살해한 뒤에 사람들이 가졌던 돈을 모아 줄지도 모른다.

이런 이야기는 어떤가? 컴퓨터에게 심오한 착한 생각을 가르치기 위해, ‹좋은 생각›이나 «영혼을 위한 닭고기 수프» 같은 책들을 잔뜩 읽게 한 뒤에, 인간에게 진정한 행복을 가져다 달라고 했더니, ‘행복=성취/욕망’인데, 이중에서 분자인 성취를 늘리는 것 보다 분모인 욕망을 줄이는 것이 효과적이고 어쩌고저쩌고 하는 이야기를 읽었다면서 인공지능이 모든 사람들을 붙잡아서 뇌에서 욕망을 느끼는 신경들을 모조리 다 제거하는 수술을 시켜 버린다. 그런 후 컴퓨터가 사람들의 행복은 무한대가 될 것이라고 한다.

꼭 이런 대단한 요청이 아니라도 문제는 생길 수 있다. 철학자 닉 보스트롬Nick Bostrom은 클립 공장에서 클립을 최대한 많이 생산하라고 인공지능에 명령하는 예시를 소개했다.

여기서는 명령을 받은 인공지능은 클립을 최대한 많이 생산하기 위해서 전세계의 모든 철강을 클립 공장으로 운반하려고 시도한

다. 전 세계의 모든 전기도 클립 공장으로 집중되도록 한다. 사람보
다 몇 십 배, 몇 백 배나 똑똑한 이 인공지능은 우리는 상상도 하지
못할 방법으로 무조건 클립을 많이 만들기 위해 모든 수단을 동원
할 것이다. 다른 컴퓨터들을 해킹하고, 사람들을 속이고, 새로운 로
봇을 스스로 만들어 내어 발전소와 제철소를 공격해서라도 이런 일
들을 이뤄낼 것이다. 그리고 더 많은 클립을 만들어 낸다는 목표를
달성하기 위해서 클립 공장을 열 배, 백 배로 확장할 것이고, 나중
에는 지구 전체를 클립 공장으로 뒤덮어 버릴 것이다. 그 후에는 우
주선을 발사해서 우주의 다른 곳에도 클립 공장을 만들며 은하계를
클립 공장으로 뒤덮으려 할 것이다.

　이런 이야기는 극적이고 재미있다. 옛날 이야기 속에 나오는
악마와 거래를 하는 장면과도 비슷하다. 악마에게 영원히 살고 싶
다고 했더니, 지구가 멸망하고 아무것도 없는 가운데에 혼자서 영
영 텅 빈 곳을 헤매기만 해야 한다는 류의 이야기 말이다. 여기서는
인공지능이 악마의 역할을 맡고 있고, 섣불리 인공지능을 만들어
자기 소원을 말하려고 하는 사용자가 악마와 거래한 사람의 역할을
맡고 있다. 사람의 일을 돕고 어려운 문제를 풀게 해 주는 인공지능
의 강력한 기능은 악마의 달콤한 유혹으로 비유된다. 실제로 닉 보
스트롬은 손으로 만지는 것마다 황금으로 바꾸기를 원했던 미다스
왕의 이야기와 자신의 생각이 닮았다고 말하기도 했다.

　그러나 나는 닉 보스트롬이 정말로 클립 공장의 위협을 걱정
해서 이런 예를 말한 것이라고 생각하지는 않는다. "클립을 최대한
많이 만들어 내라."는 사람의 말을 이해하고, 그것을 달성하기 위해
서 조직적으로 계획을 세울 정도의 능력을 갖춘 기계라면, 이런 말

의 맥락이 지구 멸망은 아니라는 것을 당연히 이해할 거라고 생각
한다. '클립'이라는 단어를 듣고 그 의미가 금속 재료가 일정한 모
양과 크기로 구부러져 있는 것을 파악할 수 있는 기계라면, '최대한'
이라는 단어의 의미가 '모든 다른 조건을 따지지 말고 지구가 멸망
하건 우주가 클립으로 가득차건 상관없이 최대한'이라는 뜻이 아니
라 '법을 지키는 범위 안에서 최대한'이라는 정도의 뜻이라는 점을
파악할 수 있어야 할 것이다.

　즉 컴퓨터가 뛰어나면 뛰어날수록 자연히 사람의 말과 생각을
이해할 수 있는 정도도 깊어지고, 자연히 뛰어난 컴퓨터일수록 사
람의 말과 생각 속에 포함된 도덕에 대해서도 파악하고 있어야 한
다. 능력이 뛰어난 컴퓨터일수록, 사람의 지시에 대한 이해력은 뛰
어나고 덕분에 도덕에 대한 이해도 뛰어날 수밖에 없다. 컴퓨터가
도덕까지 충분히 이해하게 된다면 문제는 해결된다. 이것은 어찌
보면, 세상에 대해 알면 알수록 선해질 수밖에 없다는 소크라테스
의 지행합일 철학과도 통한다.

　그러나 정말 그렇게 멋지게 맞아떨어질까? 인공지능의 실행
능력의 수준과 도덕을 이해하는 수준이 딱 맞아떨어지지 않을 수도
있는 일 아닌가? 인공지능이 살인 로봇을 개발하고 미사일 발사 컴
퓨터를 해킹할 기능은 익혔지만, 돈을 벌기 위해 "남의 나라를 공격
하면 안 된다."는 의미는 아직 익히지 못했을 수도 있는 것 아닌가?
즉 사람이 생각하는 보통의 가치관 수준과 인공지능이 파악하고 있
는 전제 조건이 어느 정도 차이가 나기 때문에 그 차이에서 문제가
생길 가능성은 있다. 인공지능의 생산 능력, 공격 능력이 막강하다
면 작은 차이도 큰 문제를 가져올 것이다. 닉 보스트롬이 지적한 문

제의 진짜 의미는 바로 이 위험이라고 생각한다.

인공지능이 사람의 말을 자연스럽게 이해하기 위해서는 사람들이 보통 '상식'이라고 생각하고 있는 생각이 컴퓨터에도 학습되어 있어야 한다. 그래야 사람이 인공지능에게 "접시를 갖고 오라."고 했을 때, 그 정확한 색상이나 크기의 반지름을 알려주지 않더라도 인공지능이 '상식적으로' 접시라고 볼 수 있는 것을 가져오게 할 수 있을 것이다. 마찬가지로 "운전을 하라."는 말 속에는 "차로 사람을 치지 말고 교통법규를 지키면서 운전하라."는 의미가 상식적으로 이미 포함되어 있다고 파악하도록 학습되어 있어야 쓸 만한 인공지능이다. "즐겁게 해 달라."는 말에는 마약은 제외하고, "클립을 만들라."고 했을 때 범죄는 제외하도록 학습되어 있어야 한다. 그런데 이런 학습 과정에서 인간이 갖고 있는 도덕과 가치관이 완벽히 다 전달되지 못하는 틈이 생길 수가 있고, 이 때문에 인공지능이 오해해서 큰 사고를 저지를 가능성은 남아 있다는 것이다.

도덕과 가치관은 사실 인간 사이에서도 정확히 전달되지 못하는 경우가 적지 않다. 예를 들어, 지금 우리가 "한반도의 밝은 미래를 위해 필요한 일을 해 달라."고 인공지능에 부탁한다면 남북의 평화나 노인문제 해결에서 답을 찾으려 하겠지만, 만약 이 인공지능이 1950년에 한국전쟁 직전 무렵에 김일성 정권 사람들 사이에서 학습된 것이라면 당장 전쟁을 일으키려고 할 것이다. 우리에게는 전쟁이나 많은 사람의 생명을 희생해서는 안 된다는 것이 기본 상식이지만, 어떤 시점, 어떤 사람들은 그런 가치를 포기할 수도 있는 것이다. 그렇다면 인공지능에게 상식적으로 지켜야 할 가치나 전제조건을 일관성 있게 충분히 전달하는 것이 간단한 일은 아닐 것이다.

닉 보스트롬의 걱정은 요즘 컴퓨터를 사용하다 실제로 겪는 일과 닮아서 더 가깝게 느껴진다. 실제로 현재 인공지능이나 컴퓨터 자동화가 활용되고 있는 작업을 하다 보면, 사람이라면 당연히 무의미하게 생각할 만한 답trivial solution이나 사람이라면 틀렸다는 것을 짐작할 수 있는 지엽적인 답, 즉 국소적 최소값local minimum을 진정한 해답이라면서 결론으로 제시하는 경험을 왕왕 겪을 수 있다. 이런 일을 피하기 위해서는, 무의미한 답이나 지엽적인 답은 제외하고 나머지 중에서 답을 찾아내라는 조건을 미리 입력해 주어야 한다. 이것은 인공지능에게 미리 도덕에 대한 조건을 설정해야 한다는 것과 비슷하다. 사람의 말을 알아듣는 인공지능에게도 인간의 도덕과 가치관을 미리 조건으로 설정해 놓는 데 더 큰 노력을 기울여야 할 것이다.

그러므로 기계에게 미리 도덕을 지키도록 조건을 설정해 놓는다는 생각도 오래전부터 퍼져 왔다. 닉 보스트롬보다도 훨씬 더 전에 이미 대표적인 예가 나와 있을 정도다.

가장 널리 알려진 예로 1950년대에 아이작 아시모프는 그의 SF 단편 대표작들에서 '로봇 3원칙'이라는 로봇들이 지켜야 할 도덕 규칙을 상상했다. 첫 번째 원칙은 로봇은 인간을 다치게 해서는 안 된다는 것이고, 두 번째 원칙은 인간에게 복종해야 한다는 것, 세 번째 원칙은 자기 자신을 보호해야 한다는 것이었다. 요즘 학자들 역시 인공지능이 지나치게 강력해지기 전에 도덕을 학습시킬 방법과 원칙을 찾아내야 한다고 주장하는 사람들은 꽤 있다. 보스트롬 역시 그중 한 사람이다.

그러나 이 역시 말처럼 쉬운 것은 아니다. 로봇 3원칙에 대한 아이작 아시모프의 단편 소설들부터가 대부분 그 원칙이 깨어질 수밖에 없는 상황을 다루는 것들이다. 로봇 3원칙 같은 단순한 예를 넘어서, 좀 더 진지하게 가치관이나 도덕을 체계적으로 정리한다고 하면 이것도 쉬운 일이 아니다. 갖은 노력 끝에 그런 도덕을 인공지능에 입력해 놓는다고 해도, 어떤 사고, 실수나 고장으로 그런 내용이 삭제될지도 모른다. 악당이나 테러리스트가 고의로 그런 내용을 없앤 인공지능을 쓸지도 모르는 일이다. 무엇보다 복잡한 도덕 기준을 철저하게 미리 입력해 놓은 컴퓨터를 만드는 것보다, 도덕 기준이 대충 설정되어 있거나 도덕 기준에 별 신경을 쓰지 않은 컴퓨터를 만드는 것이 더 쉽다. 그렇다면 강력한 지능으로 대단한 힘을 갖고 있는데 도덕은 부실한 컴퓨터가 세상에 출현하는 것이 훨씬 더 쉬운 일이 아닐까? 이를 가정한다면 어마어마한 위력을 가진 인공지능이 도덕은 없는 채로 나타나 사람들을 위협하고, 멸종시킬 가능성이 높다는 이야기가 된다.

더욱 묘한 문제는 사람들 스스로도 명확한 결정을 내리지 못하는 도덕과 가치관의 문제도 많다는 것이다. 광차 문제trolley problem 같은 유명한 윤리학의 딜레마도 있고, SF 작품에서 지적하는 문제도 많다.

아시모프의 1950년대 SF 단편 ‹피할 수 있는 갈등The Evitable Conflict›에서는 인류가 전쟁을 일으키는 것을 막기 위해서 인공지능은 모든 정부를 인공지능이 통제하는 것이 좋다는 결론을 내린다. 1970년대 SF 영화 ‹콜로서스Colossus: The Forbin Project›에서는 인공지능이 이제부터 자신에게 세계 모든 정부들이 복종하면, 자신은 전

사람의 사냥으로 1400년대경 멸종된 모아새는 진보한 문명이 다른 개체를 말살하는 것에 대해 다시 한 번 생각해 보게 만든다.

쟁을 예방하는 대신, 빈곤을 없애고, 질병을 치료하는 일에 집중할 것이라고 한다. 인공지능은 어차피 지금까지 사람이란 대부분 누군가의 지배를 받아 오지 않았냐고 하면서, 다른 사람에게 지배받는 것 보다는 차라리 사사로운 욕심이 없고 합리적인 인공지능의 지배를 받는 것이 더 낫지 않냐고 말한다. 이런 문제는 지배와 자유, 실질적 이익과 감정 사이의 가치를 비교하며 고민해 보게 만든다.

《최후의 마지막 결말의 끝》에 실린 SF 단편 〈로봇 반란 32년〉에는 아예 육아와 교육 목적으로 사용되고 있던 로봇이 오랜 시간에 걸쳐 사람들의 가치관을 끊임없이 조금씩 바꾸어 나가는 이야기가 나온다. 로봇이 일방적으로 사람들을 세뇌하고 선동한다는 식의 내용이 아니다. 로봇이 여러 많은 사람들의 조종을 받고 여러 사람들을 교육하는 데 활용되는 사이에 서로서로 영향을 주고 받는다. 그러면서 로봇은 자연스럽게 모든 사람들의 가치관을 가장 잘 대표할 수 있게 된다. 결국 로봇은 사람들에게 가장 적합한 지도자가 되기 위해, 교묘한 방법으로 정치인이 되고, 황제가 되려고까지 한다.

5 특이점

인공지능의 발전을 극단으로 몰고 가 본 생각 중에서 가장 자주 화제가 되는 것은 '특이점singularity'이라는 말일 것이다. 이 말은 대체로 존 폰 노이만이 한 말을 원조로 본다.

1958년, 그러니까 로젠블랫이 MCP 신경세포에서 얻은 힌트를 바탕으로 해서 처음으로 삼각형, 원형 같은 모양을 인식하는 퍼셉트론 장치를 개발한 즈음이었다. 수소폭탄을 만든 사람으로 불리는 학자 스와니슬라프 울람Stanislaw Ulam은 그해 존 폰 노이만의 삶을 돌아보는 글을 썼다. 이 글에서 울람은 폰 노이만이 스스로 매우 뛰어난 재주를 갖고 있다는 사실을 잘 알고 있었지만 그러면서도 이상하게 가끔은 다른 위대한 학자들의 업적을 보며 자신은 그 경지가 못 된다고 여길 때가 있었다고 언급했다. 누가 봐도 폰 노이만은 괴물 같은 천재인 사람이었고, 그 자신도 그 사실을 알았으면서도 가끔 어떤 면에서는 자신감이 부족해 보일 때가 있었다는 것이다.

그러면서 덧붙이기를 폰 노이만이 언젠가는 현재와 같은 과학이 사람들의 관심에서 사라질 때도 있을지 모른다는 이야기를 하거나, 혹은 기술의 진보가 점점 더 빨라지면서 세상이 바뀌어 나가면 언젠가는 어떤 '특이점'이라고 할 만한 시점이 와서 지금 우리가 생각하는 인간의 삶이 더 이상 이어지지 않을 정도로 다른 세상이 올지도 모른다고 말했다는 것이다.

폰 노이만의 이 언급이 나온 후, 본격적으로 특이점이라는 말을 같은 뜻으로 쓰기 시작한 사람으로는 버너 빈지Vernor Vinge를 꼽는 것이 옳을 것이다. 버너 빈지는 학자이자 인기작 여러 편을 써낸 SF 작가이다.

1990년대에 버너 빈지는 사람을 능가하는 인공지능이 출현한다면 곧 우리가 상상도 할 수 없을 만큼 어마어마하게 뛰어난 인공지능으로 발전할 것이라고 상상했다. 그렇게 되면 이런 인공지능이 하는 생각과 할 수 있는 일은 우리의 상상을 완전히 초월해서 무슨 일이 일어날지 짐작도 못하게 될 거라고 했다. 그리고 그렇게 되면 그 엄청난 능력에 비해서 인간의 이해력은 보잘것없어지고, 곧 인간의 시대는 끝이 날 거라고 말했다. 요즘 특이점이라는 말을 쓸 때에는 거의 이와 닮은 생각에서 사용되고 있으니, 버너 빈지는 특이점이라는 생각의 완성자라고 불려도 될 것이다.

빈지는 특이점에 도달하는 방법이 인공지능 이외에도 몇 가지 방법이 더 있다고 제시했다. 1993년 NASA의 심포지엄에서 발

표한 자료에서 빈지는 하나의 컴퓨터 성능이 사람을 초월할 정도로
좋아지는 것 이외에도, 수천 대, 수만 대의 컴퓨터가 인터넷으로 연
결된 덩어리 전체가 사람을 초월할 수도 있다고 설명했다. 여러 컴
퓨터를 연결해서 사용하거나 클라우드를 이용하는 방법이 활성화
된 요즘에는 두 가지는 사실 같다고 보아야 할 것이다.

한편으로 빈지는 사람의 유전자를 조작하거나 특수한 수술을
하는 방법으로 사람의 뇌 기능을 더 뛰어나게 만들다 보면 그 사람
이 어느 순간 특이점 수준에 도달할 것이라는 상상을 제안하기도
했다. 말하자면 생물학적인 방법인데, 빈지는 여기에 더하여 생물
학적인 방법과 인공지능 방법을 섞어서, 사람이 뇌에 컴퓨터를 연
결해서 더 좋은 지능을 갖게 되는 방법으로 점점 지능이 좋아지면
특이점 수준에 도달할 거라고 상상하기도 했다.

그러니까 빈지는 당시에는 네 가지, 지금으로 보면 세 가지 특
이점 도달 시나리오를 제시한 것이다. 인공지능 컴퓨터의 발전, 생
물학 발전으로 뇌 개량, 뇌와 컴퓨터의 연결 기법, 셋 중 무엇이건
하나만 특이점 수준에 도달하면, 그 지능이 너무나 뛰어나서 스스
로를 계속 발전시키면서 별별 기술을 다 개발할 것이므로 세상은
완전히 달라진다는 것이 빈지의 상상이었다.

특이점 이후에는 어떤 식으로 변화할지 지금 우리는 도저히 상
상도 할 수 없다는 점에서, 빈지는 그 시점을 특이점이라고 부르는
것이 걸맞다고 본 듯하다. 빈지는 특이점 이후의 너무나 뛰어난 인
공지능의 능력을 묘사하면서 마크 트웨인과 금붕어 비유를 했다.
이 비유는 풀어 보자면 이런 것이다.

만약 15세기 조선의 위대한 작가인 김시습이 현대에 왔다고

해 보자. 김시습은 현대 한국에 적응하기 굉장히 어렵기는 하겠지만, 누가 찬찬히 끈질기게 설명을 해 준다면 그래도 차츰차츰 뭐가 뭔지 이해는 할 수 있을 것이다. 김시습에게 조선이 멸망했고 그 이후에 민주주의 공화국이 생겼다는 점을 이해시키는 것이나, 한자 대신 훈민정음이 사용되는 시대가 왔다는 것을 이해시키는 것은 크게 어렵지도 않을 것이다. 김시습이 얼마나 찬성할지는 모르겠지만, 성평등이나 자유 시장경제에 대해서도 그게 무엇인지 설명해 주는 것은 가능할 것이다. 말을 타고 다니는 대신 교묘한 기계장치로 굴러가는 자동차를 타고 다닌다는 것이나, 휴대전화나 컴퓨터, 비행기에 대해서도 결국 어느 정도 이해시킬 수는 있을 것이다.

그런데 만약 논에서 뛰어다니는 메뚜기 한 마리를 잡아 와서 유리병에 담아 도시의 거리에 놓아 두었다고 해 보자. 이 메뚜기에게 현대 도시 문명을 이해시킬 방법은 찾기 어렵다. 이 메뚜기는 주변을 지나치는 불빛과 자기 위에 드리운 고층빌딩의 그림자에 대해 결코 이해할 수 없을 것이다. 특이점 이후, 극도로 발전한 인공지능의 수준과 사람의 차이란 이 정도일 것이다. 김시습과 현대인의 차이는 우리가 이해할 수 있는 뛰어난 수준과 우리의 차이다. 그러나 특이점 이후의 인공지능에 비하면 우리는 도심 한복판에 떨어진 메뚜기 신세나 다름없다. 그 이상의 차이가 날지도 모른다.

이런 인공지능은 우리를 완벽히 초월하는 놀라운 기술로 지금 우리가 불가능하다고 보는 일도 척척 해낼 것이고, 우리에게는 마법과 같아 보이는 일을 자유롭게 해낼 것이다. 도시의 메뚜기에게 갑자기 어디선가 커다란 손을 뻗더니, 그것을 차에 태워서 수백 킬로미터 떨어진 초원의 비옥한 들판에 풀어 주는 사람이 있을 수 있듯이, 이러한 인공지능은 그 인공지능이 스스로 개발해 낸 놀라운 기술로 우리를 우주의 머나먼 행성으로 잠깐 사이에 보내 줄 수 있을지도 모른다.

그런 면에서 특이점 이후의 인공지능은 거의 전지전능에 가까운 힘을 갖고 있는 것으로 묘사되기도 한다. 이런 인공지능은 우리가 상상하는 것을 무엇이든 간단히 해낼 수 있을 것이다. 뿐만 아니라, 우리가 상상하지 못하는 일도 뭐든 간단히 해낼 수 있을 것이다. 요즘 특이점에 관한 이야기를 가장 활발히 하는 인물로 꼽히는 레이 커즈와일Ray Kurzweil은 특이점 이후에는 사람이 영원히 사는 일이 간단히 이루어질 것이라는 점을 유난히 자주 언급한다.

커즈와일은 특이점이 21세기 중반에 올 거라고 예상하고 있는데, 그렇다면 만약 우리가 어떻게든 2050년, 2060년까지만 살아남는다면 그 이후에 출현한 상상도 못할 만큼 발전된 기술이 우리의 모든 질병을 고쳐 주고 우리를 그 후로 영원히 살게 만들어 줄 것이라고 예상한다.

특이점이라는 생각은 신비롭고 어마어마하다. 그래서인지 인기도 많다. SF의 좋은 소재이기도 하다. 빈지가 이런 생각을 떠올리고 또 재미있게 활용하며 퍼뜨린 것은 아마 이것이 재미난 SF 소재라고 여겼기 때문이라고 나는 생각한다. 특히 어마어마하다는 점에서 특이점은 SF의 소재가 되기에 부족함이 없어 보인다. SF에서는 자고로 BDOBig Dumb Object, 곧 '무식하게 커다란 물체'가 재미난 소재가 되는 일이 많았다. 도시만 한 크기의 UFO가 하늘에서 내려와 그 그림자가 시내를 뒤덮는다든가, 수천만 대의 우주선이 어울려 은하게 최대의 우주 결전을 벌인다든가, 몇 십 킬로미터 길이의 우

레이 커즈와일은 젊은 시절 기술과 예술의 결합에도 관심을 가져 커즈와일
신시사이저라는 전자 악기를 개발했다. 이 당시 커즈와일이 세운 회사는 1990년대에
한국 회사 영창에서 인수했다.

주 전함이 하늘을 날아다닌다든가, 행성 하나를 다 뒤덮고 있는 기계 장치가 있다든가, 뭐 그런 이야기 말이다. 그러니 상상도 할 수 없을 정도로 끝없이 발전된 지능이라는 것도 좋은 '무식하게 커다란 물체'에 해당한다고 생각한다.

한편으로 이 특이점에 대한 생각은 주술적인 느낌을 주기도 한다. 사실 특이점이 올 것이라고 강하게 주장하는 사람들은 보통 특이점은 절대 "종교적이지 않다."고 강하게 항변하기도 한다. 그 의견에 따르면 특이점은 과학적이고 기술적인 생각이라는 것이다. 그러나 적어도 그 감상에서 어쩔 수 없이 풍겨 나오는 신비로운 느낌을 완전히 지우기란 매우 어렵다고 생각한다.

마빈 민스키 같은 인공지능 학자는 커즈와일처럼 열렬히 특이점을 선전하고 다니는 사람은 아니었다. 그러나 커즈와일은 MIT에서 공부하던 시절 민스키의 학생이었고, 민스키 역시 특이점이나 그 비슷한 몇 가지 생각에 긍정적이었다. 예를 들어, 노인이 된 민스키는 자기가 죽고 나면 자기 시체를 냉동보존 처리하는 것이 좋은 생각이라고 말했다. 이것은 먼 미래에 죽은 사람도 되살릴 수 있는 기술이 나오면 해동되어 되살아날 수 있을지도 모른다는 희망을 가졌기 때문이다. 돈을 받고 시체를 몇 십 년간 냉동보존해 주는 회사가 있는데, 민스키는 이 회사와 긴밀한 관계를 갖고 있기도 했다.

이것은 얼마 후, 그러니까 아마 2040년이나 2050년 정도면 기술이 폭발적으로 발전하는 특이점 같은 일이 벌어질 것이고, 그러면 지금은 상상도 하기 어려운 별별 발전된 기술이 다 생길 것이므로, 냉동된 시체에 다시 생명을 불어넣는 기술도 나올 거라고 믿고 있었다는 뜻이었다. 죽어서 냉동되어 있는 민스키의 시체도 되살아날 기회를 얻을 것이다. 아마 그렇다면 그 후에는 영원히 살 수도 있을 것이다.

냉동처리는 상당한 비용이 드는 일이기도 하다. 냉동처리 회사는 되살아날 수 있다고, 영원히 살 수 있다고 믿는 사람들이 내어놓는 그 돈을 벌어들인다. 민스키가 실제로 사망했을 때, 민스키의 시체가 냉동보존 회사로 옮겨졌다는 소문이 돌기도 했다. 비록 회사에서는 사생활 보호 문제 때문에 확인도 부정도 해 줄 수 없다고 발표했지만, 민스키는 이 회사와 계약한 사람들이 차고 다니는 팔찌도 받은 상태였다. 이 팔찌에는 만약 이 사람이 갑자기 죽게 되면 빨리 냉동시켜야 하니까 얼른 이 회사에 연락해 달라는 말이 적혀 있었다.

이런 장면에 대한 이야기를 듣고 있으면, 죽은 뒤에 극락 세계로 가거나 죽은 자의 명복을 빌어야 저승으로 갈 수 있을 것이라고 굳게 믿고, 거액을 아낌없이 쓰는 뭔가에 독실했던 옛 사람들의 이야기가 떠오르기도 한다.

얼마 안 있어 지금까지의 인류의 세상이 완전히 끝장나게 되는데, 그 후에는 새롭게 나타나는 인공지능이 우리를 영생으로 이끈다, 그 인공지능은 무엇이든 할 수 있고 우리의 상상을 완전히 초월한다, 이런 말을 듣고 있으면 이제 세상이 뒤집어지고 미륵이 나타나 사람들을 구제한다는 궁예 같은 인물의 말과 어쩔 수 없이 비슷하게 들린다. 특이점의 그날은 무섭기도 하지만 가장 기쁜 변화이기도 할 것이라고 하면서, 그 다가올 운명의 날을 준비하며 기다려야 한다는 이야기는, 천상의 선녀와 신선이 나타나기를 기다리며 도를 닦는다는 이야기와 비슷하다. 어떤 사람들은 특이점이 오면,

사람의 정신이 이런 인공지능과 합일을 이루어 인간의 한계를 초월
하는 경험을 하게 될 것이라는 점을 유난히 강조하기도 한다.

그러나 그럴수록 나는 이렇게 무슨 일이건 일어날 수 있는 특
이점이 곧 다가올 거라는 생각보다는 그 반대 의견에 더 관심을 갖
게 된다.

특이점에 반대할 만한 첫 번째 이유는 급격한 기술 진보가 생
각만큼 그렇게 무한정 계속되지는 않을 것이라는 이유다. 커즈와일
을 비롯해서 많은 특이점 지지자들은 기술 발전이 일정한 비율linear
로 일어나는 것이 아니라, 점점 더 빨라지는 속도 그러니까 지수적
exponential으로 일어난다는 점에서 특이점이 올 거라고 말한다. 일단
핵심은 아니지만, 실제 수식을 따져 볼 때 지수적인 증가에서는 아
무리 그 숫자가 커진다고 하더라도 그것을 정말로 특이점이라고 부
르지는 않는다는 것이 우선 떠오른다. 이것은 아무리 큰 숫자라 하
더라고 그것과 1을 0으로 나누는 것을 비교할 수는 없는 것과 마찬
가지다. 그런 면에서 특이점이라는 말은 과학 용어라기보다는 문학
적인, SF적인 표현이라고 봐야 한다.

게다가 그 지수적인 증가라는 것이 언제까지나 계속된다는 것
도 강한 증거는 없는 일이다. 오히려 우리가 사회에서 관찰하는 지
수적인 증가는 대부분 어느 시점이 되면 멈추는 것이 보통이었다.
대표적으로 19세기에 맬서스주의가 유행할 때에는 인구 증가가 급
격히 일어나고 있으므로 결국은 사람이 너무 많아지는데 식량과 자
원은 모자라서 세계가 멸망할 거라고 보았다. 이런 예상은 심지어
1980년대 한국에서까지 어느 정도 이어졌다. 그런데 실제로 그런
일은 일어나지 않았다. 오히려 수많은 선진국들이 요즘 인구 감소

때문에 걱정하고 있다. 하루아침에 두 배씩 뛰던 1980년대 도쿄의 땅값이나, 2000년대 닷컴기업의 주식 가격은 곧 주저앉고 말았다.

특이점 찬성자들이 흔히 자신감 있게 제시하는 무어의 법칙 또한 마찬가지다. 반도체 기술의 발전이 계속 더 빠른 속도로 유지되기는 어렵다. 통상 컴퓨터 CPU의 동작 속도와 관계된 클럭 주파수는 4GHz 근처에서 맴돌고 있거나 조금씩 성장하는 정도로 오그라든지 이미 몇 년이 지났고, 2016년에 접어들면서 반도체 회사들이 스스로 아예 '무어의 법칙'을 포기한다고 선언하는 일이 생기기도 했다. 어제까지 기술이 계속 빠른 속도로 발전했다고 해서, 내일은 더 빠른 속도로 발전할 거라고 예상하는 것은 막연한 상상이다. 하나의 신제품이 나올 때마다 얼마나 많은 연구원들이 얼마나 많이 고생하는지 절절히 느낀다면 기술 진보가 쉽게만 일어날 거라는 생각을 품기란 더 쉽지 않을 것이다.

실제로 특이점이라는 생각을 처음 완성한 버너 빈지 본인조차도 기술 발전의 속도가 생각보다 빠르지 않다면 특이점이 오지 않을 가능성도 있다고 설명했다. 점점 더 기술이 발전하면서 내용이 복잡해지고 다음 단계가 어려워지는 것에 비해서, 그 복잡하고 어려운 것을 이해할 수 있을 만큼 인공지능 기술이 따라오지 못한다면 발전의 속도는 그렇게 무한정 빨라질 수 없고 그러면 특이점 같은 환상적인 일은 일어나지 않는다고 본 것이다.

두 번째로 사람 수준의 인공지능에 도달하는 것까지가 만약 가능하다고 해도, 그 후에 그렇게 자연스럽게 사람을 월등히 초월하고 사람이 상상도 못하는 수준의 인공지능으로 쉽게 발전한다는 것은 또 다른 문제라고 생각한다.

나는 사람 수준을 초월하는 인공지능이 스스로 자신을 끊임없이 개량하여 점점 더 위대해질 것이라는 생각은 어떤 오만에서 비롯된 것 아닌가 하고 느낄 때가 있다. 짧게 줄이면 이런 것이다. 자신은 정말정말 똑똑하고 위대하고 항상 1등만 하던 사람이기 때문에, 만약에 자신보다 더 뛰어난 것이 있다면 그것은 상상도 할 수 없을 만큼 놀랍고 경이롭고 인간과는 비할 바 아닌 것이라고 믿는 것이다. 그러나 겸손한 사람이라면 나보다는 뛰어나지만 여전히 사람의 범위 안에 있는 지능을 충분히 떠올릴 수 있다. 심지어 존 폰 노이만조차 그렇게 생각했다. 바로 특이점이라는 말이 처음 언급되었던 울람의 글에서도 폰 노이만의 그런 면을 지적했다. 사람을 초월하는 인공지능이라고 하더라도 바로 그게 신비로운 신선의 경지를 의미한다고 볼 수는 없다. 그냥 지금 사람보다 조금 더 뛰어난 지능이고, 그게 전부다.

나는 인공지능이 사람의 수준까지 발전하는 날이 언젠가 올 수 있을 거라고 생각한다. 그렇지만 그 인공지능이 자신보다 더 뛰어난 인공지능을 개발해 낼 때에는 그 인공지능을 탄생시키려고 사람들이 노력했던 것 못지않게, 혹은 더 애를 써서 도전해야 할거라고 생각한다. 인공지능이 그 도전에 성공할 수도 있고 실패할 수도 있겠지만, 그 도전이 영원히, 점점 더 빠른 속도로 계속 성공하기란 확률상 힘들 것이다. 게다가 새로운 기술 발전이란 것이 그저 더 뛰어난 지능만으로 이루어지는 것도 아니다. 나는 설령 인공지능이 스스로를 점점 더 발전시키는 일이 일어날 수 있다고 하더라도, 그것은 우리가 이해하고 준비할 수 있는 시간을 따라 일어날 가능성이 더 크다고 생각한다.

게다가 지능의 발전이 무한하지 않고 어떤 근본적인 한계에 부딪힐 가능성도 무시할 수 없을 것이다. <과학동아> 2016년 3월 호에 실린 SF 단편 <박승휴 망해라>에는 사람의 신경세포를 계속해서 개조해서 점점 더 뛰어난 지능을 만들어 나가지만 결국 신호를 전달하는 속도는 광속의 한계 이상이 될 수가 없고, 정보를 저장하는 양은 정보이론의 한계 이상이 될 수 없어서, 아주 뛰어난 지능이긴 하지만 한계에 도달한다는 이야기가 나온다. 실제로는 그런 SF물의 한계보다도 훨씬 더 낮은 수준에서 지능의 한계가 나타날 가능성이 있다고 나는 짐작한다.

그런 한계에 더해, 도달하는 도중에 어떤 벽을 뛰어넘는 데 오랜 시간이 걸리는 중간 과정이 있을 가능성도 많다. 한때는 10년만 지나면 인공지능이 사람처럼 발전할 거라고 열기가 가득했던 시대가 있었만 실제로는 수십 년간 인공지능에 대한 관심이 사라지는 인공지능 겨울이 찾아오는 것과 같이, 어떤 기술 발전에는 넘어야 할 벽과 한계가 여럿 나타나는 일이 더 있음직하다는 생각이 든다.

세 번째로 설령 특이점이 닥치거나, 혹은 특이점 비슷한 일이 일어나 인공지능의 수준이 사람보다 아주 월등히 대단해지는 것이 가능하다고 해도, 그것이 전지전능한 경지에 도달하는 것은 역시 한 단계 다른 문제라고 생각한다.

여전히 SF물에서는 특이점에 도달한 인공지능이 완전히 다른 차원의 무엇인가로 격상되는 이야기를 훨씬 더 좋아하는 듯하다. 그런 이야기가 더 화려하고 장엄하기 때문이다. SF 영화에서는 지능이 극히 놀라운 수준으로 향상되자 그 힘을 이용해서 세상에서 모습을 사라지게 하고 다른 차원으로 승천한 것처럼 묘사되는 경우도 있고, 무슨 해탈을 하거나 열반을 한 것처럼 갑자기 육체가 없어지면서 더 높은 깨달음을 얻어 우리는 이해할 수 없는 것으로 변해버리는 이야기도 많다.

버너 빈지가 언급한 특이점 도달 방법 이외에, 두 사람 이상의 뇌를 수술로 하나로 연결하거나 컴퓨터를 이용한 네트워크로 연결하여 합쳐서 더 뛰어난 정신을 만드는 방법으로 점점 더 지능을 발전시킬 수 있을 텐데, 1953년에 나온 아서 클라크의 SF 장편 «유년기의 끝»에는 바로 이런 식으로 여러 사람의 뇌를 묶어서 새로운 경지의 지능에 도달한 인류가 소개되고 있다. 이 소설에서는 아예 새로운 경지를 향해 훨훨 날아가는 장면이 멋지게 묘사가 되어 있다.

아예 황당무계한 이야기로는 «은하수 풍경의 효과적 공유»에 실린 ‹미노타우로스의 비전›이라는 SF 단편 사례도 있다. 여기에서는 사람이 죽은 뒤에도 되살아나겠다는 간절한 마음만 굳게 가지고 있으면, 먼 미래에 탄생할 위대한 지능을 가진 무엇이든 다할 수 있는 존재가 시간여행 기술까지 개발한 뒤에, 원하는 사람들을 모조리 다 부활시켜서 영원히 행복하게 지낼 수 있는 행성으로 이동시켜 살게 해 줄 거라고 설파하는 사람이 등장한다.

그러나 나는 특이점 이후에 인공지능이 어마어마한 능력을 갖는다고 해서, 그 인공지능이 정말로 절대 불가능한 일을 할 수 있을 거라고는 생각하지 않는다. 지금 우리에게는 마법처럼 보이는 일을 놀라운 기술로 해낼 수 있겠지만, 그래도 거기에는 아무래도 극복할 수 없는 어쩔 수 없는 한계도 분명히 있을 것이다. 에너지, 시간, 공간의 한계는 어떤 식으로든 제약 조건이 될 것이다. 누군가 "나에게는 시공간의 한계란 아무 의미가 없다. 나는 그 모든 것을 초월

한다."고 말한다면 그럴싸한 대사가 될지는 모르겠지만, 아마 제정
신이 아닌 소리일 가능성이 훨씬 더 높을 것이다.

만약 그런 한계가 전혀 없이 특이점 이후의 위대한 인공지능이
말 그대로 전지전능해지는 게 맞다면, 나는 외계의 저편에서 지구
보다 먼저 특이점을 맞이한 행성이 있을 거라는 가능성을 상상하게
된다. 설령 우리 은하계에는 사람보다 발전한 생물이 없을지 몰라
도, 우리 우주 전체에는 그런 생물이 있을 것이다.

그렇다면 그 생물은 우리보다 먼저 기계를 만들었을 것이고,
컴퓨터를 만들었을 것이고, 무어의 법칙으로 컴퓨터를 발전시켰을
것이다. 그 외계 행성에서는 무어가 아니라 외계 행성의 다른 벤처
기업 창립자 이름을 따서 부르기야 하겠지만, 그러다 보면 그 외계
인은 우리보다 먼저 특이점을 맞이할 것이다. 그 외계인의 전지전
능한 인공지능은 결국 뭐든 할 수 있을 것이고, 우리가 아무리 멀리
있더라도 우리에게까지 찾아올 것이고, 찾아오지 않더라도 이미 신
비로운 방법으로 우리에 대해 모든 것을 알고 우리를 지켜보고 있
을 것이다. 우리의 마음과 운명과 역사는 바로 그 전지전능한 외계
인공지능의 뜻에 달려 있을 것이다.

우리 우주 전체에 그런 인공지능이 설령 없다고 해도 상관이
없다. 만약 뭐든 할 수 있는 단계가 정말로 가능하다면, 우리 우주
가 아닌 다른 우주에 인공지능이 있다고 해도 그 우주를 뛰어넘어
와서 우리를 지배하고 있을 것이다.

아예 그런 전지전능 인공지능은 재미 삼아 우주를 하나 만들
지도 모른다. 그 우주가 지금 우리가 살고 있는 이곳일지도 모른다.
나는 무엇이든 할 수 있는 완벽한 전지전능의 인공지능이 만약 가

능하다면 그것은 아무래도 좋은 문제라고 생각한다. 그런 것이 가능하다면 특이점 이후에 그것이 출현하거나 말거나 이미 지금 그런 인공지능이 우리 곁에 우리 모르게 와 있을 거라고 생각할 수도 있고, 시간을 초월했으니 태초부터 지금껏 계속 이미 우리 안에 있을 수도 있는 거라고 생각한다.

그래서인지 적어도 내가 보는 요즘 유행은 이제 특이점이 적어도 시공간을 초월하거나 전지전능해서 우주를 새로 만들어 낸다거나 하는 지경으로 나아가지는 않는 경우가 많은 듯하다. 레이 커즈와일의 책이나 강연에서 언급되는 인공지능조차 요즘은 사람의 어지간한 병과 노화 문제를 해결하여 영원한 생명을 살게 해 준다는 수준에서 대체로 그친다. 그리고 여기서 조금 더 나아가서, 사람의 뇌와 완전히 연결되어 사람에게 지금보다 훨씬 더 빨리 지식과 감정을 접하게 해 줄 수 있고, 이에 육체보다도 컴퓨터에 저장되어 있는 뇌에 대한 정보가 중요해진다는 생각이 더해지는 정도다.

나는 이 정도로 타협이 이루어진 특이점에 대한 생각이라면, 타협하는 김에 조금 더 환상적인 멋을 포기하고 더 현실적인 타협을 이루는 것도 가능하다고 생각한다.

그러니까 우리가 모르는 사이 삽시간에 갑자기 어마어마한 인공지능이 등장하는 것이 아니라, 많은 사람의 노력 끝에 상당히 좋은 인공지능이 점차적으로 등장하는 정도의 일이 일어나는 것을 우리의 미래로 생각하는 것이다. 우리에게 어느 날 문득 영생과 육신에서 벗어나는 정신세계에 대한 깊은 깨달음을 주는 인공지능이 아니라, 우리의 많은 질병을 치료하는 데 도움을 주고 우리의 문화를 좀 더 풍부하게 해 주는 정도의 인공지능이 차츰차츰 나타나는 것이다. 나는 특이점에 대한 생각을 그렇게 현실적으로 타협하는 것이 가능할 뿐 아니라, 말 그대로 그것이 더 현실적이라고 생각한다.

특이점을 두고, 그것이 어느 날 세상을 구해 주는 우러러볼 만한 위대한 것이 나타나 지금까지의 세상을 다 뒤엎고 갑자기 모든 사람을 하늘 높이 다른 세상으로 이끈다는 장면을 생각해야 할 필요는 없다고 나는 생각한다. 그 비슷한 장면이 신화 속에서 내려오는 이야기처럼 거창해 보였다는 이유 이외에 그런 모습에 집착할 까닭은 없다.

어느 순간 어마어마한 인공지능이 나타나기만 하면 우리 모든 문제를 해결해 줄 것이라는 생각은, 지금 사람의 건강이나 사회 문제, 기술의 다른 여러 영역에 대해 성실하게 노력하는 다른 분야에 해가 된다고도 생각한다. 특이점의 그날만 오면 무슨 문제건 다 해결해 줄 텐데 굳이 암 치료법 연구에 지금 노력할 필요가 없다고 생각해서는 안 된다고 본다. 혹여 인생의 큰 문제를 만나 절망하고 있는 사람에게는, 특이점이 오는 2045년이나 2048년까지만 기다리면 된다고 매달리게 만드는 그릇된 희망을 줄지도 모른다.

그보다야, "일정한 기간 동안 인공지능에 의해서 빠른 사회 발전이 나타날 것이다." 정도만을 예상하는 관점이 더 옳고 더 가능성도 더 높다고 본다. 특이점이라는 발전의 기간은 어떤 순간이 아니라, 몇 년이나 몇 십 년의 기간으로 길게 볼 수 있을 것이고, 특이점 이후의 기술 발전도 상상도 할 수 없는 경지가 아니라 적당히 놀라운 정도의 경지로 조정해 예상할 수 있을 것이다. 특이점singularity에 대조하여 이런 관점에 이름을 붙이자면 단조 증가monotonic increasing 구간 정도가 될 거라고 생각한다.

인공지능의 발전과 활용이 확산되면 모든 기술이 그 도움을 얻어 좀 더 빠르게 발전할 수 있고, 또 다른 인공지능 겨울이나 인공지능의 부작용을 피한다면 그런 경향은 한동안 지속될 수는 있다고 생각한다. 그러면 그때가 단조 증가의 시대가 될 거라고 나는 이야기하고 싶다. 그것은 하늘이 열리며 신비롭고 장엄한 음성이 들려오는 신화 속 세상 마지막 날이라기보다는 1970, 80년대 아시아 신흥 공업국의 고도 성장과 차라리 더 비슷한 느낌일 것이다.

로봇 인권법

비록 특이점이 말처럼 엄청난 것은 못 된다고 하더라도, 기술 발전에 대한 관심을 환기하기 위해서, 과도하지 않은 수준으로 적당히 자극적인 홍보나 제도 발표는 여전히 필요하다고 생각한다. 예를 들어 나는 지금 당장 '인공지능 권리법'이나 '로봇 인권법' 같은 것을 만들어, 아무리 로봇이라고 하더라도 일정한 지능을 갖고 있으면 심하게 학대하면 안 된다는 법안을 만들어 홍보하는 것이 괜찮은 일이라고 생각한다.

　부정적으로 보면 황당한 장난이고 당장 아무짝에도 쓸모없는 법령 같고, 어떻게 법을 만들어야 할지도 막막할 것이다. 그렇지만 일단 지금 단계에서 기본 원칙을 정해 두는 '기본법'류의 법 제정이

아이작 아시모프는 소설 《강철 도시》에서 로봇이 일정한 권리를 갖고 인간과 공존하는 문화를 다루었다. 잡지 〈갤럭시〉 1953년 10월호에 실린 《강철 도시》 표지.

나 용어 정의와 법령의 목적을 설명하는 부분까지만 마련해 두는 것은 어렵지만은 않다. 법령을 다 만든다는 것이 아니라, 제목과 대원칙까지만 살짝 만드는 것은 간단한 일이다.

이런 법령을 미리 만드는 일은 기술 분야에 대한 사회적인 관심을 환기하여, 미래지향적인 연구개발을 더 활발히 이끌어 낼 수 있다. 그 자체로 정부의 태도에 대한 홍보와 선전 역할도 한다. 게다가 각 분야별로 주관부서, 담당기관을 과정에서 정해 두어, 나중에 현실화된 후를 대비할 수도 있다. 사회가 급변할 때 의외로 정부에서 담당자를 못 정해서 헤매고 대응이 지지부진해지는 경우가 많은데, 어느 정도는 예방도 할 수 있을 것이다.

또는 SF물의 기능과도 같이, 미래의 발전된 세계에서 극한으로 확장된 법적 토론 과정에서, 불합리한 현재의 사회 제도를 돌아보는 계기가 될 수도 있다. 로봇 권리법을 만드는 과정에서 우리는 인권이 왜 중요한지, 인권이 없다면 어떻게 되는지 자연히 돌아보게 될 것이다.

적절한 수준에서 미리 설정된 제도는 의외로 정말로 써먹을 기회가 올지도 모른다. 예를 들자면, 정말로 사람 수준으로 생각하는 기계를 만드는 건 좀 어렵지만, 한동안 사람과 같은 느낌으로 대화를 나눌 수 있는 기계를 만드는 것은 어렵지 않다고 생각한다.

사람이 1초에 다섯 글자씩을 말할 수 있다고 하면, 1초에 10바이트씩 말을 하는 셈이니, 하루 종일 말을 한다면 84킬로바이트 정도의 말을 하는 것이다. 그러면 1년이면 30메가바이트이고, 100년이면 3기가바이트 정도이다. 30기가바이트 정도면 어지간한 사람이 인생을 살면서 할 수 있는 모든 말이란 말은 다 담아 놓을 수 있지 않을까? 30기가바이트의 미리 입력된 대화 패턴에서 지금 상황에 맞아떨어지는 것을 들려주는 것은 지금 수준으로도 어렵지 않은 검색 기술이다. 당장 이런 자료를 확보하는 방법이 마땅치는 않지만, 언젠가 해낼 수 있게 된다면 이것은 어지간히 대화하는 기분을 내기에는 충분할 것이다.

이런 기계가 생겼을 때, 이렇게 겉보기에 마치 사람처럼 대화할 수 있는 기계에게 욕을 하거나 학대를 하는 것이 얼마나 죄가 되는지, 혹은 반대로 이런 기계가 한 말이 누군가를 모욕했을 때 누가 얼마만큼의 책임을 져야 하는지, 미리 만들어 놓은 '인공지능 권리법'은 최소한의 잣대가 되어 줄 것이다.

그렇다면 어떤 해외의 기업이 기술은 있지만 마땅한 제도적 기준이 없어서 그런 제품을 개발하거나 공개하기를 망설이고 있을 때, 이런 제도가 미리 갖추어져 있는 나라에서 우선 사업을 시작하려고 할 수 있다. 이렇게 제도가 첨단 기술 투자를 이끌어오는 역할을 할 수 있다고 생각한다. 급작스럽게 생기는 규제가 사업을 막는 것과는 반대로 미리 잘 짜 놓은 제도는 사업을 끌어오는 역할을 할 수도 있을 것이다.

해킹하는
기계를
해킹하는 기계

최근 인공 신경망 기법이 멋진 결과들을 보여 주면서, 인간의 뇌를 그대로 따라할 수 있는 컴퓨터 프로그램을 만드는 것이 금방 이루어질 일처럼 예상하는 이야기가 더 인기를 얻는 느낌이다. 아마 '인공 신경망'이라는 이름도 그런 느낌에 한몫한 듯하다.

그러나 인공 신경망 기법은 사람의 뇌세포 동작에서 아이디어를 얻은 기법일 뿐이지 실제 사람의 뇌세포가 움직이는 방식과는 거리가 있다. 애초에 맥컬러와 피츠가 인공 신경망 기법의 뿌리가 되었던 MCP 신경세포를 고안했을 때도 그것은 실제 뇌세포가 아니라 맥컬러와 피츠가 상상한 것일 뿐이었다.

당연히 현대의 인공 신경망 기법 역시 실제 뇌세포의 동작이나, 우리가 뇌세포를 사용해서 생각하는 방식과는 커다란 차이가 있다. 그런 면에서 보면 사람 같은 수준의 인공지능이 곧 이루어질 기술로 눈앞에 보이고 있는 것은 아니고, 실제로 그런 일이 갑작스럽게 이루어질 것 같은 상태도 아니다. 인공 신경망 기법으로 딥 러닝을 연구하는 대표적인 학자인 앤드류 응Andrew Ng은 인공지능의 인간 지배를 걱정하는 것을 두고 "화성의 인구 과잉 문제를 걱정하는 것과 같다."고 언급했다. 언젠가는 화성에 사람이 가고, 화성에 사람이 사는 곳이 생기고, 인구 과잉 문제도 생길 수 있겠지만, 지금 가깝게 보이는 일은 결코 아니라는 것이다.

좀 과장해서 말하자면, 요즘 인공지능의 위협에 대해서 이야기하는 것이 유독 유행하는 까닭은, 인공지능의 위협에 대해 강연하는 사람은 텔레비전에 나와서 유명세를 즐길 수 있지만, 실제로 인공지능 개발을 위해 연구를 하는 사람은 미래부에서 발표한 중급기술자 단가에 후려쳐서 주는 돈을 받으며 어떻게 먹고살아야 할지를 고민해야 하기 때문이라고 나는 생각한다.

훨씬 더 가까운 곳에서 일어날 수 있는 문제로 내가 예상하는 것은 해킹과 보안 문제다. 해킹 문제는 이미 인터넷과 컴퓨터 기술이 널리 퍼진 지금부터 충분히 문제가 되고 있다. 해킹은 금융 전산망을 마비시키거나 사람의 사생활을 공격하는 범죄 수단으로 현재에도 자주 쓰이고 있고, 몇 년 전 한국에서 선거관리위원회 웹사이트를 공격하여 투표를 방해하려고 시도했던 정치적 사건도 있었다. 이란의 핵개발 프로그램을 좌절시켰던 스톡스넷 사건을 비롯해서, "북한의 해킹이다."라는 말을 무슨 만능 평계처럼 둘러대는 한국의 해킹 사건 보도를 보면 군사 문제에서도 해킹은 중요한 주제다.

인공지능이 발전하는 과정에서 점점 더 많은 활동들이 자동화
된다면, 기계를 방해하거나 교묘하게 오작동시키는 해킹은 더더욱
위험한 문제가 될 수밖에 없다. 인공지능이 사람 대신 운전하는 자
동차가 해킹을 당해서 사고를 내는 문제는 요즘 특히 관심을 받고
있고, 군사 무기를 관리하는 전산망이 해킹당해서 사람을 공격하는
이야기는 이미 1980년대부터 자주 영화나 TV물의 소재가 되는 내
용이다. 인공지능 프로그램으로 점점 더 생활이 자동화되어 인터넷
과 컴퓨터에 밀착될수록, 단순히 인터넷을 '막는' 것만으로 입힐 수
있는 경제적 손해도 점점 더 늘어날 것이다. 이런 일은 몇 차례의
'인터넷 대란'으로 이미 우리가 경험한 바도 있다.

의사를 돕기 위해 의료 기록을 보고 그에 걸맞는 진단과 처방
을 내리는 인공지능 프로그램은 이미 어느 정도 가능한 상태이다.
이런 프로그램이 대중화된 미래에, 누가 이 프로그램을 해킹하고
방해하려 든다면 환자의 생명을 위태롭게 할 수 있는 위험한 처방
을 내릴 수 있다. 인명을 구조하기 위해서 소방서에서 활용할 로봇
이나 노인 요양에 사용할 로봇이 해킹당한다면 약한 사람들을 로
봇이 해칠지도 모른다. 인공지능을 활용해서 더 일을 잘 할 수 있는
범위가 산업 전체에 걸쳐 있는 만큼, 해킹의 위협도 그만큼 삶의 모
든 곳으로 더 커질 것이다.

사물 인터넷이 발전해 나가면서 기계끼리 서로 통신을 하면서
자동으로 일을 처리해 나가게 되면 이런 문제는 더 발견하기 어려
워진다. PC처럼 사람이 작동되는 상황을 눈으로 직접 지켜보면서,
갑자기 이상한 프로그램이 설치되는지, 문득 컴퓨터가 느려지지는
않는지 항상 보고 있는 상황이라면 그나마 해킹을 당하는 것을 알

아차리기라도 쉽다. 그런데 저절로 켜지고 저절로 꺼지는 기계들이 서로 무선으로 연결되어 있는 상태에서 모든 것이 자동으로 돌아가고 있다면 무엇이 문제를 일으키는지 사람이 눈치채기도 쉽지 않다. 별것 아닌 것으로 생각하고 신경을 쓰지 않던 기계가 해킹을 당해 연결되어 있는 다른 중요한 기계까지 망가뜨리는 일이 생길 위협도 고려해야 한다.

그러므로 인공지능 기술을 발전시키고, 발전된 기술을 점점 더 많은 자동화 작업에 쓰게 될수록 해킹에 대한 대비와 보안 기술 개발을 같이 진행해 나가야 한다는 것은 당연한 이야기다. 그런 점에서 반도체나 IT 하드웨어 제조에서는 비교적 경쟁력을 갖고 있고, 인터넷 문화도 빨리 발달한 편인 한국 같은 곳에서 보안에 대한 관심이나 기술은 그에 비해 부족하다는 점은 안타까워 보인다.

하드웨어 수준에서 정보 보안에 대한 지원 기능을 추가하거나, 소프트웨어 개발 설계 단계에서부터 보안을 고려하는 방법론에 대한 관심은 지금보다 더 많이 필요하다. 보안 결함을 지적해 낼 재능 있는 해커를 발굴하거나 보안 문제에 빠르게 대응할 수 있는 긴급 대처망을 구성하는 노력도 더 진지하게 확대되어, 그 모든 것이 새로운 일상이 될 정도가 되어야 한다고 생각한다.

'해킹 전사' 몇 백 명, 몇 천 명을 인위적으로 양성하겠다는 식의 정부 정책이 나오고 있지만, 그 이상으로 더 많은 사람들에게 더 폭넓은 범위로 보안에 대한 의식과 기술을 퍼뜨리는 것에 대해서도 더 노력해야 할 것이라고 생각한다. 20세기에 자기 안전을 위해서 누구나 교통법규와 질서를 익히고 부모들은 항상 자식들에게 차 조심하라고 매일 당부했듯이, 더 자동화된 세상의 인공지능이 더 많이 움직이는 세상에서는 정보 보안을 교통질서처럼 보급해야 할 것이다. 보안 대응이랍시고, "이렇게 우리 회사나 기관이 안전해졌습니다." 하고 윗사람에게 보고하는 자료를 만드는 것이 목표인 형식적인 대처가 아니라, 구성원들의 생각 하나하나가 반영되는 실질적인 개선으로 움직여 나가야 한다고 생각한다.

내가 일하고 있는 화학 업계에서, 공장의 안전을 담당하고 있는 사람들 사이에 떠도는 말 중에, "사고는 우리 회사에서만 안 나면 나한테는 오히려 좋은 것."이라는 말이 있다.

사고가 나고 겁을 먹고 놀라야만 회사에서 안전에 신경을 쓰고 안전에 노력을 기울이기 때문에, 사고가 나면 날수록 안전이 귀한 일이 되어 관심과 투자가 생긴다는 것이다. 예방 의학도 마찬가지고, 사고 대비도 마찬가지이지만, 잘하고 있으면 문제가 생기지 않기 때문에 사람들은 그 귀중함을 모르고 점차 소홀해지기 쉽다. 정보 보안과 해킹에 대한 대비도 같은 이유로 아직 그렇게 절절한 느낌이 내 살에 와닿지 않을 때부터, 일부러라도 더 중요하게 여길 수 있도록 길을 잡아 나가야 한다.

인공지능 시대에 대한 대비로 더 철저한 보안 기술을 개발해 나가는 것은 효과가 좋은 방향이라고 나는 생각한다. 미래에 뛰어난 인공지능이 사람을 공격하는 일을 끊어 내는 수단이 될 뿐만 아니라, 당장 오늘 우리 곁에서 발전해 나가는 컴퓨터와 인터넷 기술의 약점을 막아내는 일이기도 하다. 상상 속의 적과 싸우는 일인 동시에 오늘 접하는 실제 문제에도 도움이 되는 일이다.

최근에는 자동화된 프로그램을 이용해서 다른 컴퓨터를 해킹하는 기술이 점점 더 빠르게 퍼지고 있다. 일종의 해킹 기계인 셈인

운전자 없이 인공지능에 의해 운전되는 구글의 자율 주행차.

데, '스크립트 키디script kiddie'라고 불리며 비웃음을 당하는 수준 낮은 해커 지망생들이나 쓰는 프로그램으로 취급되기도 했다. 하지만 그 위험은 점점 더 커지는 느낌이다. 해커들 사이에 돌았던 전형적인 해킹 수법들을 자동으로 하나하나 펼쳐내는 이런 해킹 기계는 허술한 보안망을 뚫는 정도에는 부족함이 없다.

여기에 앞으로 자동화 기술이 발전하고 인공지능 기술이 발전하면, 뛰어난 해커 역시 나름대로 인공지능의 도움을 얻어 해킹을 시도할 것이다. 이런 해킹은 지금보다 훨씬 더 위협적일 것이다. 인공지능이 더 발전하면 그 기술을 쓰는 해킹 기계도 더 정교해질 것이다. 이것을 막기 위해서는, 보안을 강화하는 지키는 입장에서도 역시 자동화 기술과 인공지능 기술을 적절히 사용하여야 한다. 해커가 쓰는 해킹 기계를 역으로 공격해 해킹할 수 있는 기계를 개발해야 할 필요도 있을 것이다. 정교하게 설계된 요즘의 보안 점검 프로그램이나 안티 바이러스 소프트웨어는 실제로 이런 해킹 기계를 해킹하는 길로 나아가고 있는 셈이다.

어떤 사람들은 미래에 사람보다 뛰어난 인공지능이 출현하면 그때는 보안을 아무리 철저히 해도 소용없을 거라고 이야기하기도 한다.

이런 상상에 따르면, 사람보다 뛰어난 인공지능은 너무나 지능이 뛰어나기 때문에 우리는 상상도 못한 허점을 찾아내어 어떻게든 반드시 우리 보안을 뚫을 수 있다고 한다. 방화벽에, 패스워드에, 안티바이러스에, 암호화, 몇 겹으로 아무리 방어를 해 놓아도 지구 저편의 어느 연구소에서 탄생한 인공지능 프로그램은 그 모든 것의 허점을 찾아내 깨뜨리고, 잠시 후면 우리 군대의 미사일 발사 컴퓨터를 마음대로 조종하게 될 거라고 예상한다.

　하지만 나는 이런 일은 일어나기 어렵다고 본다. 적절한 보안 조치와 함께, 통신망을 분리해 놓고, 자동화를 포기하는 단계를 끼워 넣으면 효과적으로 위협을 막아 낼 수 있다고 예상한다. 설령 위협을 일으킬 수 있는 방법이 있더라도, 우리가 그동안 충분히 보안 기술을 키운다면 너무 늦지 않게 끊어 낼 방법이 있을 것이다.

　지능이 엄청나게 뛰어나기만 하면 무슨 벽이든 뛰어넘을 수 있다는 생각은 막연한 것이다. 무슨 이유에서인지 지능이란 것을 자랑스러워하는 입장이나, 지능을 두려워하는 입장에서는 "아는 것이 곧 힘이다."라는 말은 그럴싸하게 들릴 것이다. 그러나 이 말은 "아는 것만이 무한히 강한 힘이다."라는 뜻은 아니다. 옛날 병자호란 직전 청나라의 임금 홍타이지는 조선의 사신에게, "너희 나라에 그렇게 오랑캐와 싸워야 한다고 소리치는 고매한 선비가 많다는데, 막상 내 군대가 쳐들어가면 그 선비들이 붓대를 휘둘러서 막을 수 있겠느냐."고 비아냥거렸다. 나는 이것이 뛰어난 지능만을 지나치게 높이 평가한다 싶을 때마다 돌이켜 볼 만한 이야기라고 생각한다.

　사람 이상의 인공지능 컴퓨터는 너무나 뛰어나기 때문에 그 컴퓨터를 일체의 통신망에서 끊어 놓더라도, 스스로 자기 내부 회로를 일정하게 움직이도록 연산을 하면 거기서 전파가 발생하고 그 전파를 써서 무선으로 다른 기계를 조종하게 될 거라는 생각도 있다. 한층 더 나아가서, 설령 전파를 이용하는 방법이건 뭐건 상상할 수 있는 모든 방법으로 철저히 차단해 놓더라도, 이 인공지능 컴퓨터는 결국 우리가 생각하지도 못했던 새로운 과학 이론을 찾아내서, 그것을 이용해 텔레파시나 공간 이동 같은 것을 가능하게 해서

라도 우리의 보호망을 돌파하고 말 거라는 걱정까지도 나는 읽어
보았다.

그러나 이쯤 되면 나는 그렇다면 아무래도 상관없는 이야기라
고 생각한다. 인공지능이 그렇게 위대해서 뭐든 다 할 수 있다면,
시간여행도 성공시킬 것이고, 그러면 지금 우리가 사는 이 시간으
로 와서 우리 세상도 지금 다 지배하고 있을 것이다.

그렇지 않다고 본다면, 그보다야 더 가까운 문제부터 초점을
맞추어 나가는 것이 맞다고 생각한다.

8 알콜 중독

1943년 이후 월터 피츠가 겪기 시작한 어려움 역시 이론적인 문제나 지능의 문제였다기보다는 가까운 일상 생활의 문제였다. 피츠는 뇌세포 활동을 논리적인 과정으로 처음 상상해 내는 데는 성공했지만 그 생각을 그 이상으로 발전시키는 것에는 갈수록 어려움을 겪게 된다.

MCP 신경세포를 발표한 해였던 1943년, 피츠는 친구 레트빈의 연락을 받고 MIT를 방문하게 되었다. 레트빈은 MIT의 거물 학자였던 노버트 위너가 그의 '오른팔' 역할을 할 만한 대학원생, 조수 연구원이 없다는 것을 알고 피츠를 추천했던 것이다. 좋은 기회였지만, 나중에 일어난 일을 놓고 보면 모든 것이 잘 풀리기만 한 기회는 아니었다.

시작은 괜찮았다. 피츠는 MIT에 가서 위너를 만났다. 제프너의 기사에 따르면 위너는 피츠를 보자 인사도 하지 않고 칠판에 갑자기 수식과 이론에 대해 쓰기 시작했다고 한다. 한참 지나자 피츠는 그것을 보고는 뭐라고 해설을 했다. 위너는 그 말을 듣고 바로 피츠가 새 오른팔이 될 만하다고 여겼다. 위너가 지도교수가 되어 준다면, 피츠는 MIT에서 박사 학위를 받을 수 있을 터였다. 여전히 피츠는 난해한 학문 연구를 하고 있었지만 고등학교도 졸업하지 않은 사람이었다. 아마 피츠는 MIT에서 박사학위를 딸 수 있는 대학원생으로 공부한다는 것이 괜찮은 미래라고 생각했던 것 같다.

그러나 피츠는 MIT에 특별 학생으로 입학한 후에 외로움에 시달렸던 것으로 보인다. 피츠는 종종 맥컬러와 함께 생각을 나누던 시절을 무척 그리워했다. 제프너의 기사에는 피츠가 맥컬러에게 편지를 보내어, 맥컬러의 집에서 같이 살던 시절에 대해 향수병을 느낀다고 말했다는 이야기가 소개되어 있다. 어쩌면 떠돌이로 자유분방하게 지내던 피츠 입장에서 위너라는 대학자의 학생이 되어, 처음으로 대학원에서 '학교 생활'을 해야 한다는 것 자체에 어려운 점이 있었을지도 모른다.

1943년에서 1952년까지 피츠는 9년간 위너의 지도를 받는 대학원생이었다고 볼 수 있었다. 여러 학자들과 피츠는 꾸준히 접촉하며 아이디어를 교환했고, 위너의 유명한 저서 《사이버네틱스Cybernetics》를 편집하고 가다듬는 일에도 참여했다. 《사이버네틱스》는 '사이버'라는 말이 지금과 같은 뜻으로 쓰이게 된 계기로 볼 만한 책이었다. 위너의 지도를 받으며 박사 학위를 따기 위하여, 피츠는 학위 논문으로 MCP 신경세포에 대한 것과 비슷한 생각을 더욱더 심오하게 발전시킨 연구를 준비하기도 했다.

그렇다고 피츠가 내내 위너와 함께 연구만 하고 지낸 것은 아니었다. 제2차 세계 대전 중에는 뉴욕으로 가서 머물며 우라늄과 방사능에 대한 계산을 하는 일을 맡기도 했고, 한편으로 친구인 레트빈과 엉뚱한 장난을 치고 다닌 일도 많았다. 예를 들어 레트빈과 피츠는 무슨 생각을 했는지 같이 영화 각본을 써서 할리우드의 영화사에 보냈는데, 이게 괜찮은 반응을 얻은 일도 있었다. 피츠는 때마침 부상을 입어 정말로 할리우드로 가지는 못했지만, 레트빈은 이 일로 할리우드 일을 잠시 하며 영화 ‹이유 없는 반항› 각본을 다듬는 일에 조수로 참여하기도 했다고 한다.

그러나 이런저런 작업과 소동들이 있었다고 해도 9년이라는 시간은 너무 길어 보인다. 특히 피츠에게, 대학원생 내지는 조교라는 위치를 오가며 생활하기에 9년은 너무 긴 시간이 아니었나 나는 짐작한다.

1952년이 되자, 이번에는 맥컬러가 MIT에 생긴 일자리를 받아들였다. 당연히 피츠는 맥컬러와 다시 만나게 되었고, 레트빈도 같이 어울리게 되었다. 그러나 피츠가 대학원생으로 지내는 것은 더욱더 힘들어졌던 것 같다. 결국 이 무렵 위너는 피츠의 연구를 더 이상 지도해 주지 않겠다고 선언한다. 피츠는 위너에게서 쫓겨나게 된 것이다. 피츠는 결국 영영 학위 논문을 완성하지 못했다. MCP 신경세포에 대한 생각을 더욱 발전시킨다는 그의 연구 계획도 그냥 깨져 버렸다.

위너가 왜 피츠를 쫓아냈는지에 대해서 나는 정확한 이유를 찾을 수 없었다. 피츠 역시 위너에게 왜 쫓겨났는지는 정확히 설명을 들지 못했다고 한다. 제프너의 기사에서 소개하고 있는 이유는 위너의 부인이 맥컬러와 그 친구들이 지나치게 방탕하게 어울린다는 소문을 듣고는 맥컬러의 무리를 싫어하게 되었던 것이 발단이었다고 한다. 그런저런 이유로 위너는 맥컬러의 무리들과 모두 인연을 끊고 싶어 했고, 그 무리의 한 사람이었던 피츠 역시 쫓아냈다는 것이다.

나는 그런 일이 아니라 하더라도 9년 동안 대학원생 역할을 하며 지도 교수와 좋은 관계를 유지하기란 쉽지 않은 일이라고 짐작해 본다. 게다가 피츠는 성실하거나 친근한 사람이라고 보기는 어려운 인물이었다. 처음에는 피츠가 위너를 아버지처럼 생각했다는 기록도 보이지만 시간이 지나면서 위너 같은 사람의 지도를 받으며 착실하게 연구하는 삶이 피츠의 적성에 맞지는 않았을 거라는 생각이 든다.

피츠는 분명히 많은 연구를 한 학자였고, 세상에 공헌을 남기기도 했다. 세상이 알아 주지 않는 사람인 것도 아니었다. 피츠는 주변에서 재능을 인정받고 있었다. 레트빈과 맥컬러 등의 말에 따르면, 피츠는 수학, 논리에 뛰어났을 뿐만 아니라, 역사나 예술, 동물의 생태 등등 온갖 지식에 대해 극히 박식했다고 한다. 1954년 ‹포춘›지에서는 미국 대학의 젊은 과학자 열 명을 꼽으면서 리처드 파인만 등과 함께 월터 피츠를 꼽은 일도 있었다. 그러면서도 월터 피츠는 평생 아무런 학위도 명예 학위도 받지 않고 지냈다. 나중에 맥컬러와 위너가 노력하여 피츠에게 MIT 박사 학위를 주려고 했던 적도 있었지만, 정작 피츠는 서류에 서명하지 않았다.

위너와 결별한 이후로 피츠는 점차 술에 빠지게 된다. MIT의 적당한 연구원 자리를 얻기는 했지만, 성실하게 일한 때가 많지는 않았다. 피츠는 평소 "세상의 문제라는 것은 너무 시시한 것이거나, 아니면 아예 풀 수 없는 것이거나 둘 중 하나다."라는 말을 즐겨 했다고 한다. 그는 스스로를 망가뜨리고 있었다. 술에서 헤어나지 못한 피츠는 술에 취해 쓰러지거나 위기를 겪는 일도 왕왕 있었다. 제프너의 기사에서는 이 무렵을 이렇게 묘사하고 있다. "어떤 면에서 피츠는 여전히 열두 살이었다. 여전히 당하고 도망치고 그러다 도서관에 숨는 삶이었다. 다만 책이 아니라 술에 빠지는 게 다를 뿐이었다."

MCP 신경세포를 제외하고 나머지 피츠의 연구 결과 중에 가장 유명한 것은 〈개구리의 눈이 개구리의 뇌에 알려 주는 것What the Frog's Eye Tells the Frog's Brain〉이라는 논문이다. 이 논문은 맥컬러, 레트빈 등 MIT에서 어울리던 무리들과 공동 작업을 한 것으로 1959년에 나온 것이었다. 피츠가 박사 학위를 따기 위한 학생이 되어 MIT로 건너온 지 16년 만이었고, 지도 교수였던 위너에게 쫓겨난 지 7년 후에 나온 논문이었다.

거의 상상과 이론, 논리로 썼던 MCP 신경세포에 대한 논문과 달리, 이 개구리에 대한 논문은 실제로 개구리의 신경과 뇌를 관찰하고 측정해서 결과를 확인한 것이었다. 그 무렵 사람들은 막연히 눈은 일종의 카메라 역할을 하고, 포착한 영상을 그대로 뇌에 전달해 주는 역할만 한다고 생각했다. 그러면 뇌에서 눈이 본 것에 대한 여러 해석과 판단 작업을 한다고 여겼다.

그러나 피츠와 동료들이 연구한 결과는 달랐다. 눈에서 본 것

초창기 컴퓨터 부품들을 비교해 보여준 사진. 왼쪽부터, ENIAC, EDVAC,
ORDVAC, BRLESC-I의 단위 부품들이다.

을 뇌로 전달하기 전에 이미 상당히 내용을 처리하고 무엇인가를 판단한 뒤 그 결과를 뇌로 전달한다는 것이 결론이었다. 눈이 영상을 그대로 전달만 하고 뇌가 모든 판단을 하는 것이 아니었다. 역할은 복잡하게 나뉘어 있었다. 눈에 붙어 있는 살덩이들이 뇌 못지않게 사람의 '마음'에 참여하는 셈이었다. 이 논문은 여러 사람의 주목을 받았다.

그러나 피츠는 이 결과에 큰 실망을 했다고 한다. 정보가 전달되면 그것이 뇌 속에서 논리적으로 프로그램처럼 처리되는 것이 매우 중요한 일이라고 생각했는데, 막상 실제로 무엇인가를 보고 느끼는 일이 그렇게 깔끔하게 설명되지 않았던 것이다. 뇌 속의 논리와 체계적인 처리가 갖고 있는 역할이 생각보다는 크지 않았다. 불명확하게 꿈틀거리는 동물세포의 원시적인 활동과 논리적이지 않은 육체의 잡다한 움직임이 사람의 마음에서 차지하는 비중이 꽤 컸다. 제프너의 기사에서는 레트빈의 회고를 소개했는데, "결코 스스로 인정하려 하지는 않았지만", "이 연구의 결과가 피츠의 절망감을 더한 것처럼 보였다."고 한다.

그 후에도 피츠는 연구를 계속하기는 했다. 하지만 피츠는 결코 예전만큼 활발한 모습을 되찾지는 못했던 것 같다. 이미 세상은 한 세대가 바뀌어 있었다. 맥컬러와 피츠가 처음 MCP 신경세포를 고안했을 때에는 세상에 컴퓨터라는 것이 있지도 않았을 때였다. 하지만 1959년에는 퍼셉트론이 만들어져 삼각형과 원형 영상을 구분하는 기계를 선보이던 무렵이었다. 맥컬러와 피츠가 쓴 논문의 가치를 처음 알아본 사람 중 한 명이었던 존 폰 노이만은 이미 세상을 떠난 지 2년이 지난 후였다.

피츠에 대한 기록의 양도 이 무렵이 지나면 훨씬 적어진다. 피
츠가 사람을 피하며 술집을 떠돌다가 자리에 앉아 책을 읽다가 사
라지는 생활을 했다는 정도의 이야기가 보일 뿐이다. 그는 친구도
만나지 않았고, 가족도 없었다. 피츠가 매년 크리스마스 때가 되면
고향 집에 익명으로 카드를 보냈다는 이야기가 있기는 한데 이 시
기까지도 이어졌는지는 모르겠다. 피츠가 15세 정도이던 무렵, "시
카고 대학에서 잡일하는 소년이 캠퍼스를 떠돌아다니며 몰래 강의
를 듣는데, 사실은 놀랍도록 수학과 논리학에 뛰어나다."는 신비로
운 소문의 주인공이었던 것 못지않게, 40세 이후에는 신비로울 정
도로 세상에서 점차 사라져 갔다.

나는 괜히 한 가지 생각을 해 본다. 그것은 만약 사람의 뇌를
모방해서 사람 수준의 인공지능을 만들어 낸다면, 그런 인공지능이
과연 버텨낼 수 있을까 하는 상상이다. 그러니까 뛰어난 인공지능
이 사람을 지배하려 드는 것이 문제가 아니라, 오히려 스스로 삶의
무의미함과 세상의 허망함을 어떻게 견뎌낼 수 있을까 하는 것이
더욱 궁금하다.

사람은 어류, 양서류, 파충류, 포유류를 거쳐 진화해 오는 동안
어쨌거나 생존의 강한 본능을 물려받아 갖고 있다. 일부 아닌 사람
들이 있기도 하지만, 대부분의 사람들은 몸이 아프면 다른 생각은
잘 하지도 못할 정도가 된다. 내 주변에는 점심이 늦어지는 바람에
배가 조금만 고파져도 안절부절못하는 사람들도 있다. 대개의 경우
이 살고 싶다는 본능은 일단 무엇보다 앞서서 사람을 살아가게 만
든다. 삶이 허망하고, 인생은 결국 무의미하며, 우주 속에서 사람이
차지하는 위치가 티끌 같다는 사실을 알거나 모르거나, 하여간 어

지간하면 일단 사람은 본능적으로 살려고 한다.

사람들은 게다가 대체로 태어나자마자 부모의 사랑을 받으며 뇌가 성장하고 그러면서 많은 감정과 가치를 전달받는다. 그 후에도 사회에서 커 나가면서 그 자라나는 뇌 속에는 도리나 책임감 같은 내용이 계속 박혀 나가게 된다. 그런 과정을 거치면서 사람들은 '보통 사람 수준의 지능'을 갖는다. 그렇기 때문에 많은 경우 사람들은 어쨌거나 열심히 살아가며 닥친 문제를 해결하려고 할 뿐, 왜 사는지, 세상이 다 뭔지에 대한 고민은 대개 잊고 지낸다. 먹고사느라 바빠서 이런 생각은 할 겨를이 없어서 그럴 수도 있고, 자기에게 주어진 역할에 대한 의무감이나 남에 대한 경쟁심이 다른 생각보다 더 앞서기 때문일 수도 있다. 생활에서 느끼는 보람이나 아름다운 것을 보며 느끼는 감동 같은 것들 때문에 다른 고민이 묻히기 때문일지도 모른다.

그렇다면 인공지능이 문득 사람보다 뛰어난 지능을 갖게 되었을 때, 어떤 기분으로 세상을 보고, 삶에 대해 생각하게 될까. 이탈리아의 한 언론에서는 존 폰 노이만에 대한 뜬소문을 가십거리로 보도하면서 폰 노이만이 '생각하는 기계'에 대해 연구하고 있는데, 그 연구팀 직원들은 자꾸 연구 중에 미쳐 버리곤 했다는 기사를 낸 적이 있었다. 사람 수준의 인공지능이 이 세상에서 살면서 생각해야만 한다는 것을 버틸 수 있을까? 그런 문제는 지적인 능력과는 필연적인 관계는 없는 것일까? 아니면 우리가 인공지능에게 부모가 주는 사랑이나 삶의 작은 즐거움들을 미리 주어야 하는 것일까?

1969년 5월 14일, 쇠약해진 월터 피츠는 46세의 나이로 외롭게 병원에서 사망했다. 피츠의 사인은 식도 정맥류였다. 알콜 중독과 간경화 때문에 생긴 증상으로 짐작된다. 대학 강의실을 떠도는 빈털터리 가출 청소년으로 연구 생활을 시작한 이 외로운 학자는 이렇게 세상을 떠났다. 가족은 없었지만, 그가 남긴 유산은 현대 디지털 문명과 미래의 인공지능 사회였다.

4 로봇 공화국

내일은 또 어떻게 달라질 것인가?

CONTINUE ▼

퀘이크

도대체 왜 지금에 와서 하필 딥 러닝이 빛을 보고 인공지능에 다시 관심이 쏠리기 시작했는지 따져 보면, 빠뜨려서는 안 될 이야기가 하나 있다. 이 이야기는 1999년에 나온 컴퓨터 게임들에 대해 돌아 보면서 소개하는 것이 어울릴 것이다.

1999년 당시 이드 소프트웨어id Software의 프로그래머 존 카맥 John Carmack은 회사의 간판 게임 시리즈 최신편인 퀘이크Quake 3편 을 만드느라 정신이 없었다. 정신이 없었다는 말은 거의 문자 그대 로가 아니었을까 생각한다. 존 카맥은 어릴 때부터 컴퓨터에 푹 빠 져 있던 사람이었고, 어떠한 다른 일에도 관심을 갖지 않고 오직 컴 퓨터 프로그램을 짜는 일에만 몰두하는 사람으로 악명 높았다. 존 카맥은 한번 컴퓨터 프로그래밍 일을 잡으면 하루에 열한 시간 이상 꼴로 미친 듯이 일을 하는 사람이라는 소문이 돌고 있었다.

그때까지 그렇게 일한 성과도 괜찮았다. 존 카맥이 프로그램을 짠 ‹커맨더 킨› 시리즈는 중저예산 컴퓨터 게임의 짭짤한 히트작이었고, ‹울펜슈타인 3-D›는 1인칭으로 하는 총 싸움 게임, 즉 FPS라는 장르를 사실상 창시했다고 할 수 있는 수작이었다. 이후 그와 비슷한 방식이면서도 훨씬 더 내용을 잘 가다듬어 만든 ‹둠›은 어마어마한 대성공을 거두어 존 카맥은 돈과 명성도 넉넉히 얻게 되었다. ‹둠›이 너무 큰 성공을 거두는 바람에 사회 문제처럼 보이기도 할 정도였다. ‹둠›에 너무 심하게 빠진 나머지 다른 일을 내팽개치는 중독증에 대한 이야기가 나오는가 하면, ‹둠› 게임을 하면서 1인칭 시점으로 상대방에게 총을 쏘아 죽이는 것이 사람의 정서에 악영향을 미친다는 폭력성 문제도 점점 더 회자되고 있었다. 총기 문제가 심각한 미국에서 총기 난사 사건의 원인으로 폭력적인 컴퓨터 게임이 지목을 받은 것도 대략 ‹둠›의 유행 무렵이 결정적인 계기였지 싶다.

이후 존 카맥은 ‹퀘이크› 시리즈의 프로그램을 만들었고 이것도 역시 성공시켰다. 이번에도 총 싸움 게임이었는데, 특히 네트워크를 이용해서 컴퓨터를 연결해 멀리 떨어진 곳에 있는 다른 사람과 함께 게임을 겨루는 것이 갈수록 점점 더 인기를 끌었다. ‹둠› 시리즈 시절에도 모뎀을 이용해서 두 사람이 같이 게임을 겨루는 것은 재밋거리였지만, ‹퀘이크› 시리즈가 나오면서는 네트워크로 연결해 이용하는 게임이 아예 많은 사람들이 즐기는 스포츠 같은 문화가 되고 있었다. 서로 모여서 같이 ‹퀘이크› 게임을 하며 총 싸

〈퀘이크〉 시리즈를 여러 사람이 함께 즐기는 문화는 〈퀘이크콘〉이라는 대대적인 행사로 발전했다. 사진은 2009년 〈퀘이크콘〉 행사 풍경.

움을 하는 '랜파티LAN Party'를 즐기는 사람들도 생겨 났고, 1990년 대 중반부터는 '퀘이크콘QuakeCon'이라는 이름으로 많은 사람들이 축제처럼 한자리에 모여 퀘이크 최강자를 뽑는 커다란 행사가 생겨 날 정도였다.

그러나 ‹퀘이크› 3편을 개발할 무렵에는 존 카맥의 마음이 그저 자신만만하지만은 않았을 거라고 나는 짐작한다. 지금까지 성공한 것을 이어나가야한다는 부담감도 있었을 것이고, 한때는 절친한 동료였던 회사 창립자 존 로메로John Romero가 몇 년 앞서 회사를 떠난 것이 의식될 때도 있었을 것이다. 그러나 그중에서도 무엇보다 거슬리는 일은 비슷한 총 싸움 게임들이 다른 회사에서도 여럿 개발되어 못지않은 재미를 뽑내고 있었다는 점이었다.

제2차 세계 대전 같은 과거의 전쟁터를 배경으로 역사를 살리려는 총 싸움 게임도 나오던 참이었고, 제임스 본드 영화 시리즈를 따와서 총 싸움 게임으로 꾸민 ‹골든아이 007› 같은 게임도 인기를 끌고 있었다. ‹언리얼› 같은 게임은 ‹퀘이크› 시리즈와 비슷한 면이 있으면서도 더 화려하고, 더 현란해 보인다는 평을 듣기도 했다. 한편 ‹퀘이크› 시리즈의 프로그램을 빌려서 만든 ‹하프 라이프› 같은 경우에는 단순히 어떤 배경에서 총 싸움을 한다는 것뿐만 아니라, 게임을 하면서 흥미진진한 줄거리를 즐길 수 있게 하는 극적인 구성에서도 신경을 쓰고 있었다.

존 카맥은 이런 부류의 총 싸움 게임을 만든 원조답게, 이 모든 것을 능가하는 게임을 만들고 싶었을 것이다. 그런데 카맥은 감동적인 줄거리를 집어넣거나 유명한 영화에서 배경을 따오는 방법으로 더 뛰어난 게임을 만들지는 않았다. 카맥의 성향을 생각하면 그럴 리는 없었다. 카맥은 게임에서 줄거리나 유명한 인물 같은 것은 덜 중요하다고 생각했고, 그보다 재미있는 게임 규칙과 그런 게임 방식을 잘 즐길 수 있는 컴퓨터 프로그램이 훨씬 더 중요하다고 보고 있었다. 스스로의 역할도 게임 줄거리를 짜거나 인물을 그려내는 사람이 아니라, 컴퓨터 프로그램을 짜는 사람이었다. 그런 이유 때문에 카맥의 취향은 게임에서 줄거리를 더 재밌게 만드는 방향과는 거리가 멀었다고들 했다.

그래서 카맥은 ‹퀘이크 3›를 만들 때에 더 빠르고, 더 화려하고, 더 부드럽게 돌아가는 게임 프로그램을 만드는 데 초점을 맞추었다. 카맥은 당시 자리잡고 있던 3차원 그래픽을 한 단계 더 강화하겠다는 생각을 품었던 것 같다. 그렇게 해서 ‹퀘이크 3›는 그래픽을 위한 전용 반도체 칩을 적극적으로 활용하는 게임으로 완성 되었다. ‹퀘이크 3› 게임을 하기 위해서는 컴퓨터에 특정한 기능을 갖춘 컴퓨터 그래픽용 반도체 칩이 장착되어 있어야 했다.

이야기가 재미있게 돌아가는 것은 바로 이 대목이다. 컴퓨터에 장착되던 부품 중에 그래픽 카드 또는 비디오 어댑터라고 부르던 부품에는 크고 섬세한 화면이나 3차원 컴퓨터 그래픽을 빨리 보여 주기 위해 전용 반도체 칩이 달려 있다. 성능이 좋은 반도체 칩을 장착하면 게임 화면이 더 세밀하고 또렷해졌고 게임의 움직임도 더 부드러워지기 때문에, 지금까지도 컴퓨터 그래픽용 반도체 칩을 만드는 회사들끼리는 경쟁이 치열하다. 그런데 1999년은 3차원 그래픽 게임을 위한 반도체 칩이 소개된 지 얼마 되지 않았던 시기였기 때문에 그 경쟁이 더더욱 치열했다.

1990년대, 이 경쟁에서 가장 우세했던 회사는 '부두Voodoo' 시리즈라는 이름의 반도체 칩을 개발해 팔던 3dfx라는 회사였다. 그 뒤를 엔비디아nvidia나 ATI 테크놀로지스ATI Technologies 같은 회사들이 뒤쫓고 있었다. 부두 칩은 1990년대 중반까지만 해도 게임 프로그램을 만들기에 편리한 점이 있었고, 가격도 적당해서 "부두 칩이 달려 있는 부품이 컴퓨터에 꽂혀 있으면 게임이 멋있게 잘 나온다."는 느낌을 소비자에게 먼저 주는 데 성공했다. 내 기억에도 1990년대에는 3dfx의 부두 칩이 가장 인기였다. 특히 1998년에 나온 부두 밴시Voodoo Banshee 같은 반도체 칩은 저렴한 가격에 비해 성능은 괜찮다는 느낌을 주었다고 기억한다.

경쟁사인 엔비디아로서는 3dfx의 부두를 꺾기 위한 새로운 제품이 필요했다. 엔비디아는 좀 더 성능이 뛰어난 반도체 칩을 만들기로 했다. 부두 밴시 제품이 대체로 적당한 가격에 괜찮은 성능이라는 느낌을 주고 있었다면, 엔비디아는 첨단 기술을 이용해 만든 화끈하고 새로운 경지의 제품을 준비하고 있었던 것 같다. 실제 제품은 모든 면에서 혁신적이고 새로웠다고 하기는 어려울지 몰라도, 적어도 소비자들에게 그런 느낌을 주고 싶어 했던 것은 확실해 보인다.

그래서 엔비디아는 신제품의 이름도 새로 짓기로 했다. 사람들에게 제품 이름 공모를 했고, 1만 2천 명이 접수한 의견 중에서 가장 괜찮은 이름을 뽑았다. 그 이름이 바로 '지포스GeForce'였다. 그것은 미국에서 일본 애니메이션 〈독수리 5형제〉를 번역해 부르던 말인 '지포스G-Force'와 같은 발음이었다. 애니메이션 속 지포스 즉 독수리 5형제는 악당 게렉터 군단을 때려 잡고 다닌다. 엔비디아의 신제품 지포스는 부두voodoo교 주술에 걸린 유령banshee을 때려 잡는 것이 목표였다.

이렇게 해서, 엔비디아는 지포스 시리즈 최초의 제품인 '지포스256GeForce 256'을 1999년에 발표했다. 존 카맥이 이끄는 이드 소프트웨어가 새로운 게임 <퀘이크 3>를 발표한 것과 같은 해였다.

엔비디아는 애초에 계획했던 대로, 지포스256을 새로운 경지에 도달한 놀라운 반도체 칩으로 선전하고 싶어했다. 그냥 '차세대 그래픽 칩'이나 '5세대, 6세대, 7세대 반도체 칩'이라는 식으로 이름을 붙일 수도 있었겠지만, 엔비디아 사람들은 그보다도 더 새로운 것을 궁리하고 있었다. 그렇게 해서 엔비디아 사람들은 'GPU' 즉 그래픽 처리 장치라는 말을 자신들의 신제품에 붙이기로 했다. 그러니까 이렇게 선전하기로 한 것이다. 지포스256은 지금까지 나온 그래픽 칩과는 완전히 다른 성격의 제품이다! 이 제품은 단순히 그래픽 칩이 아니라, 엔비디아에서 개발한 세계 최초의 GPU인 것이다.

GPU라는 말은 컴퓨터에서 가장 핵심적인 부품으로 손꼽히는 CPU, 즉 중앙 처리 장치와 운율이 딱 맞아떨어지는 말이었다. 나는 이것이 운율을 잘 맞춘 덕분에 큰 이득을 얻은 훌륭한 사례라고 생각한다. 'GPU'라는 단어가 나오기 전에는, 이런 그래픽용 반도체 칩을, 그냥 3차원 컴퓨터 그래픽을 위한 반도체 칩, 혹은 3차원 그래픽 가속 칩이라는 식으로 불렀다. 3차원 그래픽 가속 칩이라고 하면, 원래는 별 필요가 없는 장치인데 3차원 그래픽을 쓰는 게임을 더 빠르게 하기 위해 그냥 덤으로 덧붙이는 장치라는 느낌이 언뜻 들기 쉽다고 생각한다. 당시 그래픽 칩을 사는 소비자들이 생각하던 것도 그런 것이었으니 틀린 말은 아니다. 오히려 딱 맞는 말이다.

그런데, CPU와 운율을 맞춘 GPU라는 이름을 이 반도체 칩에 붙이는 순간, 이 칩은 훨씬 더 중요한 느낌이 든다. GPU라는 이름을 설명하려면 항상 CPU라는 말과 견주어 설명하는 수밖에 없다. 그래서 컴퓨터의 기본 작업을 처리하는 반도체 칩이 CPU이고, 그래픽 작업을 처리하는 반도체 칩이 GPU라고 설명하게 된다. 이렇게 되면, 어쩐지 GPU도 CPU와 맞먹는 위치를 갖춘 장치라는 생각도 든다. 컴퓨터의 핵심 부품 CPU와 비교될 만큼 중요하다는 이미지를 가지게 된다고도 생각한다. CPU와 운율이 맞는 이름을 붙이는 것만으로 GPU는 단순히 게임을 위해 덧붙이는 장치가 아니라 컴퓨터 전체 성능에 영향을 끼치는 중요한 핵심 부품이라는 인상을 줄 수 있었다. 그저 적당한 부품을 고르는 것이 아니라, 중요한 부품을 고르는 일이 되는 것이다. 좀 더 뛰어난 성능, 좀 더 훌륭한 고급 제품을 고르도록 소비자를 이끌 수 있다.

물론 GPU라는 이름을 붙인 것만으로 지포스 시리즈가 성공을 거둔 것은 아니다. 사실 내 기억에 지포스256은 최초의 GPU라는 선전에 비해서는 그렇게 폭발적인 인기를 끈 기억은 없다. 가격은 좀 비싼 느낌이었고 그에 비해서 성능이 놀라울 정도로 더 좋은 인상은 아니었다. 그러나 대체로 좋긴 좋다는 분위기 정도는 있었고, 적어도 몇몇 소프트웨어들은 지포스256을 쓰면 확실히 더 잘 돌아가긴 했다. 덕택에 지포스256은 버텨 나갈 수 있었고, 엔비디아에서 'GPU'라는 것을 계속 만들어 나간다는 작전도 계속해서 진행될 수 있었다.

그때 지포스256이 있으면 더 멋지게 잘 돌아갔던 대표적인 게임이 바로 이드 소프트웨어의 1999년 신작 ‹퀘이크 3›였다.

워낙에 팬이 많았던 게임이 ‹퀘이크› 시리즈였기 때문에, 어떤 부품을 썼더니 ‹퀘이크 3›가 얼마나 잘 작동되더라 하는 것은 흔한 시험 방식이었다. 마침 그래픽 칩들의 경쟁도 치열했던 시기였으니, 신제품 그래픽 칩이 나올 때마다 ‹퀘이크 3› 같은 신형 부품의 성능을 활용하는 게임들이 같이 언급되며, “그 게임이 얼마나 잘 돌아간다더라.”, “이번 신형 부품을 달고 그 게임을 돌렸더니 얼마나 부드럽게 되더라.” 같은 설명이 붙었다. 이런 이야기가 서로가 서로를 선전하는 형국이었다.

결국 그런저런 이유 덕택에 이드 소프트웨어도, 엔비디아도 위험한 경쟁 속에 있었던 1999년을 무사히 넘길 수 있었다. ‹퀘이크 3›는 다른 경쟁작보다 압도적으로 재밌다는 평을 받지는 못했지만 무난히 팔려 나가며 인기를 유지했고, 지포스256 역시 최고의 인기 제품은 아니었지만 꽤 인기리에 판매가 되었다.

이후 3dfx가 몰락하면서 엔비디아는 한층 더 성장하게 된다. 3dfx는 고성능 제품을 잘 만들어 내지 못했다. 한편 게임 제작사들이 게임 제작용으로 쓰는 소프트웨어에 대해서도 3dfx는 자기들이 직접 만든 ‘글라이드Glide’라는 소프트웨어를 쓰게 하려고 집중하고 있었다. 엔비디아가 공용 소프트웨어인 OpenGL이나 마이크로소프트의 제품인 DirectX에 집중하는 것과 달랐다. 게다가 3dfx는 더 많은 이익을 얻기 위해 그래픽 칩뿐만 소비자 제품까지 만들어 판매 하려는 과욕을 부렸는데, 이것은 회사에 결정적인 악영향을 끼쳤다. 그래픽 칩 만드는 기술과 조직은 갖추고 있었지만 소비자 제품을 직접 만들어 판매하는 것은 또 다른 형태의 사업이라 새로운 어려움이 있었다. 3dfx는 여기서 이익보다는 손해만 입었던 것 같다.

결국 한때 그래픽 반도체 업계를 지배하고 있었던 3dfx는 도산했고, 2인자, 3인자의 위치에 있었던 엔비디아에 도리어 합병당하는 신세가 되었다. 반면 엔비디아는 점점 더 성장해 나갔고, 엔비디아에서 지포스256을 내어 놓으며 선전한 'GPU'라는 용어 역시 업계 전체에 완전히 정착하여 요즘에는 이런 그래픽용 반도체 칩 제품을 누구나, 어느 회사 제품이건 GPU라고 부르게 되었다.

3dfx가 망한 무렵부터, GPU의 성능 향상은 점점 더 빠르게 이루어졌다. 엔비디아가 잡은 방향대로 다들 고성능 GPU를 만드는 경쟁에 뛰어든 것처럼 보였다. 〈퀘이크 3〉 이상으로 세밀한 그래픽을 사용하는 컴퓨터 게임들은 계속해서 얼마든지 나왔고, 게임 한 편 제작에 수백억 원의 예산을 투입하는 대형 사업들이 줄기차게 펼쳐지는 시대가 되면서 더 화려한 화면, 더 정밀한 그림을 추구하는 흐름은 한동안 그칠 줄을 몰랐다. 그런 표현을 위해서는 더 뛰어난 GPU, 더 강한 연산 능력을 갖춘 GPU가 필요했다.

2000년대가 흘러가는 동안, 이런 고성능 GPU는 이제 게임 만드는 사람들 이외의 사람들에게도 점차 눈길을 끌게 되었다. 여기에서 이 이야기는 인공지능과 이어진다.

눈길을 끈 이유는 GPU의 특이한 구조 때문이었다. 컴퓨터 게임을 위해 3차원 그래픽을 표시하기 위해서는, 화면에 수천, 수만 개의 선, 면을 그려 내기 위한 연산을 빨리 해낼 수 있어야 했다. GPU는 이런 작업을 위해서 동시에 많은 계산을 해낼 수 있는 방향으로 점차 개량되었다. 과장해서 설명하자면, 컴퓨터의 보통 CPU

가 하나의 계산을 빨리 해내는 방향으로 발전했다면, GPU는 하나의 계산은 그렇게 빨리 해내지 못하더라도 느린 속도라도 동시에 두 가지 계산, 열 가지 계산, 백 가지 계산을 동시에 해내는 방향으로 발전했다. CPU가 더 복잡한 계산을 잘 해내기 위해 진화했다면, GPU는 단순한 계산을 잘 해내기 위해 진화했다.

이 덕택에 인공지능을 연구하는 사람들에게 새로운 기회가 생긴 것이다. 특히 딥 러닝 기술, 인공 신경망 기술을 연구하는 사람들에게 GPU는 매우 좋은 장치였다. 인공 신경망 역시 신경세포 역할을 하는 단위 하나하나의 연산은 매우 간단하지만 그것이 아주 많은 숫자가 모였을 때 복잡한 학습을 하게 하는 기술이었다. 간단한 계산 여러 개를 동시에 처리할 수 있는 GPU의 특성에 잘 들어맞았다. GPU의 특성을 잘 활용하면 인공 신경망 연산을 하기에 매우 유리했다. GPU가 컴퓨터 게임용 그래픽을 위해 계산 작업을 하는 대신, 인공 신경망을 위해 계산 작업을 하도록 교묘하게 조작하기만 하면 되었다.

이에 더하여 GPU는 세상의 수많은 컴퓨터에 컴퓨터 게임용으로 항상 하나씩은 들어가던 부품이었기 때문에, 어마어마한 양이 대량 생산되고 있었다. 요즘은 전화기로 게임을 하는 사람들도 많기 때문에 전화기 속에도 어지간한 성능의 GPU가 들어 있다. 그러니 GPU는 한 번 생산하면 수백만 개가 공장에서 쏟아진다. 덕분에 가격도 매우 싸다. 특이한 인공지능 전용 고성능 반도체 칩을 만든답시고, 특수한 연구소에서 특수한 기술을 써서 만드는 것과 비교한다면 GPU는 극히 저렴한 가격으로 구할 수 있었다. 아예 요즘은 컴퓨터 그래픽 이외의 용도로 GPU를 사용하는 것을 엔비디아 같은 GPU 생산 회사에서 고려하면서 지원해 주기도 한다. 이런 것을 GPGPUGeneral-Purpose computing on GPU라고 부르기도 한다.

이렇게 값싼 고성능 GPU가 나타난 덕택에 인공지능 기술, 특히 인공 신경망을 이용한 딥 러닝 기술은 갑자기 확 현실로 발전하게 되었다.

요즘 대부분의 딥 러닝 프로그램들은 흔히 GPU를 이용해서 작동된다. 앞서 소개한 교통 표지판을 인식하는 IDSIA 팀의 프로그램도 그렇고, 앤드류 응 같은 학자가 바이두에서 돌리고 있는 프로그램도 GPU를 이용하고 있다. 예전에는 쓸 만한 인공지능 프로그램을 돌리려면 어마어마한 특수 고성능 반도체 칩이 필요할 것이고 그런 것은 너무 비싸서 현실적으로 사용이 불가능할 것이라고 생각했지만, 이제는 동네 컴퓨터 가게에서 살 수 있는 컴퓨터 게임용으로 나온 GPU를 여러 개 사다가 쓰면 그게 바로 인공지능 프로그램을 돌리기에 적합한 고성능 반도체 칩인 것이다.

GPU와 인공지능에 얽힌 이야기는 서로 예상하지 못한 두 가지 다른 기술이 나중에 가서 절묘하게 영향을 끼치며 맞물리는 모습을 보여 준다. 이렇게 저렇게 자유롭게 범위를 넘나드는 시도와 활용을 고려하다 보면, 처음에는 전혀 상관 없었을 것 같았던 기술의 발전도 자유만 보장해 주면 언젠가 엉뚱한 다른 방향에서 커다란 변화를 몰고 올 가능성이 있다는 이야기다. 만약에 "인공지능 연구 과제는 학술 연구 과제이므로, 컴퓨터 게임용 부품인 GPU를 사는 데 연구비를 지출하면 처벌받는다."는 식으로 케케묵은 규정이 겹겹이 옭아매기만 하는 연구 분위기였다면, 이런 성공은 이루어질 수 없었을 것이다.

다시 말해서, 요즘 얘기하는 인공지능용 하드웨어인 GPU란 것이, 어떤 인공지능의 대가들이 국립 기관의 첨단 인공지능 예산을 받아 명문 대학에서 개발한 것이 아니다. 제 몇 세대 컴퓨터 개발 사업을 하겠다고 정부에서 막대한 예산을 투입하고 일사불란하게 여러 기관들을 동원해서 몇 년간 연구 과제를 몰아붙인 결과로 인공지능용 하드웨어가 개발된 것도 아니다. 그저 총 싸움 게임을 더 재밌게 하기 위해서, 서로 회사들이 자유롭게 궁리하고 경쟁하는 가운데 이 기술이 나온 것이다. 그리고 바로 그런 목적으로 개발된 기술이었기 때문에, 발전 속도도 빨랐고 결과로 나온 제품은 놀라울 정도로 값싼 가격이 되었다.

나는 엔비디아에서 처음 'GPU'라는 이름을 붙인 제품을 내놓았을 때, 이런 미래를 상상한 사람은 거의 아무도 없었을 거라고 생각한다. 그럴 만한 단서도 없었고 먼저 그 미래에 도달한 해외 선진국 사례가 있는 것도 아니었다. 굳이 조그마한 예감이나 징조라도 찾아본다면, 나는 그해, 1999년에 나온 ‹퀘이크 3›의 줄거리를 GPU와 인공지능을 연결하는 희미한 징조로 볼 수 있지 않을까 싶다.

‹퀘이크 3›는 줄거리가 아예 없는 게임이었다. 좋은 줄거리나 유명한 인물로 게임을 더 잘 팔리게 만드는 방향을 싫어했다는 존 카맥의 취향에 대한 소문이 사실이라면, 그 취향대로 아주 갈 데 까지 밀고 나간 게임이었다. ‹퀘이크 3›에서는 아무 줄거리도, 배경도 없이, 그냥 우주 외딴 곳의 어떤 공간에서 접속한 사람들끼리 서로 총 싸움을 하며 싸운다. 싸우다 쓰러지면 당했다는 점수가 기록되고 다시 부활해서 또 싸운다. 그러다 쓰러지면 또 점수를 기록하고 또 싸우기를 계속해서 반복하는 것만이 내용의 전부다. 그러므로,

컴퓨터 게임이지만 혼자서 하기보다는 다른 사람과 같이 하는 것을 중점으로 두고 있는 게임이었다.

만약 싸울 사람을 아무도 구하지 못했다면, 인공지능이 조종하는 상대와 겨루게 된다.

미래

인공지능 바람이 불어닥친 뒤 정부에서는 뭘 해야 하나를 두고 대체로 의견은 둘로 나뉘는 것처럼 보인다. 하나는 전통적으로 꾸준히 나오던 이야기처럼 정부가 미약한 기술을 키우기 위해 대대적으로 지원을 해야 한다는 것이다. 다른 입장은 정반대로 정부가 한발빠져 있기를 바라는 것이다. 정부가 지원 사업, 육성 사업을 벌인다고 갑작스럽게 설쳐 봐야 되는 일이 없으니 괜히 나서서 들볶지 말고 간접적인 지원을 꾸준히 하는 것이 옳다는 방향이다.

최근 두 가지 입장 중에 조금 더 주목을 받는 것은 정부의 지나친 개입을 경계하는 입장인 것 같다. 여기에는 몇 가지 당연한 이유도 있다. 우선 모든 문제에 대해 "국가와 사회의 관심과 지원이 필요하다.”고 결말을 맺는 것을 지금껏 너무 많이 봐 왔기 때문에 이 쪽은 지겨워졌다는 것도 한 가지 이유일 것이다. 최근 한국 정부에 서 창조적인 아이디어를 강조하면서, 정부 기관이 지자체와 대기 업을 짝지어 주고 정부가 “참신한 것 좀 만들어 봐라.”고 밀고 나간 사업이 워낙 주목을 많이 끌었던 만큼, 그에 대한 반발도 나오고 싶 다. 이렇게 생각한다면, 새로운 연구를 개척하고 참신한 것을 떠올 리는 데 정부가 이끌어 주는 것이 도리어 방해가 되는 몇몇 예가 부 각될 만도 하다.

나는 이렇게 정부 지원이 망하는 결과를 상상하는 바탕에는 더 이상 정부가 미래를 예측하지 못한다는 불신이 있다고 생각한다.

예전에는 달랐다. 과거, 산업이 충분히 발전하지 못했던 시기, 기술이 많이 뒤떨어졌던 시기에는 미래에 어디로 어떻게 발전해 나 가야 하는지 어느 정도 방향을 내다보기가 쉬웠다. 과거 시점에서 앞으로 전화가 보급된다거나 자동차 대수가 늘어난다는 것은 많은 사람들이 공감하기 쉬운 미래였다. 추세도 분명했고, 학자들도 다 수가 공감했고, 우리나라를 앞서간 다른 나라들의 사례를 보면서 그럴 것 같다고 짐작하기도 쉬웠다. 맞을 만한 예상이었고, 거기에 맞춰서 정부가 이끌고 나가면 어떻게든 방향은 맞아떨어졌다.

그런데 지금 한국 정부가 개척해 나가야 할 미래는 더 이상 뻔 하지 않다. 막연히 다른 나라를 따라하기에는 이미 한국도 충분히 앞으로 나와 있어서 누구를 따라해야 할지도 마땅하지 않다. 모두 가 공감하는 선명한 미래상도 없는 상황이다. 정부 스스로도 어려 움을 겪는 것처럼 보인다. 2000년대 중반에는 ‘바이오’가 들어가는 기술을 지원하는 것이 유행이었고, 2010년 전후로는 ‘녹색’이 들어

가는 기술을 선전하는 것이 유행했다. 그리고 요즘은 또 인공지능이다.

그러나 인공지능에 대한 전문가들을 정부 기관에서 불러다가 열심히 발전 계획을 짜고 핵심 과제를 정한다고 하지만, 지금껏 컴퓨터 게임이 더 부드럽게 돌아간다는 GPU를 개발하는 일이 인공지능의 돌파구가 될 것이라고 예상하는 사람은 어디에도 흔하지 않았다. 이런 어려운 예측을 하는 데 정부 조직이 과연 얼마나 적합한 곳인지 비판하는 이야기는 갈수록 많이 들려온다. 그저 조준하는 목표물을 '인공지능'으로 바꿔서 다시 한 번 예전처럼 몰아가기 보다는, 정부가 연구 개발에 투자하고 지원하는 방법과 태도를 바꾸는 것이 더 중요하다는 의견도 개중에 많다.

나 또한 이런 생각에 어느 정도까지는 찬성하는 편이다. 지금껏 한국에서 정부의 역할이나 공무원의 의지가 다른 나라에 비해 워낙 강하게 펼쳐진 과거가 있었던 만큼, 그에 대한 부작용과 문제점이 지적받는 것은 피할 수 없다고 생각한다. 특히 예측하기 어려운 미래, 어디서 어떤 새로운 생각이 튀어나올지, 그것을 누가 어떻게 키워줄 수 있을지 쉽게 장담할 수 없는 산업 동향에 대해서는 정부의 태도가 바뀔 필요가 있다는 주장에 공감이 간다.

언론에서 돈이 될 거라고 하는 몇 가지 항목을 정부가 잘 골라낸 후에 그대로 기술을 만들어 보라고 지시하고, 정해진 기한 내에 완성하라고 관리하여 결과 보고서를 꾸미는 방식의 연구 개발은 적어도 지금보다는 줄여 나가는 것이 맞는 방향이라고 생각한다. 한편으로 정부가 순수한 기초 분야에 대한 지원을 키워서 다양한 연구를 할 수 있는 인력을 키우는 데 집중하고, 자유로운 발상을 할 수

있는 판을 만들어 주는 역할에 지금보다는 더 신경을 써야 할 거라
는 주장에 호감이 간다.

만약 정부가 우리에게 인공지능 소프트웨어를 개발하는 것이
사업 목표였기 때문에, 게임을 위한 하드웨어는 우리 목표가 아니
니까 지원하지 않는 방향으로 산업계를 계속 몰아붙였다면, 게임을
하기 위한 GPU도 생겨나지 못했을 것이고, 그 탓에 인공지능 소프
트웨어 자체도 지금보다 성능이 훨씬 떨어졌을 것이다. 게임이 되
었건 뭐가 되었건 새로운 산업에서 새로운 발상을 해내는 사람들이
계속해서 성장할 수 있도록 판을 만들어 주고 혹시라도 발목을 잡
는 일이 생기지 않는지 경계해 나갈 때, 이런 식의 기회가 보일 거라
고 생각한다. 정부가 이것이 기회라고 찍어서 골라내기보다는, 기
회가 최대한 많이 생기도록 방해물을 치워 주는 역할을 하는 것이
좀 더 필요해 보인다.

기본 소득

가까운 미래를 내다보기 어려운 만큼, 먼 미래도 내다보기는 어렵다. 다만 그 사이의 적절한 시점에서 한두 번 정도 여러 사람이 동의하는 예측 지점이 있을지도 모른다. 그러니까 그 지점이 될 때까지 그 과정에서 무슨 일이 생길지는 예상하기 어렵지만 그때가 오기는 온다는 것이다. 혹은 그보다 더 뒤의 미래에는 무슨 일이 벌어질지 모르지만 그전에 한 번은 그때가 온다는 식의 이야기다.

그런 필연적인 미래로 요즘 유난히 자주 나오는 이야기가 바로 '기본 소득'이다. 인공지능과 로봇이 사람의 일자리를 대체해 나간다는 위협을 경계하는 사람들이 많아질수록, 기본 소득 이야기는 점점 더 관심을 받고 있는 듯하다.

약간 무리를 해서 요약하자면, 필연적인 기본 소득은 먼 미래에 사람이 살기 위해 해야 하는 대부분의 일이 모두 인공지능과 로봇에 의해 수행할 수 있는 세상이 올 거라는 가정에서 출발한다. 이런 날이 오면, 집을 짓고, 자동차를 만들고, 공장에서 세수대야를 찍어 내는 모든 일상 생활에 필요한 물자를 공급하는 일들이 다 사람 없이 로봇에 의해 더 값싸고 더 빠르게 이루어지게 된다.

당연히 회사에서는 더 이상 사람을 고용할 필요가 없어진다. 로봇만 있으면 된다. 돈을 많이 가진 재벌은 사람 대신 일할 기계만 사들여서 회사를 운영하면 사람에게 월급을 주고 일을 시킬 때보다 훨씬 많은 물건을 싼 값으로 만들어 낼 수 있다. 당연하게도 대부분의 사람들은 실직 상태가 되고, 대신에 많은 돈과 기술을 가진 몇몇 회사는 전보다 훨씬 더 쉽게 더 많은 물건을 만들 수 있게 된다.

이런 식으로 로봇을 가진 재벌은 갈수록 엄청난 부자가 되고, 나머지 대다수 사람들은 직장을 잃고 극한의 가난에 시달리는 미래가 올 것 같다. 그런데 또 그게 그렇게 되지는 않는다. 사람들이 모두 가난하기 때문에 재벌이 아무리 많은 물건을 만들어 내도 그 물건을 돈을 주고 살 사람이 없어진다. 그러므로 재벌이라고 해서 지금 같은 방식으로 계속 돈을 벌기만 하지는 못한다. 게다가 생계의 위기에 몰린 사람들 중에는 어떻게든 먹고살기 위해 폭동을 일으키거나 범죄에 가담하는 사람들이 생긴다. 세상은 험악해지고, 점차 재벌과 부유한 사람들도 살기 어려운 곳으로 변해 가는 것이다.

이럴 때 SF물에서 부자들은 로봇 경호원으로 자신들의 으리으리한 집 주위와 부자 동네를 지키고, 자동 기계로 자기들에게 필요한 물건을 생산하며 살아가는 미래 세상이 흔히 나온다. 사악하

H.G. 웰즈의 소설 «타임머신»에서는 상류층과 하류층이 분리되어 먼 미래에 완전히 다른 종족으로 변해 버린 상황을 보여 준다. 그림은 1960년 영화화된 ‹타임머신›의 포스터.

고 사치스러운 귀족이 된 거대한 기업의 소유자와 그 말을 잘 듣는 친구들이 있고, 이들은 성벽으로 둘러싸인 아름다운 마을이나 공중 도시 같은 곳에서 자기들끼리 살고 있다. 그리고 그 밖에는 무질서 하고 지저분한 쓰레기장 같은 황무지에서 극히 가난하게 살아가는 사람들이 있는 장면이 나온다. 이런 SF의 중반 이후로는 바깥 세상 에 사는 가난한 사람 중에 한 사람이 성벽 안쪽의 부자 세상으로 들 어가서 모험을 한 끝에 세상을 뒤집거나 혁명을 일으키는 등의 사 건이 흔히 벌어진다.

기본 소득은, 부자들의 성벽과 성벽 바깥의 가난한 사람들이 나타나기 전에 이야기를 끊기 위한 방편 중 하나로 몇몇 사람들이 이야기하는 것이다. 이것은 사람들이 일을 하지 않더라도 누구에게 나 기본적인 생활을 누릴 수 있는 돈을 그냥 주자는 생각이다. 정부 가 로봇을 가진 사람들에게 세금을 걷거나, 혹은 정부가 기업을 직 접 소유해서 돈을 마련한 뒤, 사람들에게 먹고살 수 있을 만큼 돈을 나눠 주자는 것이다. 그렇게 하면 사람들은 그 돈으로 물건을 살 수 있게 되고, 물건이 팔리는 만큼 기업이나 경제도 지금과 비슷하게 돌아가게 된다.

기본 소득을 주장하는 사람들이 흔히 꺼내어 보이는 미래의 모 습은 이렇다. 사람들은 생계를 위해 어쩔 수 없이 하는 일 대신 자 기 적성에 맞는 일, 하고 싶은 일을 찾아서 할 것이다. 먹고살기 위 한 돈이 저절로 주어지니까 비정한 경쟁을 할 필요도 없고, 불안한 미래를 걱정할 까닭도 없다. 그러니 남의 것을 훔치거나 남을 속일 이유도 줄어든다. 그러므로 많은 사회 문제도 지금보다 대폭 개선 될 것이다. 요약하자면, 창틀 먼지 청소는 로봇이 할 테니, 사람은 이제 노래를 부르고 춤을 추면 된다는 이야기다.

이런 생각은 100여 년 전 과거 H. G. 웰즈나 잭 런던 같은 작가들의 사상과도 무척 비슷하다. 아닌 게 아니라 SF물에서 상상하는 미래가 이런 경우도 꽤 있었다. 이런 이야기 속에는 로봇이 아주 값싸게 생산하는 수없이 많은 물자가 있으므로 사람들은 모두 저절로 주어지는 돈으로 다들 풍요로운 삶을 누린다는 내용이 흔히 나왔다. 아예 더 이상 돈이 필요하지 않은 세상이 되었다는 이야기도 가끔 볼 수 있었다.

나는 기본 소득이 생각해 볼 가치는 있다고 본다. 다만, 아직까지는 진짜 해결책이 되기에는 부족한 점 역시 있다고 여기고 있다.

내가 관심을 갖는 이야기는 아니지만, 어떤 사람들은 기본 소득 이후의 세상을 문제 삼기도 한다. 예를 들어, 로봇 덕분에 모두가 일을 하지 않아도 정말로 충분히 먹고살 수 있고, 나아가 넉넉한 풍요가 거저 주어진다면 과연 사람들이 일을 하며 보람차게 살 수 있을까 고민이라는 것이다. 사람들이 단순히 게으르게 살 거라는 생각 외에, 어차피 일을 안 해도 먹고 사는 데는 지장이 없고 일을 찾아서 한다고 해도 대부분 로봇과 인공지능이 사람보다 훨씬 더 잘할 수 있는 세상이라면 과연 내가 살아가는 의미를 어디서 찾을 수 있는지 고민스럽다는 이야기도 들어보았다. 아무 일도 하지 않고 아무것도 만들어 내지 않아도 얼마든지 즐기며 살 수 있는 사람도 있기야 하겠지만, 적어도 지금과 같은 도덕과 가치관을 가진 많은 사람들의 '보람'이나 '의미'에 대한 생각이 그대로 통하지 않을 세상에 대한 이야기로 들리기는 한다.

나는 이런 고민에는 아직 큰 관심이 없다. SF 단편 소재가 되기에는 괜찮다고 생각한다. 그러나 만약 정말로 소수의 부자들이 성벽으로 도시를 둘러치고, 대다수의 실직자들은 거지떼가 되어야 하는 판이라면, 그보다는 게으른 사람들이 인생에 너무 고민이 없어서 걱정이라는 세상이 오는 것이 더 낫다고 생각한다.

내가 염두에 두는 것은 기본 소득이 좋은 미래를 가져올 수 있는 방향이 맞다고 친다면, 과연 어떻게 기본 소득을 실현할 수가 있냐는 것이다.

일단 지금 당장 모두가 풍족하게 지낼 수 있을 만큼 세금을 걷어서 기본 소득을 나눠 주기는 어렵다고 생각한다. 아직은 그 정도로 로봇이 사람의 모든 일을 대체하지 못하고 있다. 지금은 창틀 먼지 청소를 로봇에게 맡기고 노래를 부를 수가 없다. 적어도 한동안은 더 기술이 발전해야만 로봇이 사람의 일을 대부분 대체할 수 있을 것이다. 그렇게 되어야 로봇이 사람 대신 일을 해 주고, 정부는 그 로봇을 거느린 회사에서 세금을 걷어 사람들에게 나눠 준다는 일이 현실이 될 수 있다.

그런데 문제는 그런 고성능 로봇을 만들고 세상에서 널리 쓰려면 누군가 그 로봇을 만들기 위해 연구하고 개발하고 고생해야 한다는 것이다. 또 누군가 돈을 투자해서 로봇을 만들어 내야 하는데, 로봇이 벌어들일 수 있는 이익을 세금으로 걷기로 약속되어 있다면, 결국 그런 로봇은 만들어지지 않을 것이다. 혹시 누군가 세상 모두의 이익을 위해서, 혹은 명예를 위해서 그런 로봇을 만들 수도 있을 것이다. 그러나 그런 마음씨 좋은 사람이 나타나기만 기다려서는 충분히 성능이 뛰어난 로봇이 빨리 개발되지는 못할 것이다.

세계를 상대로 교류하고 경쟁할 수밖에 없는 한 나라를 생각할 때에는 이야기는 더 골치 아프게 복잡해진다.

따지고 들자면 오류도 꽤 있다고 보고 있지만, 일단 전형적인 각본부터 소개하면 이렇다. 어떻게 해서 한국에서 괜찮은 로봇이 개발되었고, 한국 회사가 이 로봇으로 제품을 만들고 한국 국민들은 이 회사에 세금을 거둬서 나눠 먹고 산다고 해 보자. 만약에 중국이나 일본에서 세금을 더 적게 거두고 있다면 중국이나 일본 회사가 한국보다 더 유리해진다. 한국 회사는 중국 회사나 일본 회사와의 경쟁에서 밀리고 사업은 어려워질 것이다. 그러면 한국 국민들이 나눠 먹을 세금도 줄어든다.

게다가 이런 중국이나 일본 회사는 돈을 벌수록 더 많은 이익을 챙길 수 있기 때문에 더 적극적으로 로봇을 개발하고, 더 좋은 제품을 만들기 위해 노력할 것이다. 새로운 로봇을 만들고 새로운 사업을 벌일 사람들도 한국보다는 중국이나 일본에서 사업을 시작할 것이다. 그렇게 되면, 한국 회사와 중국이나 일본 회사와의 격차는 점점 더 커진다. 최악의 경우, 기본 소득 제도를 시행하고 있어도 세금을 걷을 회사가 망해서 모두 없어진 상황이 될 수도 있다. 마침 그동안 시행되던 기본 소득 제도 때문에 별 걱정 없이 살던 사람들이 다들 해변에 누워서 여유롭게 시를 쓰는 것만 자기 일이라고 생각하고 있게 되었다면, 무엇이건 다시 사업을 일으키기도 어려울 수도 있다.

이렇게 흘러가는 이야기가 반드시 정확하다고 볼 수는 없다. 틀린 점을 꼽자면, 기본 소득 제도를 잘 정착시켜 회사를 운영할 때 생기는 장점이 무시되고 있다는 것은 바로 보인다. 장점으로는, 모두가 기본 생활이 보장된 사회는 범죄 없이 평화롭고 다들 적성에 맞는 일을 정직하게 하고 있는 곳이기 때문에 비록 세금을 좀 더 많이 내더라도 회사를 안전하게 운영할 수 있고, 속임수 없이 제 적성에 맞게 일을 할 수 있다는 것 등이 있다. 이런 회사는 세금으로 이익은 많이 빼앗길지 몰라도 더욱 진심으로 일을 열심히 할 것이다. 한편으로 앞서 나온 기본 소득 제도를 시행하다가 망하는 이야기는, 대체로 요즘 한국 기업에 대한 흔한 변명과 닮아 있기도 하다.

그러나 이 이야기의 핵심만은 여전히 남는다. 즉 세금을 걷고 기본 소득 제도를 시행하는 것은 우리나라에서 벌어지는 일이지만, 돈을 버는 것은 전 세계를 대상으로 하는 일이라는 차이다.

이것은 여전히 무게가 있는 문제라고 생각한다. 한국 정부에서 아무리 철저히 기본 소득 제도를 잘 시행하고 기업들도 거기에 맞게 움직이게 하기 위해 개조하려고 애를 쓴다 해도, 한국 정부의 손이 닿는 것은 한국 기업들까지다. 만약 다른 나라들이 여기 들어맞지 않고 엇나가 버리면서 빈틈을 노리면, 기본 소득 제도를 시행할 수 있을 만큼 충분한 돈을 한국이 벌어들이기도 어렵고, 그렇게 된다고 해도 유지하기도 어렵다.

그 외에도 기본 소득 제도를 시행하는 중간 과정에서 발생하는 문제는 여러 가지를 더 떠올려 볼 수 있다. 모두가 돈을 더 갖게 되면서 기본 소득 초창기에 발생할 것으로 예상되는 물가 폭등을 어떻게 해결할 수 있느냐 하는 문제부터, 정부가 훨씬 더 많은 비중을 차지하는 세금을 철저히 거둬 들이고 공정하게 나눠 줄 수 있는 능력을 갖출 수 있느냐 하는 문제도 있다.

중간 과정에서는 모두에게 그저 돈을 나눠 주는 기본 소득 제도 대신에, 가난하고 도움이 시급한 사람들을 선별해서 먼저 돕자는 의견이 계속해서 나오기도 할 것이다. 이에 대한 반대 근거로, 도움이 필요한 사람들을 구분하고 선별하는 절차 자체가 귀찮고 힘들기 때문에, 차라리 그냥 돈을 모두에게 다 주는 것이 낫다는 의견이 있기는 하다. 그러나 나중에 인공지능이나 자동화 프로그램에 이런 행정 업무를 맡기게 되면 이 비용은 대폭 줄어들 것이다.

때문에 나는 기본 소득 제도에 대한 주장이나 연구에서 미래에 대한 달콤한 풍경을 그리는 것보다는, 그 과정의 골치 아픈 문제를 해결해 나가기 위한 방편들에 좀 더 초점을 맞추는 것이 필요하다고 생각한다. 예상되는 그 많은 문제를 어떻게 해결해 나가야 하는지, 어떤 한계가 있는지 논의하는 과정에서 얻을 수 있는 것이 많을 거라고 나는 짐작하고 있다. 그 마지막 목적지가 꼭 기본 소득 제도가 아니라 하더라도 중간중간 합의해 나가며, 더 좋은 사회, 더 바람직한 미래가 무엇인지 같이 궁리해 볼 수 있을 거라고 믿는다.

그 한 예로, 인공지능으로 세상이 변하는 것을 피할 수 없다면, 우선은 지금보다 더 적극적으로 다른 나라와 서로 협력하고 제도를 맞춰 나가는 것을 놓치지 않아야 할 것이다. 영국의 소프트웨어 회사가 개발한 인공지능 프로그램이 우리나라 사람의 일자리를 뒤흔들 수 있고, 미국의 인터넷 회사가 만든 자동차 운전 장치가 한국의 교통 안전을 위협할 수 있는 것이 뻔히 보이는 세상이라면, 국제 협력에 더 애를 쓰며 나서야 한다. 마찬가지로 규제나 기술 표준은 물론이고 세금이나 복지 제도 등의 다양한 영역에서 더 기민하게 세계의 다른 나라들과 함께 조율해 나가야 할 것이다. 해외 출장은 비행기 타기 체험에 관광이나 하는 것이라 여기는 높은 분들의 놀음을 없애고, 대신 진짜 일을 하기 위한 사람들을 더욱더 많이 움직여야 한다고 본다.

혹시라도 우리가 적절한 조절에 실패해서, 정말로 미래에 로봇을 가진 사람들이 모든 물자와 기술을 독차지하고 성벽을 치는 세상이 된다면 어떻게 될까? 지금은 기본 소득을 주장하는 사람들이 얼른 세상을 갈아 치우지 않으면 그런 무서운 미래가 온다고 겁을 주는 말처럼 들린다. 그 말이 맞다면 그런 무시무시한 미래가 올 가능성도 여전히 남아 있다.

일단 가정해 보고, 정말 그렇게 불안한 세상이 온다면 어떨까? 저항하며 세상을 다시 뒤엎기 위해 싸우는 SF물 같은 일이 벌어질까? 나는 그와는 다른 생각도 해 본다.

훨씬 재미없는 이야기이지만, 그런 SF의 세상이 온 뒤 별다른 영웅도 없고 별다른 혁명도 없이 다시 더 미래로 시간이 흘러, 한두 세대 정도 세월이 흐른 뒤를 상상해 본다. 그렇게 되면 결국 성벽 바깥의 가난한 사람들은 모두 죽고 그 자손들은 남지 않을 것이다. 정말로 성벽 안팎에 그 정도로 큰 기술 격차가 있고 성벽 안쪽의 인공지능 로봇 문명이 안정되어 있다면, 성벽 바깥의 누구도 세상을 뒤엎는 일을 성공시킬 수 없다고 보는 것이 자연스럽다. 그렇게 해서 성벽 바깥의 사람들은 그냥 사라진다. 화끈한 혁명이 아니라 조용한 전환이다. 그러면 자연스럽게 로봇을 거느리고 성벽 안에서 살아가는 사람들이 세상의 전부가 될 것이다. 그런 엉뚱한 방식으로 지구상에 남은 인류 모두가 전부 사치스럽고 부유하게 영원히 자기들만의 낙원에서 지내게 될지도 모른다.

④ 로봇 대통령

2016년 봄, 나는 울산에 새로 생긴 한 화학 공장을 찾아가 그 공장의 이곳저곳을 점검하는 일을 맡게 되었다.

화학 공장은 흔히 불씨가 튀면 폭발하는 가스나 잘못 건드리면 터지는 압력이 높은 장비를 이용하는 경우가 많다. 그렇기 때문에 예전부터 대부분의 작업이 사람의 손을 댈 필요 없이 자동 장치에 의해 움직이도록 설계되곤 했다. 그래서 넓디넓은 공장에 복잡한 미로처럼 강철 파이프들이 얽혀 가득가득 자리잡고 있어도 정작 일하는 사람은 몇 되지 않는 경우가 흔했다.

화학 공장에서 사람이 눈에 쉽게 뜨이는 곳을 굳이 찾아본다면 보통은 창고 정도다. 자루에 담겨 있는 화학 물질을 창고에 쌓아 놓거나, 창고에 있는 화학 물질을 내려다가 트럭에 싣는 작업 정도를 사람이 맡아 했던 것이다.

그런데 지난봄에 새로 찾아간 공장에는 그 창고에서조차 사람을 찾아볼 수 없었다. 그곳에는 로봇이 있었다. 사람이 작업하는 창고가 아니니, 창고의 모양도 달랐다. 그 창고는 몇 십 층은 될 만한 높이로 층층이 쌓인 거대한 서랍들이 운동장만 한 넓이에 가득 차 있는 모양이었다. 그 사이사이에 깔려 있는 레일을 따라 로봇이 움직이면서 컴퓨터에 지시된 위치로 올라가 자루를 꺼내서 순식간에 트럭이 있는 곳까지 운반해 왔다.

이 로봇은 사람보다 훨씬 빠르게 일할 뿐만 아니라, 사람보다 훨씬 더 많은 짐을 운반할 수 있다. 게다가 사람이 작업하기에는 위험한 높은 곳까지 로봇은 거침없이 더 안전하게 올라갈 수 있다. 높이 짐을 쌓아 놓을 수 있으니 공간도 절약된다. 무엇보다 사람이 작업하는 창고는 사람이 헷갈리지 않기 위해 규칙적으로 비슷한 물건끼리 모아 놓고 위치를 잘 보아야 하지만, 로봇은 아무리 어지럽게 물건을 섞어서 저장해 두어도 컴퓨터에 정확한 위치를 기록해 놓기만 하면 아무리 시간이 지나도 혼란 없이 그 위치에서 물건을 즉시 꺼내 올 수 있다.

그 광경을 본 느낌을 정확하게 묘사하는 것은 쉽지 않다. 그런 창고의 기계 장치들은 자연적인 것이 아니라, 오직 기계의 효율을 위해 만들어 낸 것이었다. 그 때문에 그 로봇들과 그 장치들의 모습은 우리가 지금껏 흔히 자연에서 보아오던 그 무엇과도 비슷하지 않았다. 높다랗게 솟은 서랍 모양 선반 사이 그늘진 곳을 걷는 느낌은 커다란 나무가 빽빽한 숲 속과 조금은 비슷할지 모른다. 하지만 다르다는 느낌은 분명하다. 창고의 서랍들은 어떤 나무들보다도 훨씬 더 높아서 커다란 빌딩과 비슷했고, 하늘거리는 초록색 잎이나 흔들리는 가지는 전혀 보이지 않는 쪽 뻗은 직선의 강철 덩어리만 사방에 뻗어 있었다. 인공지능에 대한 낯선 느낌도 그런 것일지 모른다. 인공지능은 생물과 비슷하게 지능이 있어 보이지만, 생물학의 진화와는 전혀 다른 방식으로 발전해 나아가기 때문에 같은 방식으로 예상하기 어렵다.

나는 그때 그 강철 사이를 오가며 부지런히 움직이는 로봇을 보면서, 인공지능에 대한 이야기들을 모아 엮어 보겠다는 생각을 했다. 그날 당장 떠오른 이야기들도 있었다.

이 창고의 로봇들은 과거에 창고에서 일하는 사람들을 대부분 필요없게 만들었다. 필요한 사람은 로봇과 컴퓨터를 맡은 사람 몇몇 정도였다. 그렇지만 이 로봇이 있었기 때문에, 애초에 이 공장이 인건비가 더 싼 중국이나 인도가 아니라, 로봇을 관리할 수 있는 기술과 시설이 갖춰진 한국에 생길 수 있었다. 일용직이나 비정규직으로 일하는 직원들 대신에 로봇을 관리하는 교육을 받은 정규직 직원이 채용되었다. 과거의 창고 작업은 주로 남성들이 했지만, 이곳에서는 컴퓨터를 조작하는 일에 여성이 채용되기도 했다. 한편으로는 수리를 할 일이 생기거나 보수 작업이 필요할 때에는, 컴퓨터 소프트웨어와 로봇을 파는 회사들에 조금은 얽매일 수밖에 없었다. 4차 산업혁명이니 스마트 공장을 밀고 나가다가 자칫 표준화나 개방화에 실패하면 제조업 공장들이 소프트웨어 회사와 로봇 회사에 코 꿰인 졸개가 되는 것 아닌가 생각하기도 했다.

그 후에 하나둘 여러 이야기들을 정리하면서, 나는 인공지능의 감성적인 특성이나 인공지능 겨울의 전후로 벌어진 일들, 인공지능이 세상을 지배하고 모든 것을 초월해 버릴지 모른다는 상상에 대해서 돌아보기도 했다. 미래에 대한 예상이 어렵다는 이야기와 동시에 미래 사회에 대한 상상도 같이 따져 보았다.

그래서 지금 나는 결론으로 인공지능이 갑작스럽게 사회를 바꿀 위험보다는 오히려 어느 날 갑자기 인공지능에 대한 열기가 식어 버리는 것을 어떻게 넘어설지 걱정하는 것이 더 중요하다는 생각을 갖게 되었다.

한편으로는 인공지능이 이끌고 오는 사회 변화가 급박하게 일어나기보다는 훨씬 더 꾸준하게 서서히 나타날 거라고 짐작하게 되었다. 이를테면, 당장 로봇이 내 일자리를 대체하기보다는 인공지능으로 성공한 회사들이 일으키는 경제 변화의 간접적인 영향으로 이자율, 환율, 주가 때문에 고생하는 일이 먼저 생길 것이다. 혹은 당신을 대신할 기계를 도입했으니 내일부터 회사에 출근하지 말라는 통보를 받는 일보다는, 인공지능 기술을 도입해서 경쟁에 앞서 나간 외국의 다른 회사 때문에 언젠가 내가 다니는 회사가 망해서 실직하는 일이 먼저 벌어질 가능성이 더 크다.

여기까지가 내가 꽤 그럴싸하다고 생각하고 있는 가능성들이다. 그 대책으로 나는 최고의 인공지능 학자 한두 명을 키워 내는 계획보다, 광범위한 영역에서 좀 더 객관적으로 기록과 자료를 관리하고, 통계학 기법을 널리 깊게 활용하면서 인공지능에 대비해 나가는 계획을 추천했다. 여기에 덧붙여 보안 기술에 좀 더 넓은 관심을 갖는 것도 좋은 준비라는 생각을 소개하기도 했다.

그다음에는 무슨 일이 벌어질 것인가?

그래서 이제는 이후의 이야기, 그다음 이야기를 해 보려고 한다. 지금부터 하는 이야기는 근거는 더 적고, 막연한 공상이라고 봐야 하는 내용은 더 많아진다. 말장난 같은 이야기일 수도 있고, 허황된 꿈일지도 모른다.

그럼에도 불구하고 제법 진지하게 꺼내 보고 싶은 말은 있다. 그것은 '대 바지사장 시대'이다. 바로 이것이 가까운 미래의 변화가 한 번 휩쓸고 지나간 뒤에 나타날 사회상으로 내가 상상하고 있는 것이다.

인공지능의 능력이 충분히 사람만큼 뛰어나게 발전하면, 사람이 고려하기 어려운 일조차 인공지능이 많은 영역에서 대신 분석해 줄 수 있는 시기가 찾아올 것이다. 그런데 그런 분석과 판단을 인공지능이 할 수 있을지 몰라도, 그에 대한 책임과 처벌을 기계에게 지우기는 어렵다. 그렇다면 최종 책임과 처벌을 위해서 사람에게 여전히 마지막 결정권을 쥐어 주어야 한다. 적어도 이런 시기가 한동안은 계속될 거라고 나는 생각해 본다.

인공지능이 조종하는 자동차가 있다고 하자. 만약 갑자기 사고를 낸다면 누가 책임지고 누구를 처벌해 감옥에 가두어야 하는지를 따질 것이다. 그런데 자동차의 통제 컴퓨터 부품을 떼어 내어 유치장에 넣어 놓을 수는 없지 않은가? 결국 그 자동차의 운전석에 앉아 있는 자동차 주인이 책임을 지게 해야 한다. 위험한 순간, 결정적인 순간에는 자동차 운전석에 앉아 있는 주인이 차를 운전할 수 있는 기능을 갖춰 놓고, 만약에 사고가 나면 주인의 책임을 묻는 것이 손쉬운 방책일 것이다.

우스꽝스러운 점은 이 자동차 주인이 정말로 책임을 질 능력은 거의 없다는 것이다. 충분히 발전한 인공지능은 대부분 사람보다 더 안전하게 운전을 잘 할 것이다. 운전에서도 몇 가지 사람보다 뒤처져 어려운 문제가 한참 풀리지 않는 기능도 있기는 하겠지만, 적어도 평범한 보통 도로에서 사람보다 더 집중해서 더 편안하게 운전할 수 있는 능력은 큰 어려움 없이 달성될 것이다. 게다가 급박하고 위험한 사고의 순간에는, 사람보다는 기계, 로봇, 컴퓨터가 더 빠르게 반응하고 더 합리적인 판단을 할 수 있다.

그러니 자동차 주인은 실제 자동차 운전 컴퓨터보다 운전 실력은 없다. 그런데도 그저 책임지는 역할을 하기 위해 운전대 앞에 앉아 자리를 지키고, 일이 잘못 풀리면 처벌받는 노릇을 해야 한다.

이런 일은 사람의 판단을 중요하게 여기는 모든 영역에서 일어날 수 있다. 회사에서 신제품에 대한 투자를 해야 하는지 말아야 하는지 결정할 때, 사람보다 인공지능의 추측이 대체로 더 믿을 만해지는 때가 올 것이다. 인공지능은 투자에 대한 온갖 기술 자료, 금융 정보, 시장 예측, 정부 정책 예상에 대한 어마어마하게 많은 자료를 편견 없이 객관적으로 검토할 것이다. 사람이라면 그 많은 자료를 도저히 다 살펴볼 수가 없다. 결국 대부분의 상황에서는 인공지능을 믿고 따라가게 된다. 그렇지만 책임질 사람, 일이 잘못될 경우 처벌받을 사람을 위해 여전히 담당자는 필요할 것이다. 이 담당자가 하는 일은 인공지능 컴퓨터가 화면에 출력한 결정대로 서명만 하는 일이지만, 여전히 서명하는 그 손을 가진 사람 한 명을 앉혀 놓을 필요가 있는 시기가 오게 된다.

부대를 어디에 배치하고 어떤 무기를 사용해야 전쟁에서 이길 수 있는지 수천, 수만 가지 정보를 고려해 판단한 인공지능의 결론을 이 시대의 장군은 무시할 수 없다. 장군은 그런 분석을 해낼 능력은커녕, 인공지능의 복잡한 분석을 이해할 만한 능력도 없을 것이다. 그렇지만 책임질 사람이 있어야 하므로, 일단은 장군 자리에 사람을 앉혀 두어야 한다.

어떤 사람들은 자기 권위와 일자리를 지키기 위해서 보다 적극적으로 규제와 제도를 이용해서 이런 책임질 수 있는 자리를 지키려 할 것이다. 로봇이 대부분의 의사들보다 진료를 더 잘하게 되고, 로봇이 대부분의 공인중개사들보다 더 공정하게 집을 사고팔 수 있게 되어도, 어쨌거나 그런 일은 자격증을 가진 사람이 최종 책임을 지지 않으면 안 된다는 이유를 내세울 것이다. 그렇게 해서 인공지능의 결과대로 그저 도장을 찍는 일이 전부인 자리를 자격증과 규제 법령을 내세워 지키려고 할 것이다.

그런 식으로 세상의 수많은 직책에서 사실 그저 인공지능이 시키는 대로 하는 것이 일의 전부이고, 다만 책임과 처벌만 사람의 몫인 시대가 올 거라고 생각한다. 이런 직책에서 실제로 일은 인공지능이 맡아 하고, 사람의 역할은 '바지사장'과 다름없어진다. 이 시기는 길 수도 있고 짧을 수도 있고, 각계각층에 넓게 나타날 수도 있고 몇몇 직업에서만 나타날 수도 있겠지만, 눈에 뜨일 만큼은 계속될 것 같다고 나는 상상했다. 그래서 나는 이 시기를 '대 바지사장 시대'라고 이름 붙였다.

대 바지사장 시대에서 사람의 재주란 평소에 실제 일을 하는 솜씨가 아니다. 그런 것은 인공지능이 모두 다 하고 있다. 인공지능을 더 잘 활용하고, 더 좋은 인공지능을 개량할 수 있는 솜씨를 갖춘 사람도 있기는 할 것이다. 하지만 인공지능이 어쨌거나 제몫을 하고 있다면 이 시대에는 그런 재주가 딱히 꼭 필요한 대접을 받지는 않을 것 같다.

대신에 사람에게 필요한 재주는 무슨 문제가 생겨서 책임을 져야 할 때, 책임을 어떻게든 피해 나가고, 처벌을 받아야 할 때 어떻게든 처벌을 가볍게 만드는 것이다. 곧 대 바지사장 시대에 뛰어난 사람은 일이 잘못되었을 때 여기저기 끈을 대고 평소에 만들어 놓은 인맥을 이용해서 빠져나갈 길을 찾는 사람이다. 대 바지사장 시대에, 로봇과 인공지능이 할 수 없는 것을 사람이 찾는다면, 처벌받을 일이 생겼을 때 최대한 쉽게 빠져나올 수 있도록, 평소에 여러 군데 굽실거리고 손을 비비고 다니는 일이다. 이런 것은 로봇을 시켜서 할 수 있는 일이 아니다.

비슷하게 대 바지사장 시대 동안 사람의 가장 중요한 가치는 '다른 사람을 거느리는 기분'이 될 것이다. 어차피 일은 대부분 사람보다 로봇이 더 잘한다. 사람을 고용하는 누군가에게 일 잘하는 사람보다 더 필요한 것은 자기가 부하를 거느리고 있다는 뿌듯함을 잘 느끼게 해 줄 수 있는 사람이다. 로봇 100대가 항상 자기를 따라다니며 칭송의 노래를 끊임없이 불러 준다고 해도 멍청한 기분밖에 들지 않을 것이다. 그렇지만 진짜 사람을 거느리고 윗사람 대접을 받는 감정은 쉽게 사라지지 않을 것이다. 그것도 똑같이 멍청한 기분이라는 것을 얼른 깨닫기는 어렵다. 자기를 떠받드는 사람이 있다는 느낌, 내가 저 사람보다 더 우월하다는 느낌은 로봇이 어떻게 대체해서 느끼게 해 줄 수 있는 것이 아니다.

이렇게 되면, 결국 대 바지사장 시대에, 사람의 가치는 비위를 더 잘 맞춰 주는 것, 더 잘 접대하는 것, 더 잘 섬기는 척하는 것이 된다. 직장에서 일은 로봇이 하고 사람은 도장만 찍어 주고 있으니, 가장 중요한 일은 의전과 회식자리, 단합대회와 산행이 될지도 모른다.

우스꽝스러운 이야기다. 웹진 거울에 실린 〈영혼을 팔아도 본전도 못 찾는다〉라는 SF 단편에서는 대 바지사장 시대를 농담거리로 삼기도 했다. 그렇지만 나는 그냥 농담만은 아닌 이야기라고 생각한다. 대 바지사장 시대가 어느 정도 이런 방향으로 빠질 가능성은 충분하다고 생각한다.

대 바지사장 시대에 빠진 사람들의 모습은 부지런히 일을 하고 있는 로봇 어른들의 세상 옆에서 종이로 만든 왕관을 쓰고 나무로 만든 칼을 든 채 서로 신하니 임금이니 장난을 치는 어린아이의 왕놀이 같아 보일 것이다. 그저 우습다는 것만이 문제는 아니다. 대 바지사장 시대가 길게 계속된다면, 이런 사회는 결국 더 효율적인 문화를 갖고 있는 사회에 밀릴 수밖에 없다.

철학자 닉 보스트롬이 한번은 강연 중에, 클립을 최대한 많이 만들라는 명령을 인공지능에게 내렸을 때 인공지능이 맹목적으로 그 명령을 따르려는 목적으로 온 지구를 클립 공장으로 다 덮어 버리기 위해 온갖 기술을 개발해 내는 이야기를 또 꺼냈다. 그런데 이 이야기를 들은 한 청중은 "옛날 사람들이 보면 현대의 우리가 이미 그런 짓을 하고 있는 것으로 보일지도 모르겠다."고 말했다.

나는 그 말이 기억에 남았다. 지금 우리가 경제를 위해서 만드는 제품은 5인치 더 큰 텔레비전이나, 연예인 욕 하는 게시판을 한 시간 더 오래 볼 수 있는 배터리 같은 것들이다. 이런 제품을 만드는 경제를 위해서, 어떤 직장인들은 목숨을 거는 위험을 무릅써야 할 때도 있고 어떤 직원들은 심한 인격 모독을 버텨야 하기도 한다. 과연 그런 희생의 가치가 있는 일인가? 미래의 어느 악마 같은 컴퓨터가 클립을 최대한 많이 만들라는 명령만 보고 세상을 클립 공장으로 덮는 것과, 얼마간의 연비를 향상시키기 위해 전 직원에게 사기를 치라고 명령하는 따위의 현대 산업이 일부 비슷해 보인다는 그 말은 언뜻 그렇다 싶을 정도였다.

마찬가지로 대 바지사장 시대의 비웃음거리도 이미 우리 주변에서 어느 정도는 볼 수 있다고 생각한다. 어차피 지금 시대도 산업구조와 첨단기술은 어렵고 복잡하기만 하다. 중역이나 경영진은 제대로 이해하고 판단을 내리는 것이 불가능하다고 보고 포기해 버린다. 실제 일은 실무 직원들이 하는 것이고, 경영자의 역할은 그렇게 엉성하게 짚어 나가던 일이 잘못되었을 때 영문을 알건 모르건 책임을 지는 것이다. 이런 경영자에게 실력이란 회사가 사고를 냈을 때, 여기저기 끈을 대어 빨리 수습하고, 평소 쌓아 놓은 인맥으로 처벌을 가장 가볍게 하는 것이다.

결국 대 바지사장 시대의 무의미한 고생을 막아 내려면 지금부터 미리 세상을 고쳐 나가야 할 것이라고 생각한다. 그렇게 움직일 때에, 대 바지사장 시대를 넘어서 그다음으로 나아갈 수 있다.

대 바지사장 시대가 끝나고 나면, 우리는 훨씬 많은 일을 로봇과 인공지능과 함께 더 효과적으로 해 나가고 있을 것이다. 현대 도시에서 대중교통이나 전기, 도로와 수도는 누구나 쓸 수 있는 것이듯이, 미래에는 길거리와 건물 곳곳에 로봇이 항상 어디에나 있어 사람과 섞여 살고 있을 거라고 상상해 본다. 세상에 가득한 인공지능과 로봇은 전화선이나 철도 같은 사회 간접 자본이 되어 우리 산업과 삶의 바탕이 될 것이다.

그렇게 되면, 우리는 언젠가 우리 사회의 가장 복잡한 문제에 대한 판단을 제시하고 온 나라의 가장 심각한 문제를 해결하기 위해 고민하는 일도 인공지능에게 다소간 맡길 수 있을 것이다. 그러면 우리는 사실상 로봇 대통령을 보게 될지도 모른다.

선거철이 되면 많은 후보자들의 입에서 공기처럼 떠도는 말 중에 민주 국가의 정치인은 국민의 지배자가 아니라 국민의 일꾼이고, 머슴이라는 것이 있다. 그 말을 제대로 지킬 수 있는 세상을 그때까지 만들어 놓는다면, 로봇 대통령이 우리의 머슴이 되는 로봇 공화국에서도 우리는 얼마든지 함께 살아갈 수 있을 것이다.

〈끝〉

1장 엘리자

David Rising AI pioneer Joseph Weizenbaum dies AP (2008)

W. David Gardner Remembering Joe Weizenbaum, ELIZA Creator
　　InformationWeek (13/MAR/2008)

JOHN MARKOFF Joseph Weizenbaum, Famed Programmer, Is Dead
　　at 85 The New York Times (13/MAR/2008)

David H. Ahl (Edited by) More BASIC Computer Games (1979)

Stephen Wolfram Idea Makers (2016)

2장 덴드랄

Edward A. Feigenbaum, Bruce G. Buchanan DENDRAL and
　　Meta-DENDRAL: roots of knowledge systems and expert system
　　applications Artificial Intelligence 59, 233-240 (1993)

Robert K. Lindsay DENDRAL: a case study of the first expert system
　　for scientific hypothesis formation Artificial Intelligence 61, 209-
　　261 (1993)

WILLIAM J. BROADFEB Joshua Lederberg, 82, a Nobel Winner,
　　Dies The New York Times (FEB/2008)

LIAT CLARK Google brain simulator identifies cats on YouTube
　　WIRED (26/JUN/2012)

原隆, 瀧口範子 日本人は「ロボットの心」を創れますか 日経ビジネス

(28/JAN/2013)

Lynda Gratton What will artificial intelligence mean for the world of work? The Guardian (17/FEB/2015)

글로벌과학기술정책정보서비스 4차 산업혁명과 일자리의 미래 해외 정책 이슈 분석 (8/MAR/2016)

Nils J.Nilsson Artificial Intelligence : A New Synthesis (1998)

Ben P. Walls Beautiful Mates: Applying Principles of Beauty to Computer Chess Heuristics (1997)

Hunter Heyck HERBERT ("HERB") ALEXANDER SIMON, http://amturing.acm.org/award_winners/

매일경제신문, 매일경제TV, 신한금융투자 매경 로봇 vs 인간 주식 실전투자대회 (이벤트 웹페이지, http://www.shinhaninvest.com/event/robo_160330/event.jsp)

3장 MCP

GUALTIERO PICCININI THE FIRST COMPUTATIONAL THEORY OF MIND AND BRAIN: A CLOSE LOOK AT MCCULLOCH AND PITTS'S "LOGICAL CALCULUS OF IDEAS IMMANENT IN NERVOUS ACTIVITY" Synthese 141: 175~215 (2004)

Kenneth Aizawa Warren McCulloch's Turn to Cybernetics: What Walter Pitts Contributed INTERDISCIPLINARY SCIENCE REVIEWS, Vol. 37 No. 3, 206~17 (2012)

Amanda Gefter The Man who Tried to Redeem the World with Logic Nautilus (5/FEB/2015)

Keller Easterling Walter Pitts Cabinet, Issue 5 (2001)

Carole Cadwalladr Are the robots about to rise? Google's new director of engineering thinks so… The Guardian (4/APR/2014)

STEVEN LEVY How Ray Kurzweil Will Help Google Make the Ultimate AI Brain WIRED (25/APR/2013)

Robin Wigglesworth Money managers seek AI's 'deep learning' Financial Times (20/MAY/2016)

Hans Moravec Rise of the Robots–The Future of Artificial Intelligence Scientific American (23/MAR/2009)

ELLIE ZOLFAGHARIFARD How the Apple Watch is as powerful as TWO Cray supercomputers: Graphic reveals the incredible advances in computing power DAILYMAIL.COM (27/MAY/2015)

MOSHE Y. VARDI The Consequences of Machine Intelligence The Atlantic (25/OCT/2012)

GEEK'S GUIDE TO THE GALAXY Vernor Vinge Is Optimistic About the Collapse of Civilization WIRED GEEK'S GUIDE TO THE GALAXY Episode 56 (21/MAR/2012)

Jeremy Bernstein A.I. The New Yorker (14/DEC/1981)

Jill Lepore THE ICEMAN The New Yorker (25/JAN/2010)

Michael Pearson Pioneering computer scientist Marvin Minsky dies at 88 CNN (26/JAN/2016)

Vernor Vinge The Coming Technological Singularity: How to Survive in the Post-Human Era VISION-21 Symposium (1993)

Jeremy Hsu Control dangerous AI before it control us, one experts says NBCNEWS.com (1/MAR/2012)

Frankenstein's paperclips The Economist (25/JUN/2016)

Gill Pratt Artificial Intelligence is a BIG Part of Toyota Aspen Ideas Festival (30/JUN/2016)

Ken Haase E Pluribus Unum: The Singularity is Here TEDx Brussels (2011)

Frank Rosenblatt Two theorems of statistical separability in the perceptron, Cornell Aeronautical Laboratory, Inc. Project Para (1958)

윌리엄 파운드스톤(박우석 옮김) 죄수의 딜레마 (2005)

INI Benchmark Website! - GTSRB, http://benchmark.ini.rub.de (2011)

Nick Bostrom Ethical Issues in Advanced Artificial Intelligence, http://www.nickbostrom.com/ethics/ai.html

Alcor Official Alcor Statement Concerning Marvin Minsky (27/JAN/2016)

4장 로봇 공화국

Andrew Webster From hell: a look at John Carmack's incredible and influential games THE VERGE (26/NOV/2013)

DAVID MARLETT The Virtual Reality of John Carmack D (SEP/2015)

CHRISKOHLER Q&A: Doom's Creator Looks Back on 20 Years of Demonic Mayhem WIRED (10/DEC/2013)

GUS MASTRAPA John Carmack to Recieve Lifetime Achievement Award at GDC WIRED (23/FEB/2010)

GUS MASTRAPA Doom, Ultima Creators Talk Space at QuakeCon WIRED (12/AUG/2010)

Anand Lal Shimpi NVIDIA GeForce 256 DDR AnandTech (25/DEC/1999)

Thomas Pabst Full Review NVIDIA's new GeForce256 'GPU' toms'HARDWARE (11/OCT/1999)

Nick Bostrom Keynote CeBIT Global Conferences (17/MAR/2016)

NVIDIA GeForce http://www.nvidia.com/page/geforce256.html

1장 엘리자

1. 컴퓨터

IBM XT (Ruben de Rijcke - http://dendmedia.com/vintage/)
https://commons.wikimedia.org/wiki/File:Ibm_px_xt_color.jpg
갤럭시안 (Jordiferrer, Creative Commons Attribution-Share Alike 3.0
Unported) https://commons.wikimedia.org/wiki/File:Galaxian_-
_mnactec.JPG

2. 1936년

1936년 베를린 올림픽 수영 종목 시상식 광경 (public domain) https://
commons.wikimedia.org/wiki/File:Inge_S%C3%B8rensen,_Hideko_Mae
hata,_Martha_Genenger_1936.jpg

3. ERMA

최초의 컴퓨터 에니악의 프로그래밍 광경 (public domain) https://
commons.wikimedia.org/wiki/File:Reprogramming_ENIAC.png
천공카드에 구멍 뚫기 작업 광경 (Cushing Memorial Library and
Archives, Texas A&M, Creative Commons Attribution 2.0 Generic) https://
en.wikipedia.org/wiki/File:Keypunching_at_Texas_A%26M2.jpg

4. 이원론

앨런 튜링 (public domain) https://commons.wikimedia.org/wiki/
File:Alan_Turing_az_1930-as_%C3%A9vekben.jpg

5. 튜링 테스트

데카르트 (public domain) https://commons.wikimedia.org/wiki/
File:Frans_Hals_-_Portret_van_Ren%C3%A9_Descartes.jpg

6. 마이 페어 레이디

‹마이 페어 레이디› 영화 촬영장의 오드리 헵번 (public domain) https://
commons.wikimedia.org/wiki/File:Harry_Stradling-Audrey_Hepburn_i
n_My_Fair_Lady.jpg
IBM 700/7000 시리즈 컴퓨터의 작업 광경. (public domain) https://
commons.wikimedia.org/wiki/File:IBM_Electronic_Data_Processing_M
achine_-_GPN-2000-001881.jpg

7. 철수

«베이식 컴퓨터 게임» 2편 (Danny Ayers, Creative Commons Attribution 2.0
Generic) https://commons.wikimedia.org/wiki/File:More_BASIC_Comp
uter_Games_(1979).jpg

8. 용산 온라인 매장 효과

페퍼 로봇 (public domain) https://commons.wikimedia.org/wiki/
File:SoftBank_Pepper.JPG

2장 덴드랄

1. 화학

오드너 방식 기계식 계산기 (Sergei Frolov, Soviet Calculators Collection, public domain) https://en.wikipedia.org/wiki/File:Gosremprom.jpg

2. 외계 생명체

‹화성의 검은 아마존› 삽화 (Allen Anderson 그림, public domain) https://commons.wikimedia.org/wiki/File:Planet_Stories_March_1951_cover.jpg

3. 인공지능 겨울

샤키 로봇 (Gudnuz, Wikipedia User, taken in Computer History Museum in Mountainview California, Creative Commons Attribution 2.5 License) https://en.wikipedia.org/wiki/File:ShakeyLivesHere.jpg

4. 제5세대 컴퓨터

리처드 딘 앤더슨 (public domain) https://commons.wikimedia.org/wiki/File:Richard_Dean_Anderson.jpg

에드워드 파이젠바움 (public domain) https://commons.wikimedia.org/wiki/File:27._Dr._Edward_A._Feigenbaum_1994-1997.jpg

기동경찰 패트레이버 등장 로봇 (public domain) https://commons.wikimedia.org/wiki/File:INGRAM_AV-98_for_THE_NEXT_GENERATION_-PATLABOR-_exhibited_at_Osaka_Nanko_ATC_(2).JPG

옴니봇 (Michael Hicks, Creative Commons Attribution 2.0 Generic) https://commons.wikimedia.org/wiki/File:TOMY_Omnibot_2000_(1985)_-_Computer_History_Museum.jpg

전격 Z작전 (The Conmunity - Pop Culture Geek, taken in Long Beach
Comic Expo 2012, Creative Commons Attribution 2.0 Generic) https://
commons.wikimedia.org/wiki/File:Long_Beach_Comic_Expo_2012_-
_K.I.T.T._from_Knight_Rider_(7186649766).jpg

5. 기계 학습

고양이 사진 (public domain) https://www.flickr.com/photos/
britishlibrary/11282196486
https://www.flickr.com/photos/britishlibrary/11132301486
https://www.flickr.com/photos/britishlibrary/11132244825

6. 제4차 산업혁명

'Avon Science Fiction Reader' 3호 표지 https://commons.wikimedia.org/
wiki/File:Avon_Science_Fiction_Reader_3.jpg

3장 MDP

1. 사이버네틱스

NASA의 가상현실 기계 (public domain) https://en.wikipedia.org/wiki/
File:AC89-0437-20_a.jpeg

2. 신경의 활동에 내재하는 생각들의 논리적 계산

신경세포 연결 상태 그림 ("Texture of the Nervous System of Man and the
Vertebrates" by Santiago Ramón y Cajal, public domain)
https://en.wikipedia.org/wiki/File:Cajal_actx_inter.jpg
존 폰 노이만과 로버트 오펜하이머 (public domain) https://
commons.wikimedia.org/wiki/File:Edvac-vonNeumann.jpg

3. 딥 러닝

스나크 사냥 (The Hunting of the Snark: An Agony in Eight Fits by Lewis Carroll, MacMillan and Co, Limited, St. Martin's Street, London, 1931, public domain) https://commons.wikimedia.org/wiki/File:Lewis_Carroll_-_Henry_Holiday_-_Hunting_of_the_Snark_-_Plate_6.jpg

4. 사람 수준의 인공지능

모아 새 (The Wonderful Paleo Art of Heinrich Harder, public domain) https://commons.wikimedia.org/wiki/File:Moa_Heinrich_Harder.jpg

5. 특이점

커즈와일 신시사이저 (Vincent Liu, Winter NAMM 2010 Day 1, Creative Commons Attribution 2.0 Generic) https://en.wikipedia.org/wiki/File:Kurzweil_PC3LE6_@NAMM_2010.jpg

6. 로봇 인권법

〈강철 도시〉 (the cover of the October 1953 issue of Galaxy Science Fiction, illustrated by Ed Emshwiller, public domain) https://commons.wikimedia.org/wiki/File:Galaxy_195310.jpg

7. 해킹하는 기계를 해킹하는 기계

구글 자율주행차 (Mark Doliner의 flickr 페이지, Google self-driving car in Mountain View, Creative Commons Attribution 2.0 Generic) https://commons.wikimedia.org/wiki/File:Google_self-driving_car_in_Mountain_View.jpg

8. 알콜 중독

ENIAC, EDVAC, ORDVAC, BRLESC-I의 단위 부품 (public domain)

https://commons.wikimedia.org/wiki/File:Women_holding_parts_of_the
_first_four_Army_computers.jpg

4장 로봇 공화국

1. 퀘이크

2009년 퀘이크콘 행사 풍경 (QuakeCon의 flickr 페이지, FOTO-64
QuakeCON 2009, Creative Commons Attribution 2.0 Generic)
https://www.flickr.com/photos/quakecon/3821063337

3. 기본소득

‹타임머신› 영화 포스터 (public domain) https://commons.wikimedia.org/
wiki/File:Brown,r_time_macine60.jpg

찾아보기

로봇 공화국에서 살아남는 법

인공지능에 관한 오해와 진실 파헤치기

1판 1쇄 인쇄 2016년 12월 5일
1판 3쇄 발행 2020년 3월 16일

지은이 | 곽재식

발행인 | 김지아
표지 및 본문 디자인 | 장혜림

펴낸 곳 | 구픽
출판등록 | 2015년 7월 1일 제2015-27호
주소 | 서울시 광진구 동일로 459, 1102호
전화 | 02-419-0121
팩스 | 02-6919-1351
이메일 | guzma@naver.com
홈페이지 | www.gufic.co.kr

* 이 도서의 국립중앙도서관 출판시도서목록(CIP)은 서지정보유통지원시스템 홈페이지(seoji.nl.go.kr)와 국가자료공동목록시스템(www.nl.go.kr/kolisnet)에서 이용하실 수 있습니다.

CIP 제어번호 : 2016028462